短线炒股就这几招 3

一阳 著

地震出版社

图书在版编目（CIP）数据

短线炒股就这几招. 3/一阳著. 一北京：地震出版社，2010.5
ISBN 978-7-5028-3407-4

Ⅰ. ①短… Ⅱ. ①一… Ⅲ. ①股票-证券投资-基本知识 Ⅳ. ①F830.91

中国版本图书馆 CIP 数据核字(2010)第 023520 号

地震版 XT201000023

短线炒股就这几招（三）

一 阳 著

责任编辑：董 青

责任校对：宋 玉

出版发行：地震出版社

北京民族学院南路 9 号　　邮编：100081
发行部：68423031　68467993　　传真：88421706
门市部：68467991　　传真：68467991
总编室：68462709　68423029　　传真：68455221
E-mail：seis@ht.rol.cn.net

经销：全国各地新华书店

印刷：三河市鑫利来印装有限公司

版(印)次：2010 年 5 月第一版　2010 年 5 月第一次印刷

开本：787×1092　1/16

字数：228 千字

印张：15.5

印数：00001～10000

书号：ISBN 978-7-5028-3407-4/F（4331）

定价：38.00 元

前 言

学习是循序渐进的过程。

假设某个培训班的老师对你说，请让你的孩子加入，他可以在三个月内说一口流利的英语，你相信吗？反正我是不会相信的，如果他们说可以在三年内说一口流利的英语，我还勉强可以相信，也许他们真有什么独特的方法。我深信，关于任何学习，没有速成班！除非你真的是接近于神的天才。

那些著名的钢琴家，有只用了三年时间从什么也不会而成为演奏大师的吗？那些著名的运动员，有不经刻苦的学习与不断的锻炼就能够拿金牌的吗？有几个新股民不经持续的学习便可以做到持续盈利？

学习是循序渐进的过程，从基础学习开始，不要小看那些平淡无奇的方法，大道至简，等投资者水平达到一定高度时，你将会发现，原来所学的任何一种看似简单的方法都可以用来实现盈利。

股市的学习要多久呢？有句老话：三年小成，十年大成。炒股也是如此，至少需要三年，至少需要经历三轮牛市与三轮熊市的洗礼，你才可以脱胎换骨！第一年的牛熊市是你学习基础知识，并将基础知识运用于实战的时间。第二年的牛熊市因为你多了一些经验以及持续学习的结果，你对一些股市波动现象可以看得相应清楚一些。而再经过一次牛熊市，你便具备了预测股价未来波动方向的能力。只要真正地用心地学习，时间越长，你的经验越丰富，资金也将会与你的付出保持正比。

所以，各位亲爱的读者们，千万不要在股市中迷信什么速成班之类的事情，在股市中高智商的人多的是，想要赚钱，我们要首先想一想：比起他们，我们的优点在哪里？如果你没有任何优势，又如何从他们手中赚到钱呢？

在《短线炒股就这几招》系列丛书中，为大家讲解的实战方法的确并不难，非常容易理解，在实战过程中也非常有效果，但并不能因为使用这些方法实现了几次盈利，就认为会炒股了，无论是谁，想要在股市中长久地生存，就要不断地学习下去！

为了回报各位读者朋友对《短线炒股就这几招》系列丛书的支持与厚爱，凡是购买《短线炒股就这几招》系列丛书的读者，均可以登陆我们的网站：www.eyang168.com 索取30节由笔者录制的实战培训视频课件。对书中内容如有疑问，可通过 stock-yiyang@sohu.com 或 QQ：475057622 与笔者联系，笔者将尽心解答。

一阳

2009年12月8日

目录

第一章

指数判研

投资者每天都必须要关注两个问题，一个是当天指数的变化情况，一个是手中个股的变化情况。其实，指数的变化情况是最需要及时掌握的，假设今天指数大幅上涨，手中的股票一般也是上涨的，而如果指数今天大幅下跌，手中的个股也多会下跌。

指数对个股的影响是非常大的，指数大幅上涨时，会有至少 80%以上的个股出现上涨，而当指数大幅下跌时，也将会有至少 80%的个股随之下跌。逆水行舟总会困难重重，而顺流直下才会省很多力气。炒股也是这样，只有知道了指数的变化状况，然后决定怎么样操作股票，才可以更轻松地实现盈利。指数上升趋势形成，随便买进一只股票也可以赚钱；指数持续下跌如果还买股票自然要赔钱。

因此，笔者认为，在进行分析的时候，指数的分析应当永远是排在第一位的！如果不参考指数的变化形态，只对个股进行分析，多半是没有太大意义的。不会对指数进行分析的投资者，必然不可能成为市场中的赢家！

指数的波动形态有四大类：底部、上涨、顶部、下跌。这四种波动形态是不断进行轮回的，在不同的波动形态中，有着不同的操作方法。本章将为各位读者朋友详细介绍关于指数四大类波动形态的具体分析方法。依然使用简单的方法去解决复杂的问题！

第一节　指数底部四种技术特征

投资者首先要明确一个概念：除非是短线底部(多为 V 形底)，否则，指数的底部都是一个区间的概念，想把指数底部的所在精确到一个点，这是非常困难的事情！

指数底部的形成意味着下降趋势的结束，上涨行情的即将开始，对于投资者而言，这个区间是应当考虑买进股票的时候，所以也就有了“抄底”这个词。但是，想要抄到真实的底部，就必须要分析一下指数当前波动时是否具备底部的四种技术特征。

上证指数：2009年9月走势图(图1-1)

上证指数2009年9月初指数经过连续下跌以后，在低点区间收出了一根大实体的阳线，这一根大阳线是下跌以来实体最大的一根，在空头力度明显占据上风的时候，大实体的阳线是不会出现的，而连续下跌以后出现的大阳线，意味着此时空方的力量已经有所衰竭，多方力量已经强大。

9月末指数经过又一次下跌以后，于低点区间收出一根跳空高开的大阳线，这一根大阳线出现后，与9月初期的走势完全一致，指数均出现了连续上涨的行情。大阳线的出现是多方力量强大的信号，在这种情况下，指数未来上涨的概率也将会增加。

在指数下跌的过程中，投资者没有必要去盲目地判断什么时候才会形成底部，就像开车走在直路上没有必要去盲目判断多远处将会有拐弯，该拐弯时自然会见到弯路的出现。而一旦在下跌低点见到大阳线出现，投资者也就可以初期确定底部有形成的可能。

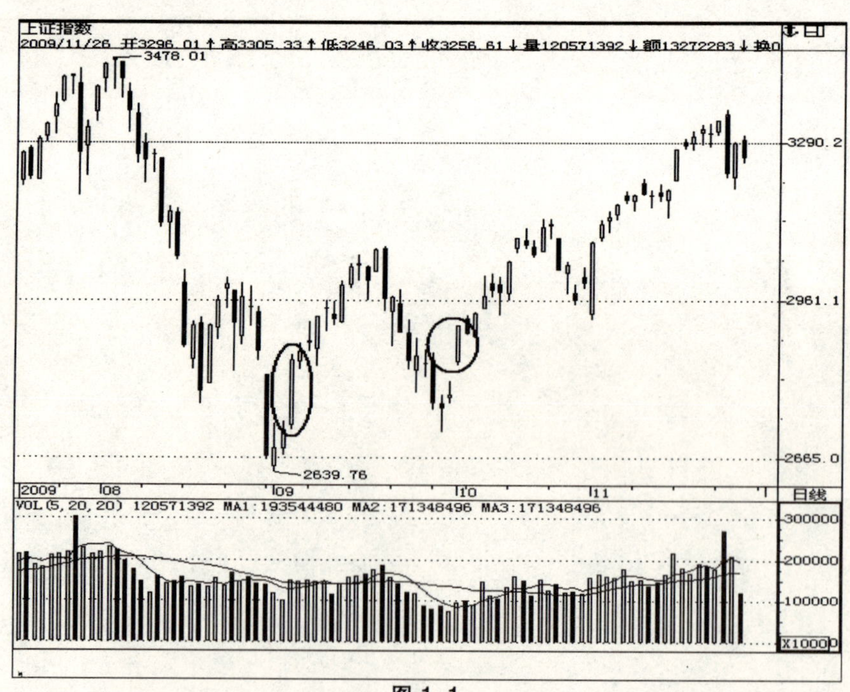

图1-1

上证指数：2009 年 3 月走势图(图 1–2)

上证指数 2009 年 3 月一轮连续上涨的行情随之出现，在上升趋势明确形成的情况下，投资者入场进行操作也必然可以实现盈利，但是如果掌握了指数底部的技术特征，就完全可以在上涨初期阶段买进股票。

指数下跌到低点区间时，收出了一根放量的大实体阳线，这一根大阳线出现以后，对后期的短线调整起到了强大的支撑作用，虽然当时下降趋势并没有扭转，但是指数却从此不再继续创新低。

成交量的放大说明低点处有资金在积极进行操作，而大阳线的出现则说明入场资金进行的操作是买进股票，巨量的买盘是促使大实体阳线出现的主要原因。买盘不断入场，指数自然会连续上涨。

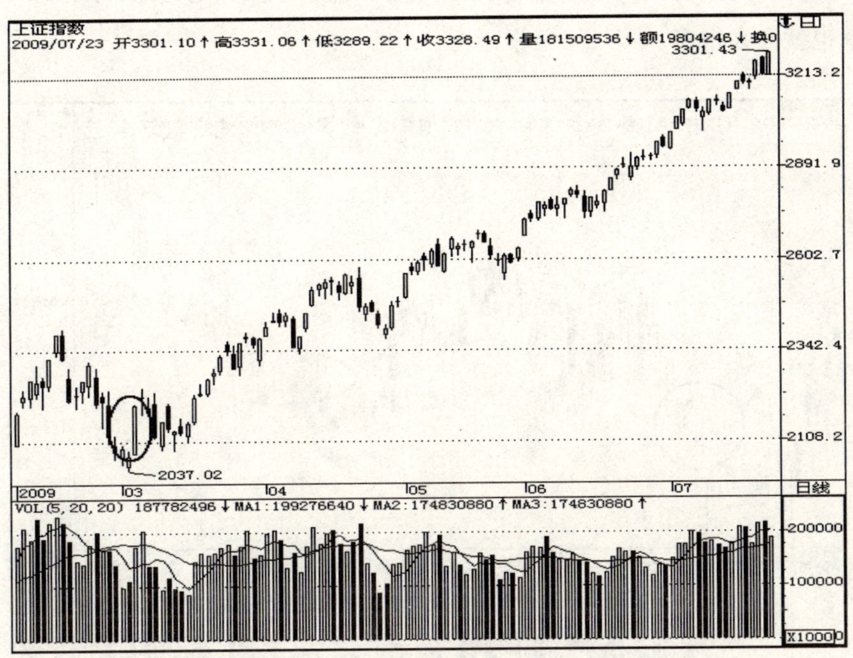

图 1–2

上证指数：2008年11月至2009年1月走势图(图1–3)

上证指数2008年11月指数连续下跌并在低点徘徊几天以后，一根跳空高开的大实体阳线随之出现，并且成交量相比下跌阶段明显放大，这一根大阳线一举吃掉了多根阴线，并且明显地改变了指数的下降趋势。

在下降趋势中，阴线的实体非常大，而阳线的实体则都比较小，K线形态说明空方力量很强大，多方根本无力反抗。就像下棋一样，你的棋子总被对方吃掉，你获胜的可能大吗？而这一根大阳线的出现，将对方的车马炮通杀，获胜的可能性自然也就大了很多。

大实阳只有在多方力量强大的时候才会出现，而绝不会在空方力量强大时出现，所以，利用大阳线是否出现作为标准判断指数底部形态的可能，就是站在多空力度对比的结果中进行区分的。在多方强大的时候，底部形成的概率也就会大很多。

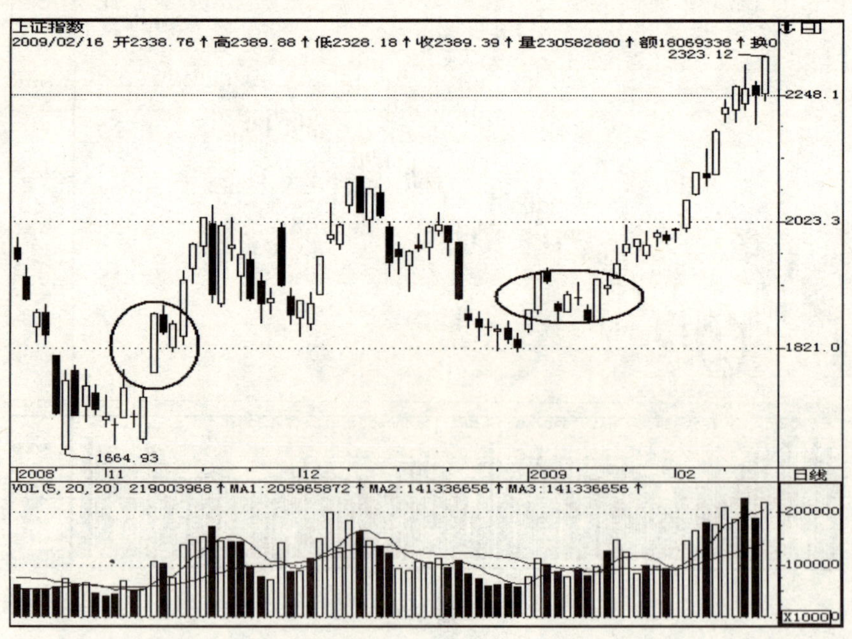

图1–3

上证指数：2005年7月走势图(图1-4)

上证指数2005年7月指数在连续下跌的低点区间收出了一根大实体的阳线，这一根大阳线吃掉了下跌末期的数根阴线，虽然大阳线出现以后，指数短线回落，但却受到了大阳线实体范围的强大支撑。

这一根大阳线出现在前期低点区间，成功地阻止了破位走势的出现，大阳线出现的位置非常关键，这本身就是一种值得关注的走势。其次，这一根大阳线也是自2005年4月下跌出现以后第二根大实体的阳线，理应引起重视。

这一根大阳线的出现从大的形态来看，促使指数形成了W底，而它的出现又使得小形态构成了W底。虽然只有一根K线，但它传达的指数波动性质却是非常重要的。

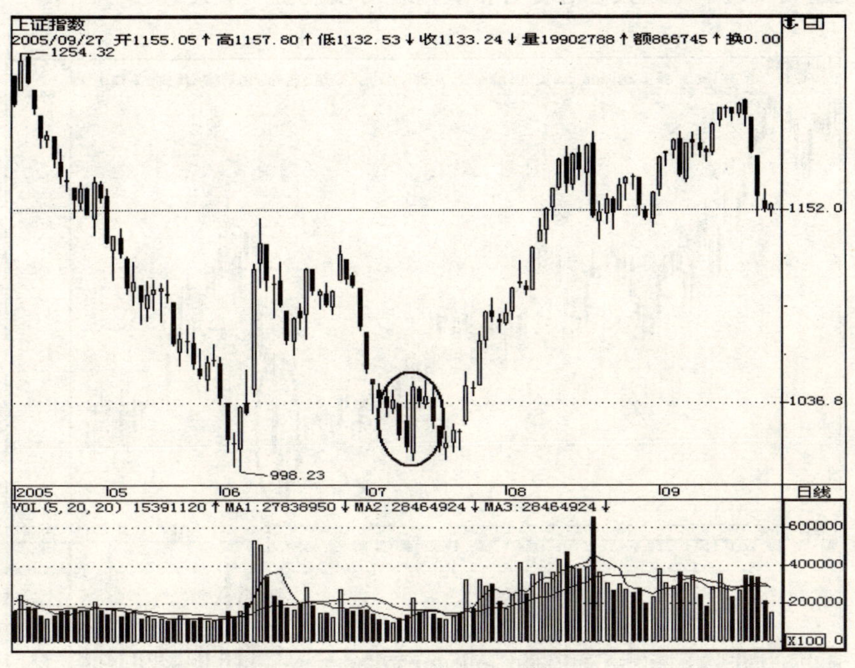

图1-4

上证指数：2004 年 9 月走势图(图 1-5)

上证指数 2004 年 9 月指数出现了一轮短线上涨行情，无论是中线上涨行情还是短线上涨行情，都可以使用底部是否出现大实体阳线的方法去进行分析。

在下跌的过程中，阳线的实体普遍较小，而阴线的实体均较大，在没有大实体阳线出现的情况下，投资者如果买进股票则要承担较大的风险。只有在下跌后的低点区间出现大阳线时进行操作，才有可能实现盈利。

有过钓鱼经验的朋友都知道，大鱼上钩时都会有拉“黑漂”的现象(浮在水面的漂子一下子全部沉入水中)，这个时候提杆十有八九是条大鱼。而在指数连续下跌以后低点区间出现的大阳线正是多方在拉“黑漂”，这是多方的异动，阳线实体越大，说明多方力度越大，说明未来行情上涨的可能性也就越大。这个时候投资者提杆抄底，就可以捕获一条大鱼。

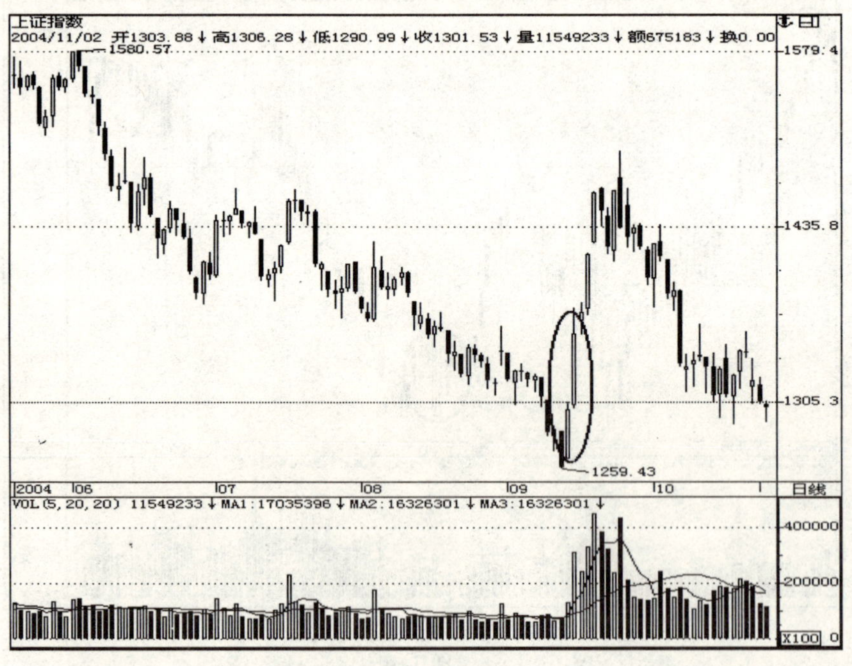

图 1-5

上证指数：2008年10月至12月走势图(图1–6)

上证指数2008年10月至12月期间指数逆转了下降趋势，利用低点处的大实体阳线判断底部是否形成是一种常用的分析方法，但是，量价分析不分家，不能仅对K线进行分析而忽视成交量的变化。量能反映了资金的操作态度与数量，只有与K线形态结合在一起时，才可以真正地看出资金进出的方法。

指数下跌到低点区间以后，成交量连续放大，这说明当前有大量的资金在积极地进行着建仓的操作。资金的连续买入是促使指数上涨出现的主要原因，资金介入数量越多，底部区间的震荡幅度也就越大。

如果在指数下跌到低点以后，见到大实体阳线出现，并且成交量连续放大现象时，就可以更加肯定底部的到来。

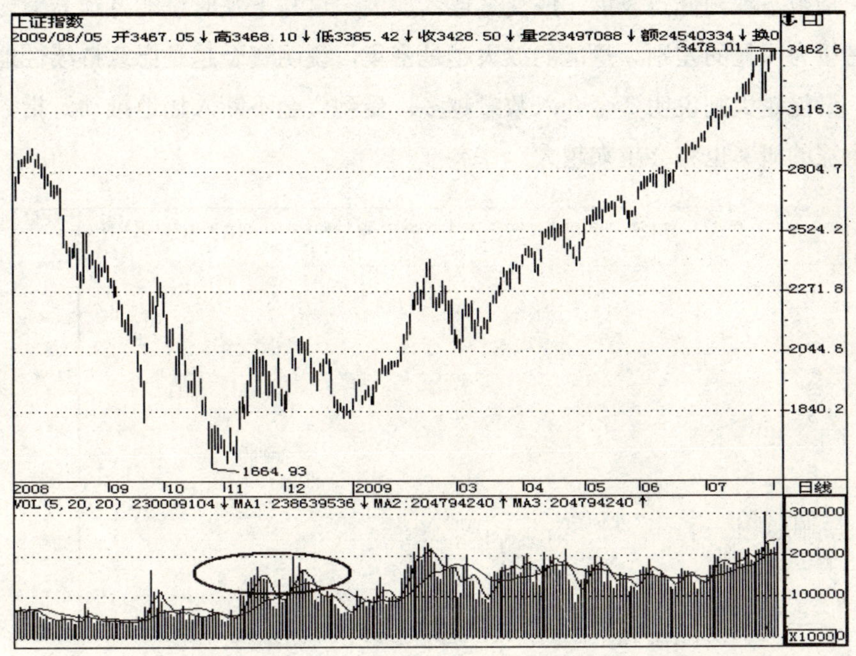

图1–6

上证指数：2006 年 8 月至 11 月走势图(图 1–7)

上证指数 2006 年 8 月至 11 月指数经历了一轮下跌，在低点呈现抬高迹象以后，又一轮持续性上涨行情随之出现。这一轮上涨行情的低点处并未出现阳线较大的阳线，无论是阴线还是阳线，在底部区间实体都不是很大，面对这种走势又该如何进行分析呢？

如果没有比较经典的底部大阳线出现，投资者就应当从成交量的变化中寻找答案。指数底部意味着什么呢？意味着下跌的结束，资金的入场以及为未来上涨行情打好基础。未来行情想要涨得高，资金此时入场的数量必须多，而资金入场数量的多少则直接反映在成交量的变化上，所以，通过成交量的变化可以判断出资金的操作意图，而掌握了资金的操作意图，也就自然知道了未来行情变化的方向。

指数下跌到低点以后，成交量连续放大，这与下跌时量能持续萎缩现象有着极为明显的差别。量能的放大越是密集，说明资金越是愿意持续性地介入，量能越大则说明资金介入数量越多。受到资金不断入场地推动，指数未来上涨的概率也将会越来越大。

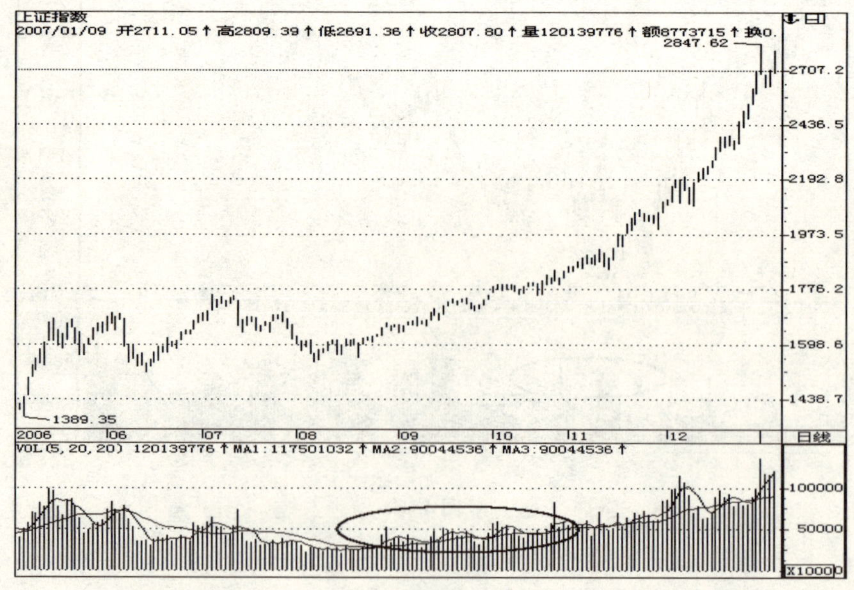

图 1–7

上证指数：2005 年 7 月走势图(图 1–8)

上证指数 2005 年 7 月指数下跌到底部以后，在一根大阳线的促进下，一轮上涨行情随之展开。通过连续出现的大阳线的实体，以及上涨过程中较小实体的阴线，可以很轻松地判断出指数波动的性质。

而如果投资者再结合成交量的变化进行分析，则可以进一步确认分析的有效性。在指数进入到底部区间以及上涨初期的时候，成交量出现了连续放大的现象。而在指数下跌过程中，成交量则始终保持着萎缩的状态，量能的萎缩，说明没有资金介入，得不到资金入场的推动，上涨行情将很难展开。而进入底部区间后，量能的放大必须要引起重视，切记：只有主力性的资金入场才可以造成成交量的放大，仅凭普通投资者资金的操作是不可能导致量能放大的。

由于指数下跌时成交量都是萎缩的，所以，判断见底后的量能是否放大很容易，只要将上涨时的量能与下跌时的量能进行对比就可以。基本要求为：见底上涨时的量能至少是下跌时量能的两倍以上，倍数越大说明资金介入数量越多，这是好的事情。

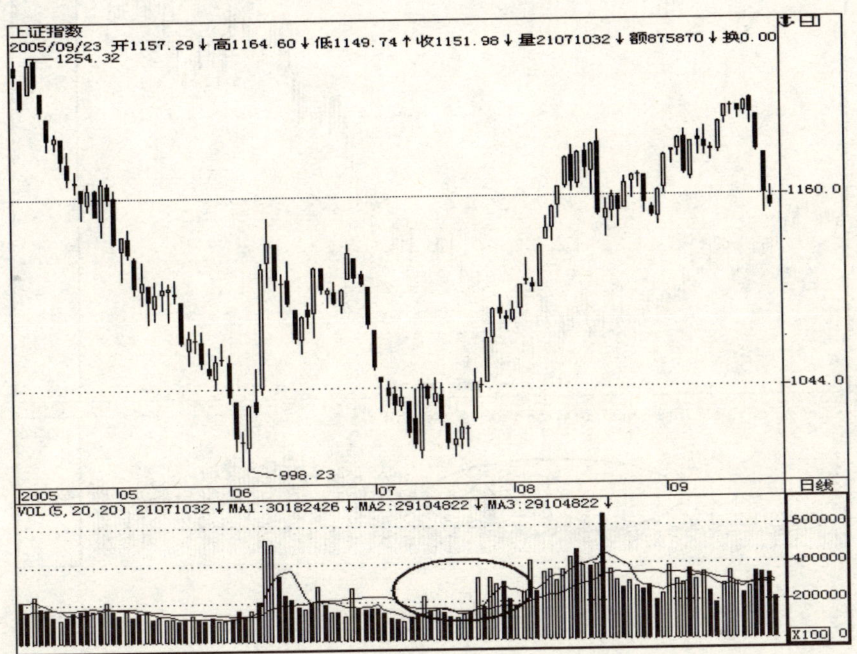

图 1–8

上证指数：2003 年 10 月至 12 月走势图(图 1–9)

上证指数 2003 年 10 月至 12 月期间指数仍然保持着下降的趋势，但是，在下跌的末期，大实体的阳线已经开始连续出现，但是由于趋势依然向下，所以，只对 K 线进行分析可能会使投资者对分析结论产生不确信的感觉。

在这个时候，结合成交量的变化进行分析就显得非常重要了。如果大阳线出现时并未放量，则说明资金并未入场，阳线的出现或许是正常的技术性反弹。但是，在指数下跌末期阶段，成交量已经开始连续放大的迹象，如果没有主力资金的参与，成交量不可能放大。因此，下跌末期出现的大阳线就可以理解了，正是由于资金大力度的买进动作导致大阳线出现。

那为何指数还继续下跌呢？这是主力资金的障眼法，明明在建仓，却故意让指数下跌，逼迫那些忍受不了下跌折磨的投资者卖出手中的股票。连续的大阳线以及连续放大的成交量才是分析的核心。

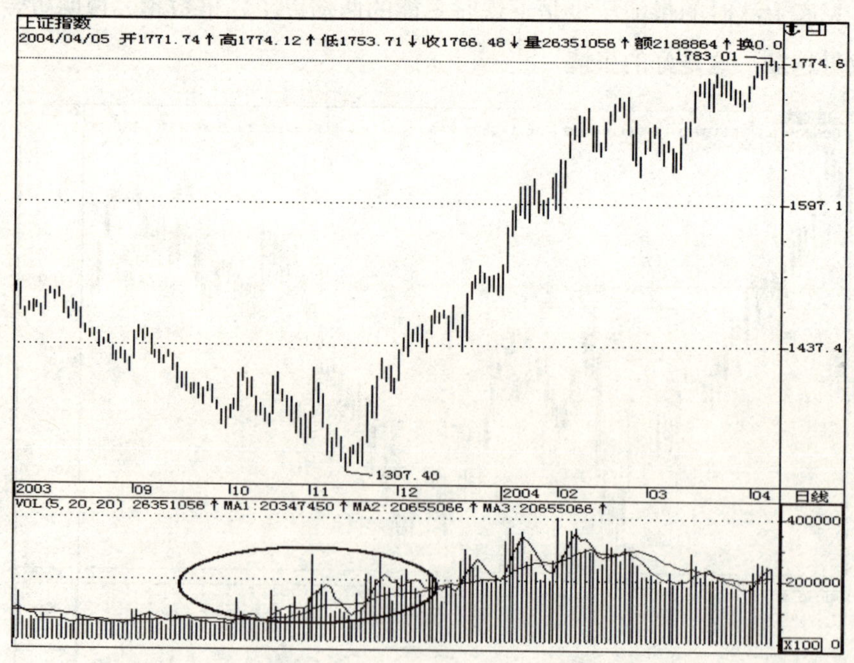

图 1–9

上证指数：2005 年 1 月期间走势图(图 1–10)

上证指数 2005 年 1 月期间指数于低点先后两次收出大实体的阳线，特别是第二根阳线，一举吃掉了五根阴线，仅一天便将前期失守的阵地夺了回来，这充分说明多方此时力量的强大。

在指数进入到底部震荡的过程中，成交量也在阳线出现的情况下明显放大，量能的放大说明在连续下跌以后，有资金开始了入场建仓。资金此时入场意味着在它们眼中指数的下跌风险已经很小，未来上涨的概率较大。否则，那些有能力控制股价的主力性资金根本不会轻易地入场操作。

从历史的走势来看，主力资金都是非常聪明的，它们总是可以把握住指数底部区间的所在，然后在低点处连续建仓。所以，投资者在下跌过程中也就没有必要去猜测底部在哪里，当底部到来的时候，大实体阳线将会出现，同时，成交量也将会连续放大，等这些技术信号出现时再买入股票才是实现持续性盈利的方法。主力资金进场我们也进场，主力资金离场我们也随之卖出股票。

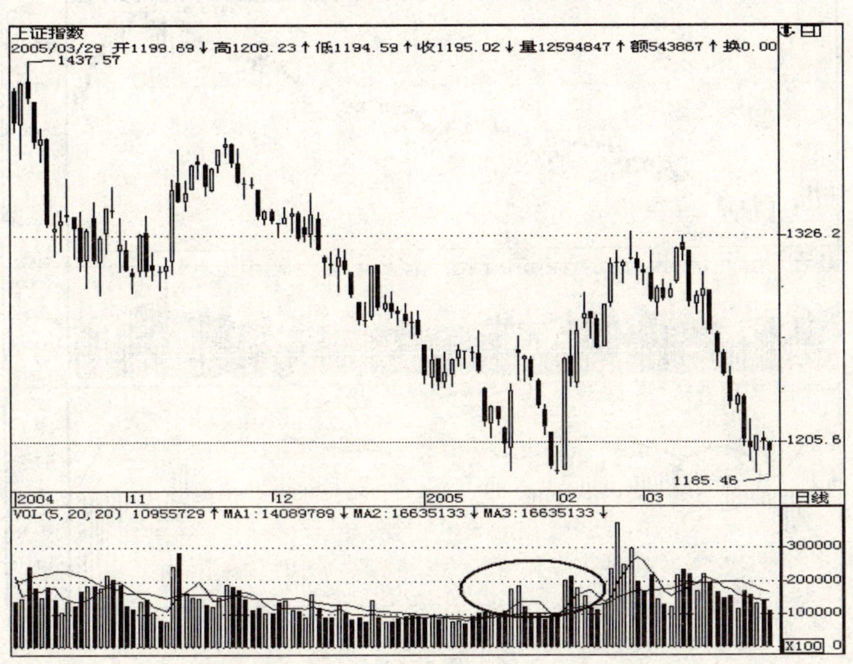

图 1–10

上证指数：2009年3月走势图(图1–11)

利用指数低点处的量价状况进行分析，可以较为准确地得知指数的波动状况，但是，为了提高分析的准确性，投资者必须还要参考各项技术指标的提示。在下跌低点,如果量价配合说明底部有可能到来，同时，各项技术指标也均发出做多的提示，这种情况下，投资者就可以放心大胆地进行操作了。

由于底部到来以后，多会形成周期较长一些的行情，因此，应当更多地注重适合于中期的指标MACD的变化形态。

上证指数2009年3月期间，指数下跌到低点以后，量价配合均满足了指数底部形成的条件，随后不久，MACD指标也随之形成金叉。指标的变化进一步验证了量价分析的观点，因此，在MACD指标形成金叉的时候，投资者不宜再等待，应当及时地入场进行操作。

利用指标进行分析，始终是对量价分析结果的一种补充与验证。

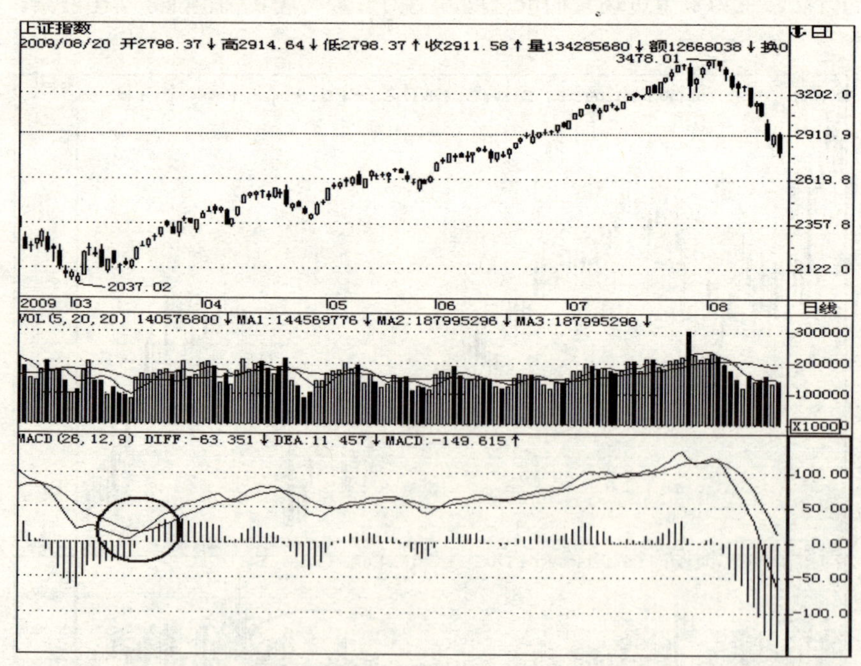

图1–11

上证指数：2009 年 9 月至 10 月走势图(图 1–12)

上证指数 2009 年 9 月至 10 月期间指数于低点区间形成了头肩底的形态，在该区间，成交量并没有过于明显的放量现象，只是大实体阳线的出现提示了做多机会的到来。

在指数底部区间波动的时候，MACD 指标于低点形成了低点抬高的迹象，指标率先形成的上升趋势向投资者指明了未来的方向变化。这是一种常见的指数底部区间指标变化形态。

结合底部区间大实体阳线进行分析，投资者完全可以在指标形成上升趋势的过程中，逢低进行买入。

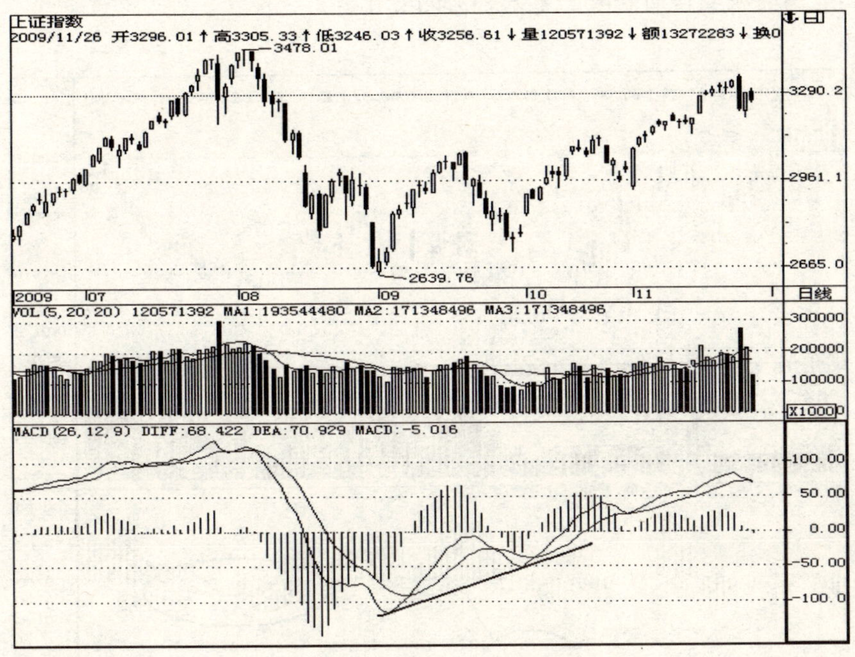

图 1–12

上证指数：2008 年 10 月至 2009 年 1 月走势图(图 1–13)

上证指数 2008 年 10 月至 2009 年 1 期间指数形成了两次大级别的底部，在这两次底部中，成交量均出现了放大的迹象，同时，底部也都收出了大实体的阳线，量价配合有明显形成底部的迹象。

同时，在指数形成底部的过程中，MACD 指标也随之配合形成金叉现象，并且指标的上升趋势明显提前于指数形态，在此情况下，指数量价配合形成的做多提示信号就显得可信度非常高了。

指数进入底部区间以后，资金的操作性质将会发生明显的变化，内在性质的变化必然会在某方面体现出现，而 MACD 指标则可以很好地向投资者揭示指数当前波动背后隐藏的未来趋势的变化。

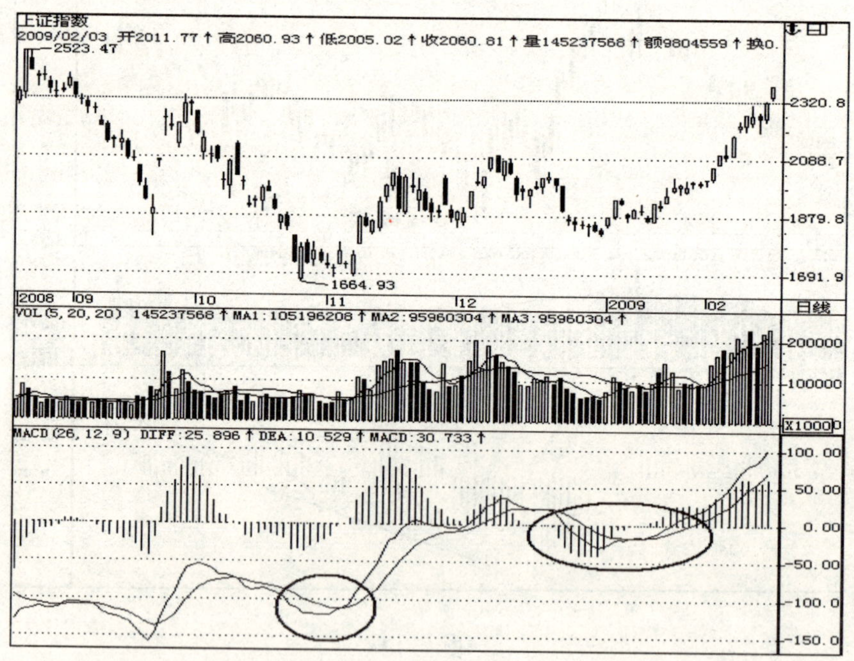

图 1–13

上证指数：2005 年 7 月至 2006 年 3 月走势图(图 1-14)

上证指数 2005 年 7 月期间指数 K 线形态方面形成了 W 底，低点处的大阳线以及成交量的放大均向投资者提示了底部形成的信号。同时，在指数底部保持水平状态的情况下，MACD 指标则提前形成了上升趋势，两个金叉低点较指数的低点明显抬高，进一步肯定了量价信号的有效性。

而后期的两个底部中，MACD 指标也及时地在上涨初期形成了金叉买点信号，虽然 MACD 指标在某些时候会存在伪信号的现象，但是，在一轮下跌行情低点处形成的金叉区间买入，就算没有盈利机会，资金也并不会有太大的风险。而如果量价配合有更明显的做多信号，指标的金叉就完全可以视之为成功率较大的买入依据。

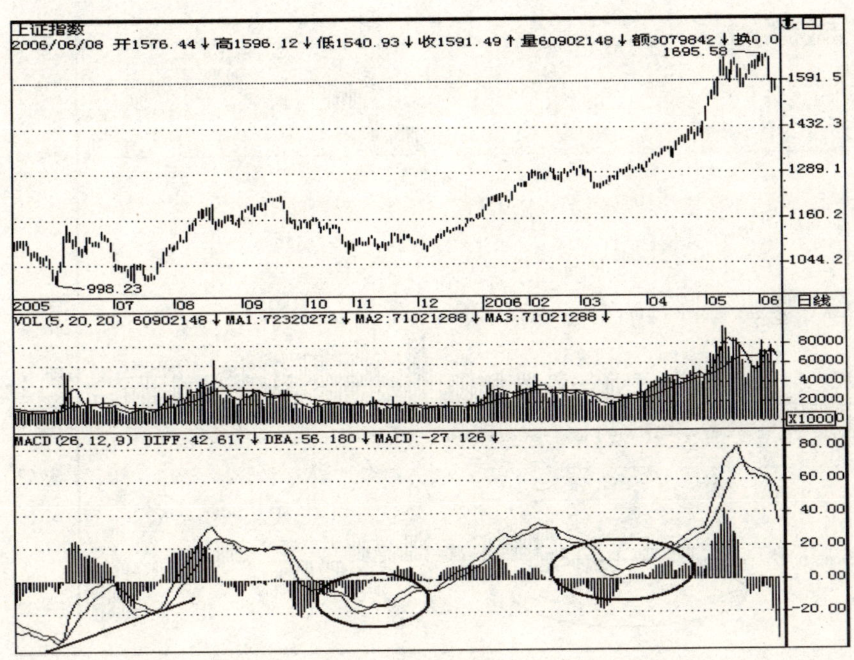

图 1-14

上证指数：2003 年 9 月至 12 月走势图(图 1-15)

上证指数 2003 年 9 月至 12 月期间指数 K 线方面开始连续收出大实体阳线，并且成交量也逐步放大，但由于趋势向下，会动摇投资者对底部到来的信心，这个时候，就很有必要再结合指标进行综合分析，如果可以得到更多相似的信号，就可以择机入场进行操作。

在指数依然保持着下降趋势的情况下，MACD 指标却有了异动，提前出现的上升趋势，在此指数创新低，而指标不创新低的现象，都提示了做多区间的到来。指标与指数明显的趋势背离现象，是很多历史上底部共有的技术特征。这种波动状态非常易于区分，这也意味着投资者使用这种方法完全可以较为顺利地把握住底部区间的所在。

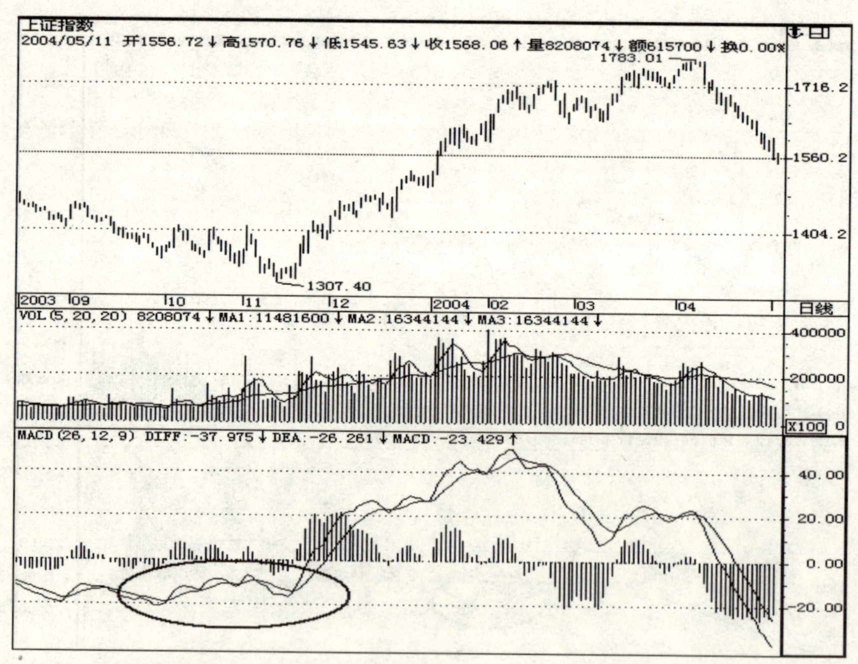

图 1-15

上证指数：2009 年 9 月至 10 月走势图(图 1-16)

利用量价分析以及 MACD 指标形态的方法判断指数底部，比较适合激进一些的投资者进行抄底操作，但是对于一些喜欢稳健的投资者来说，在大的上升趋势并未形成的情况下入场，心理上还是有一些担惊受怕，因此在这个时候，还需要再结合移动均线进行同步分析。

上证指数 2009 年 9 月至 10 月期间，量价配合以及 MACD 指标均向投资者发出了做多的信号，但是，指数此时大的下降趋势并未完全改变，上升趋势没有形成，对于稳健的投资者来说，并未到买入时机。

指数经过一波上下震荡后，20 日移动均线逐步由下降趋势转变成为上升趋势，上升趋势的确立意味着中线做多时机的到来。根据趋势一旦形成便会惯性延续的现象，在 20 日移动均线拐头向上的时候进行做多，并不会错过未来指数上涨的机会。

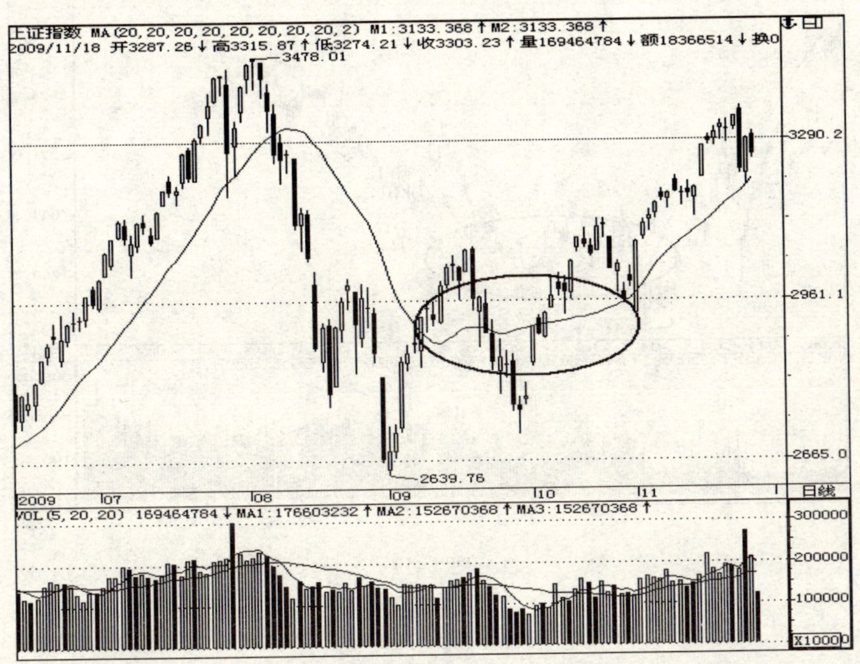

图 1-16

上证指数：2008 年 10 月至 12 月走势图(图 1–17)

上证指数 2008 年 10 月至 12 月期间成交量于指数的低点区间形成了连续放大的迹象，量能的放大说明资金开始了积极的建仓操作，资金的介入是促使一轮上涨行情的基础。

在指数连续下跌的时候，无论反弹行情如何出现，20 日移动均线都保持着持续的下降趋势。而下跌到低点区间以后，受到连续放量上涨的带动，均线终于拐头向上。20 日移动均线趋势的变化体现了指数趋势的完全改变。

在 20 日移动均线趋势由下降转为上升的时候，意味着稳健买点的到来，在这种情况下进行买入，是顺应上升趋势而做多，因此，风险是非常小的。

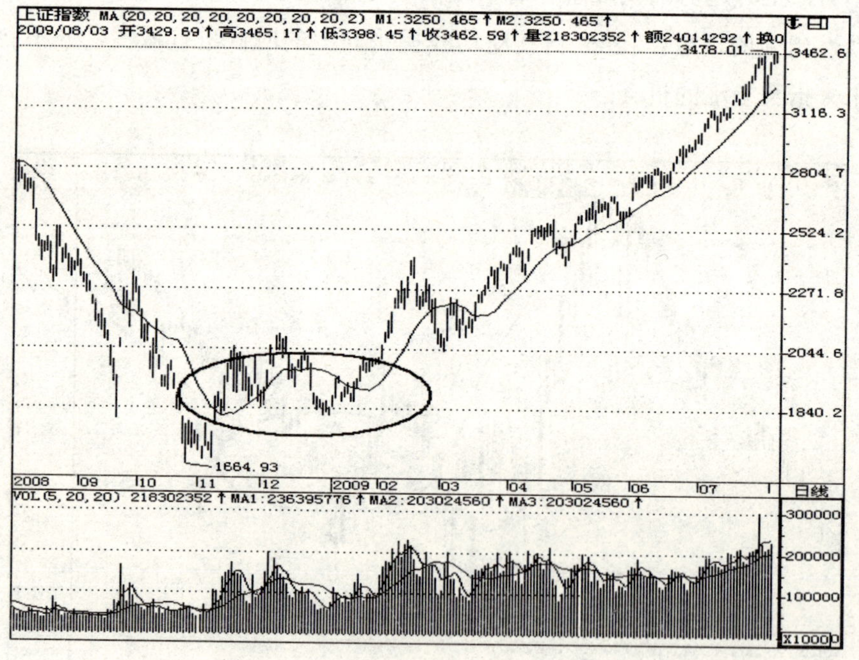

图 1–17

上证指数：2005 年 12 月走势图(图 1–18)

上证指数 2005 年 12 月期间指数在下跌以后，形成了横盘震荡的走势，在此区间，虽然 MACD 指标率先形成了上升趋势，但是，由于 20 日移动均线仅是走平未形成上升趋势，因此，稳健买点并未到来。

经过一段时间横盘震荡以后，指数趋势开始向上，受到指数上行趋势的带动，20 日移动均线也随之转头向上。一旦 20 日移动均线形成上升趋势，将会对指数未来的回落起到强大的支撑作用。

由于 20 日移动均线拐头向上的现象发生在指数连续下跌之后，在空方力度减弱的时候，顺势做多获利的概率自然较大。指数下跌幅度越大，在低点区间 20 日移动均线形成拐头向上时，获利的可能性也就越大。

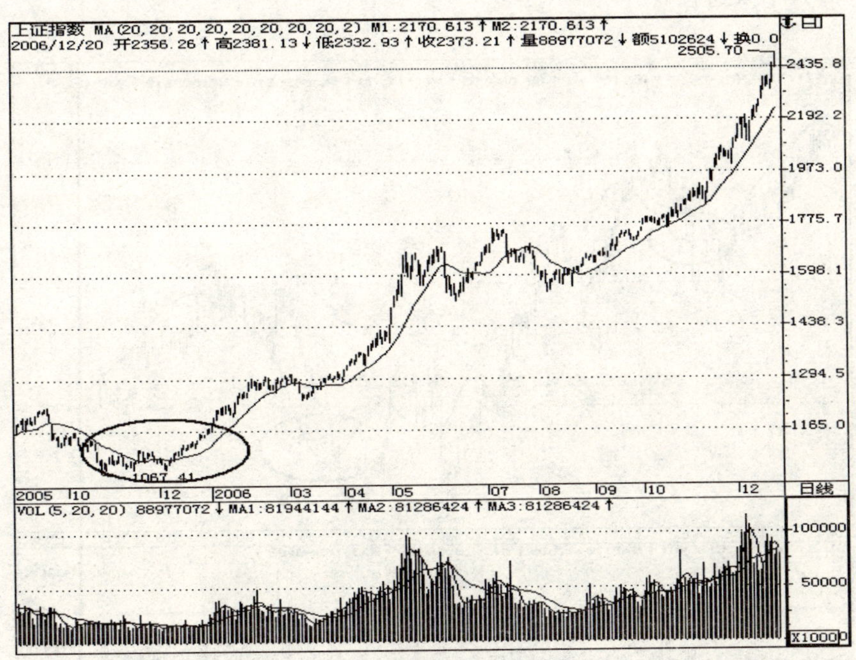

图 1–18

上证指数：2005 年 1 月至 7 月走势图 (图 1–19)

上证指数 2005 年 1 月至 7 月期间指数形成了两轮幅度较大的上涨行情。指数上涨前的低点区间，量价配合均较为完美，大阳线的出现、成交量的放大以及 MACD 指标率先的向上趋势，都是趋势将要改变的信号。

随着指数进一步的上行，20 日移动均线也随之由下降趋势转变为上升趋势。由于 20 日移动均线的周期取值较长，如果指数的上涨行情并不稳定，20 日移动均线不会轻易改变趋势。而一旦趋势的方向发生改变，往往意味着周期相应较长的上涨行情将会随之出现。

利用 20 日移动均线趋势是否发生变化，确认指数底部的形成，是一种较为单一但却比较有效的方法，只是这种方法较为适用于中线行情，对于短线行情并不太适宜。

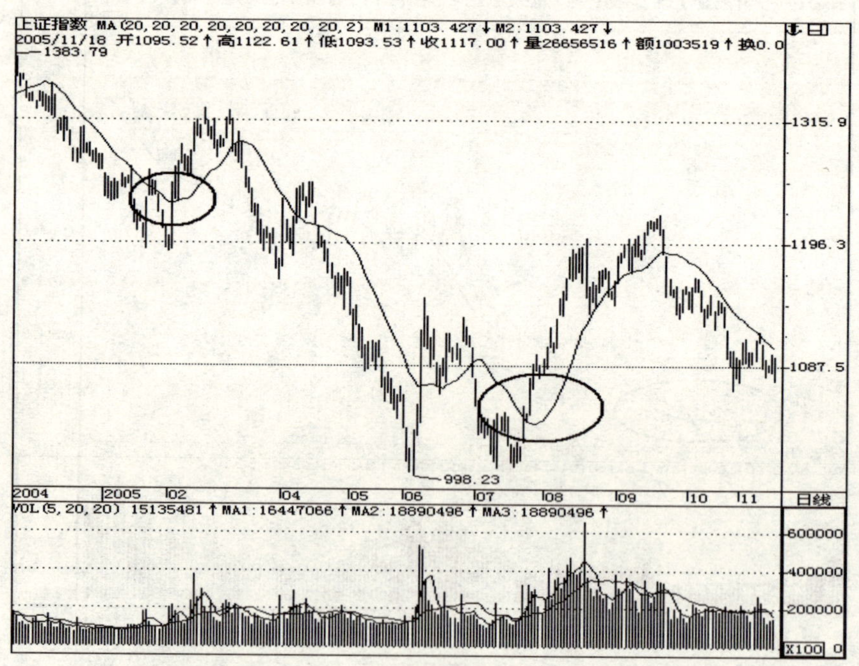

图 1–19

上证指数：2003 年 11 月走势图(图 1-20)

上证指数 2003 年中期，指数在下跌的过程中多次出现反弹行情，虽然 K 线多次向上穿越 20 日移动均线，但是均线并未因此而改变下降趋势。下跌到指数底部区间后，虽然量价配合以及指标形态都有了做多的信号，这对于激进一些的投资者而言是绝佳的介入时机，但对于追求稳健的投资者来讲，还需要等待进一步明确的上升信号出现。

下跌到最低点以后，指数形成放量上涨的走势，随后 20 日移动均线也终于在此时由连续性的下降趋势转变成为上升趋势。至此，各种指数底部的信号已经完全，无论是激进的投资者还是稳健的投资者，此时都应当入场进行建仓操作。

在指数形成底部的时候，量价配合是最先出现的买入信号，随后 MACD 指标也将会形成买入信号，最后在指数上涨的初期，20 日移动均线上升趋势也会确立。从某种意义上来说，20 日移动均线趋势的拐头属于上涨初期阶段的波动状态，但是，对于中线操作而言，此时指数依然处于低点，因此，也可以算是底部的技术特征。

在下跌到底部以后，当指数波动时出现的底部技术特征越多，那么，未来上涨的可靠性也就越大，如果能够同时满足这种大技术要求，未来上涨行情出现就是一种必然了。当然，指数底部的技术特征也绝非只有这四种，指数的其他底部特征将会在后期的《短线炒股就这几招》系列丛书中为各位读者详细介绍。

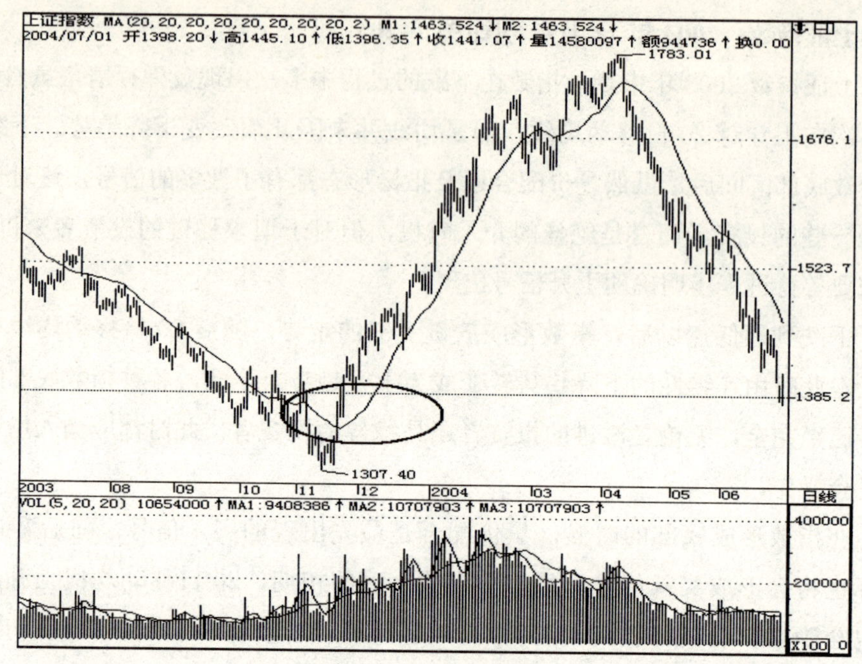

图 1–20

第二节　指数上涨四种技术特征

指数见底并买入股票以后，接下来的工作就是要分析指数的上涨是否具有延续性，或者说是出现什么情况的时候，指数将会继续上涨，因为只要指数可以继续上涨，个股们往往也可以继续随之上行。

指数在上涨过程中并非会连续收出阳线，多会形成阴线与阳线交差出现的走势，或是震荡上行的走势，当阴线或调整出现时，判断指数未来是否可以继续上涨，就显得非常重要了。

指数在上涨过程中，有多种判断的方法，但学习要循序渐进地进行，因此，首先为大家讲解常见的四种指数上涨时具备的技术特征。

上证指数：2009 年 9 月至 11 月期间走势图(图 1–21)

判断指数是否可以继续上涨，从某种角度而言，是判断指数能否继续延续当前的上升趋势，因此，首先需要使用的就是移动均线。判断指数底部是否形成时，为了安全起见，需要使用周期较长的 20 日移动均线，而判断指数上升趋势是否可以延续的时候，就需要使用对趋势追踪性较好的 5 日移动均线与 10 日移动均线。

上证指数 2009 年 9 月至 11 月期间指数形成了震荡上行的走势，在 9 月初的上涨过程中，5 日移动均线与 10 日移动均线始终保持着上升的趋势，并且并未形成死叉现象，只要这两条短周期均线没有死叉现象，指数当前的上升趋势将会延续。

在 10 月至 11 月期间的上涨过程中，5 日移动均线与 10 日移动均线也始终保持着多头趋势，无论是阴线还是阳线，只要两条均线没有死叉现象出现，都可以将其视为上升将会延续的信号。

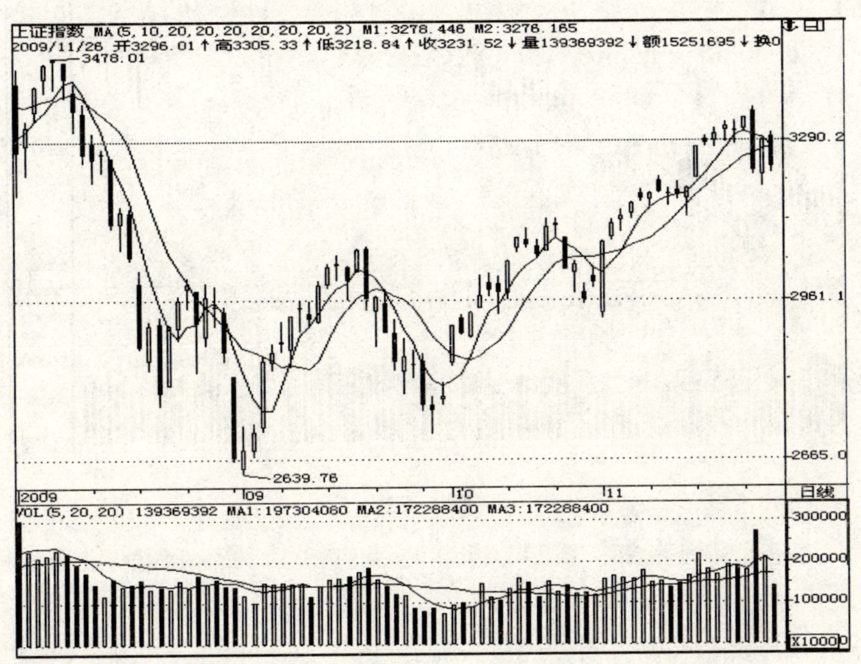

图 1–21

上证指数：2009年6至7月走势图(图1–22)

上证指数2009年6至7月期间，指数形成了一轮周期较长的上涨行情，这对于投资者来讲，是获利的黄金时节。

指数上涨的过程中，阴线时常出现，并且各种形态的调整也时常出现，但是，无论K线形态如何变化，5日移动均线与10日移动均线始终保持着上升趋势，并且没有形成死叉现象。

短周期均线未死叉，说明趋势还会继续延续。目前短周期的波动都没有风险，中长周期的波动就更没有什么问题，在此情况下，除了做多还是做多，任何做空的操作都将是错误的。

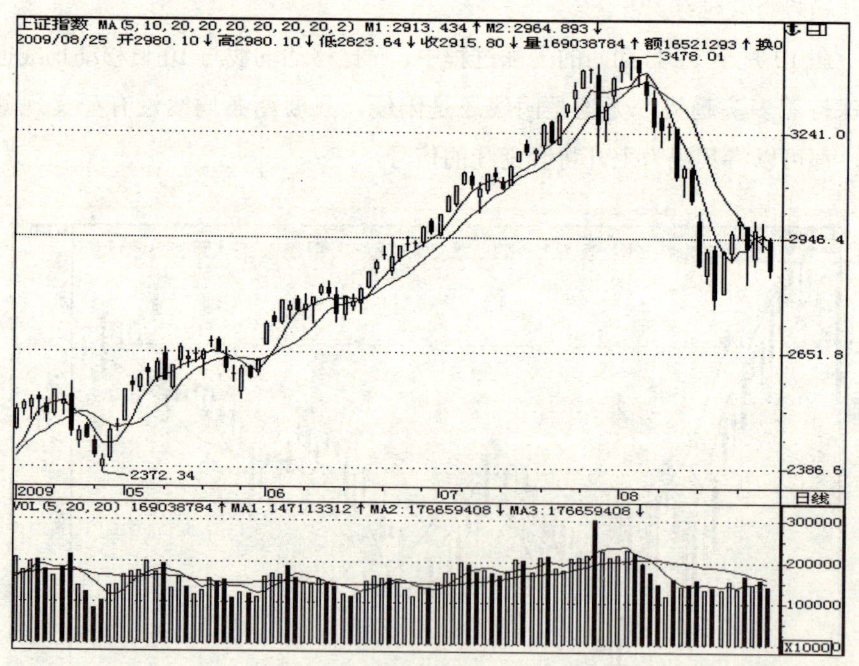

图1–22

上证指数：2009年2月走势图(图1–23)

上证指数2009年2月，底部形成以后，上涨行情开始出现，在上涨过程中，阳线的实体普遍较大，阴线实体则较小，这与下跌行情时的K线形态完全相反，这也是一种指数将会持续上涨的信号。

在整个上涨过程中，5日移动均线与10日移动均线始终保持着单一的上升形态，并且没有出现任何死叉的现象。上涨过程中，只要两条短周期均线没有死叉，投资者就应当不必理会K线的形态而坚定做多。短周期均线不死叉是上涨过程中最为常见的波动形态。

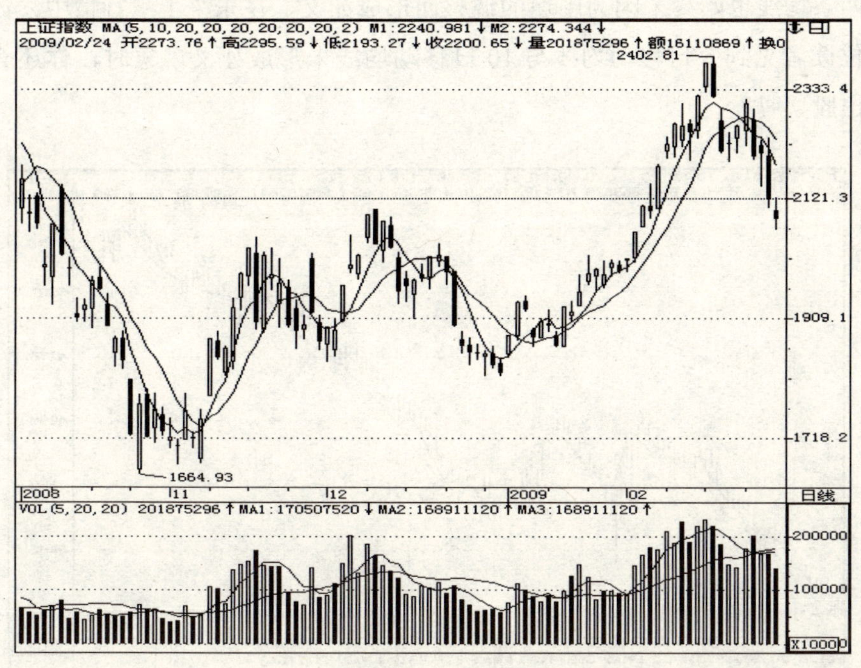

图1–23

上证指数：2007年8月至10月走势图(图1–24)

上证指数2007年8月至10月期间，指数形成了周期较长的上涨行情，相对来讲，指数的上涨形态较为单一，中途出现的调整回落幅度较小，并且调整的时间也较短，这说明了空头的弱势。

在指数上涨的过程中，投资者应当首先从短周期的变化入手进行分析，因为只要短周期的波动形态没有任何异常，大级别的波动更不会发生变化，这就好像是一砖一瓦的质量都很好，整个大楼就不会轰然倒塌一样。

在上涨中途，5日移动均线与10日移动均线始终保持着向上的趋势，并且两条均线也始终未因为中途的调整而形成死叉，在未来上涨行情中，如果各位读者见到5日移动均线与10日移动均线未形成死叉现象时，你还会再卖出股票吗？

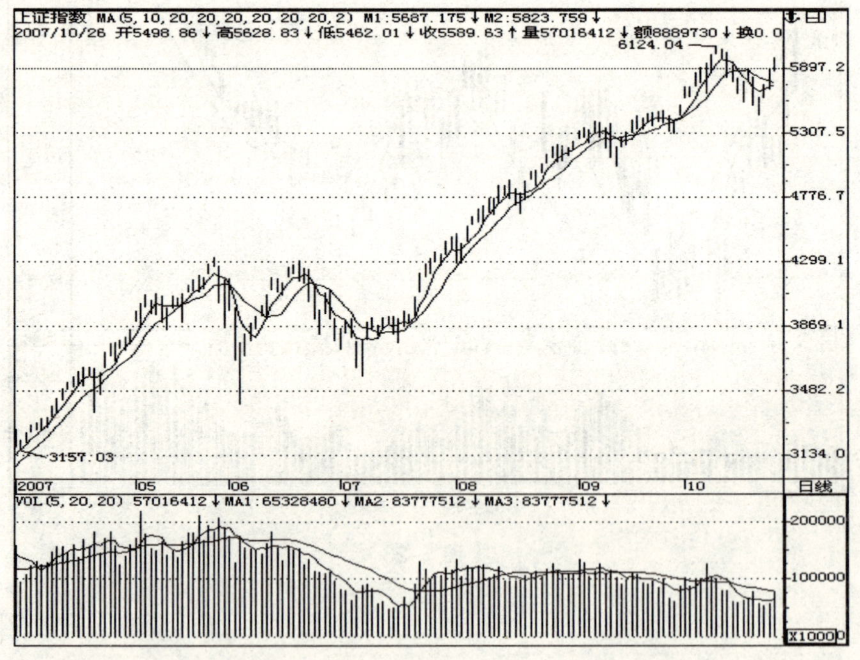

图1–24

上证指数：2006 年 8 月至 12 月走势图(图 1–25)

上证指数 2006 年 8 月至 12 月，指数在这一时期出现了周期较长的上涨行情，持续性的上涨给投资者带来了极好的获利机会。虽然指数的上涨形态并不复杂，但投资者却依然有可能在上涨中途进行了卖出，无疑这是一个遗憾。

在指数上涨的时候，投资者一定要多参考 5 日移动均线与 10 日移动均线的变化形态，因为它们对趋势追踪的效果是最好的，对趋势变化的反应也最及时。从图中可以看到，指数在上涨过程中，两条均线始终没有形成任何死叉现象。

上升趋势确立后，短周期均线不死叉是趋势将会延续的信号，在此情况下，任何卖出行为都是过早的。

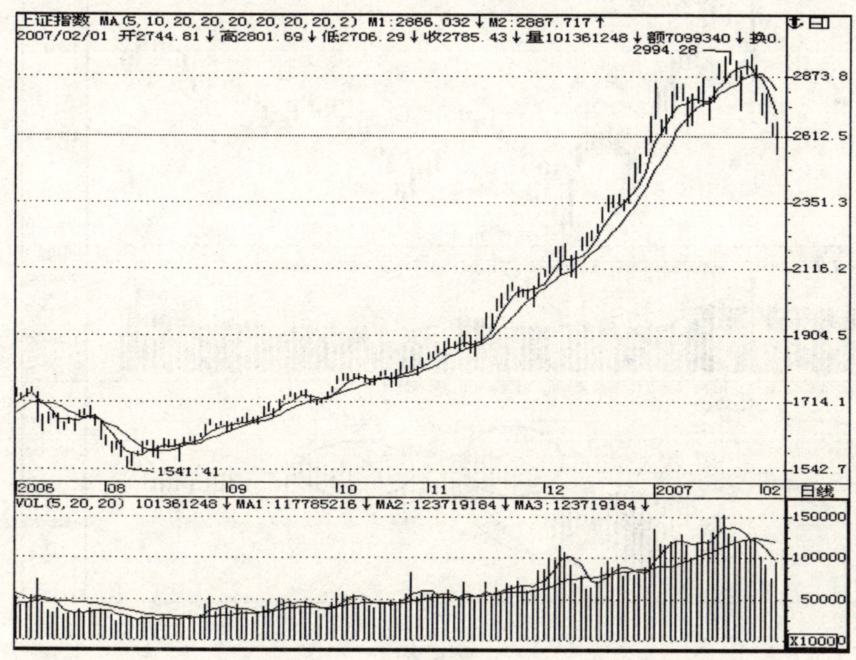

图 1–25

上证指数：2009 年 9 月至 10 月走势图(图 1-26)

上证指数在 2009 年 9 月至 10 月期间，出现了震荡上涨的形态，对于趋势性投资者来讲，可以根据移动均线的提示顺势做多，而对于短线投资者来讲，却希望可以在指数的波动情况下进行高抛低吸操作，在这种情况下，就可以参考 MACD 指标以及 KDJ 指标的提示进行相应的操作。首先来为大家讲解一下如何利用 MACD 指标判断指数上涨的方法。

在指数两轮上涨过程中，MACD 指标柱体均保持着连续放长的现象，这意味着指数的上涨动力十足，在指标柱体放长的过程中，投资者是不用考虑卖出的，只有在指标柱体连续缩短或是 MACD 指标形成死叉现象时，才是高抛的时机。

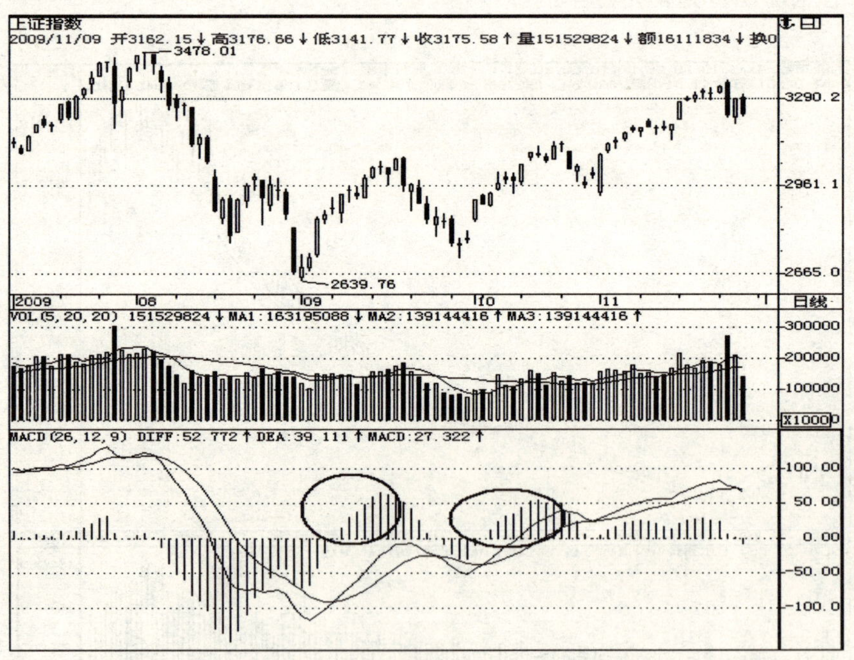

图 1-26

上证指数：2008 年 11 月至 2009 年 1 月走势图(图 1–27)

上证指数 2008 年 11 月至 2009 年 1 月期间，指数出现了两轮幅度不同的上涨行情，在指数上涨的过程中，阳线数量较多，而阴线数量较少，同时，阳线实体较大而阴线实体较小，K 线方面体现了多方强大的进攻力度。

多方占尽盘中的优势，投资者自然要积极做多，在指数上涨的时候，MACD 指标柱体也随之不断放长，从某种意义上来说，MACD 指标柱体可以用来衡量多方的力度。柱体不断变长，说明多方的进攻力度没有任何变化。

MACD 指标柱体不断放长是指数上涨过程中最明显的技术特征之一，在这个区间，任何投资者都要坚定地进行持股操作。

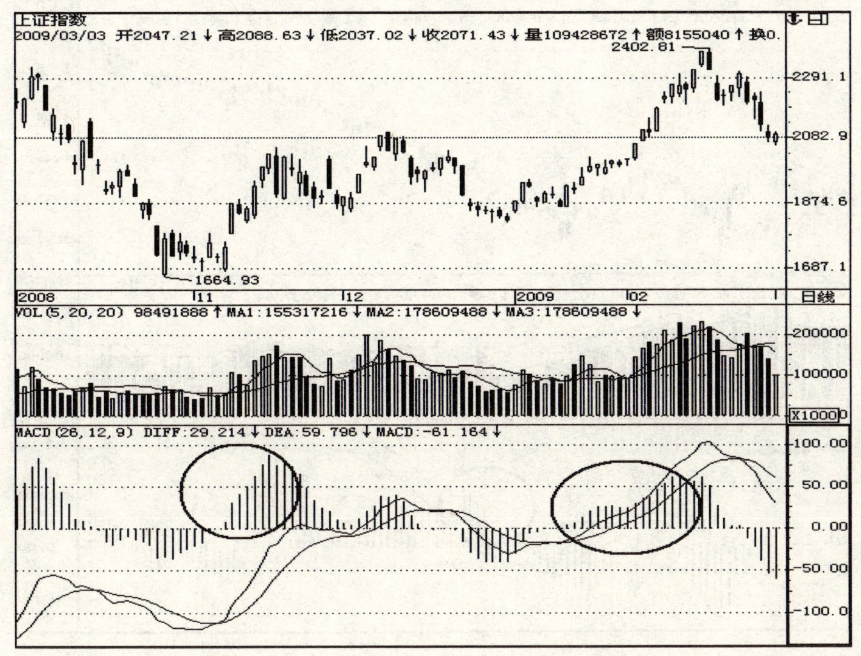

图 1–27

上证指数：2007 年 7 月走势图(图 1–28)

上证指数 2007 年 7 月经过一番调整以后，在成交量放大的推动下，指数又一次展开上涨行情，虽然上涨途中多次出现阴线与调整走势，但指数回落的幅度并不大。这与指数下跌时出现的反弹幅度均较小是一种含义。

在指数上涨的过程中，MACD 指标线形成了连续的上行趋势，并且上涨初期指标柱体不断变长，柱体的放长体现了多头的进攻力度越来越大，在多头不断发力上攻的过程中，为何要卖出股票呢？

根据指标柱体的长短判断指数上涨时的力度变化，是一种对短线操作非常有帮助的方法。

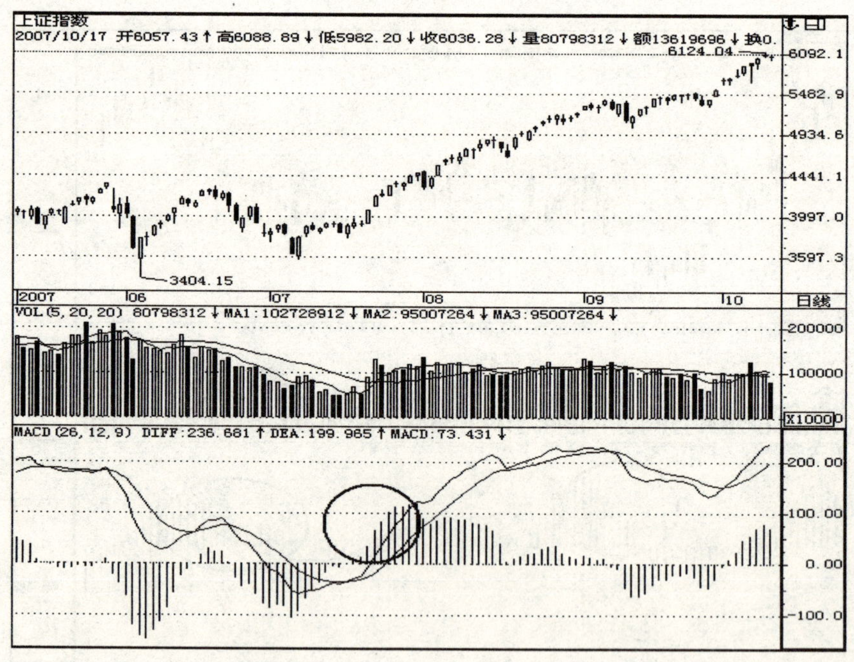

图 1–28

上证指数：2006 年 3 月至 4 月走势图 (图 1-29)

上证指数 2006 年 3 月至 4 月期间，指数在上涨过程中，连续收出阳线，对于这种走势进行分析其实非常容易，阳线的连续出现就是继续做多的信号。在空方根本没有还手之力的情况下，任何卖出行为都将是错误的。

结合 MACD 指标柱体来看，在指数上涨的过程中，指标柱体始终保持着放长的状态，这说明多方的进攻力度不断增大，同时也意味着上涨行情没有停止的迹象。利用 MACD 指标柱体的变化可以很轻松地判断出指数当前的波动状态，这是一个简单但却非常实用的方法。进行短线操作则注重柱体长短变化，进行中长线操作则注重指标线的趋势变化。

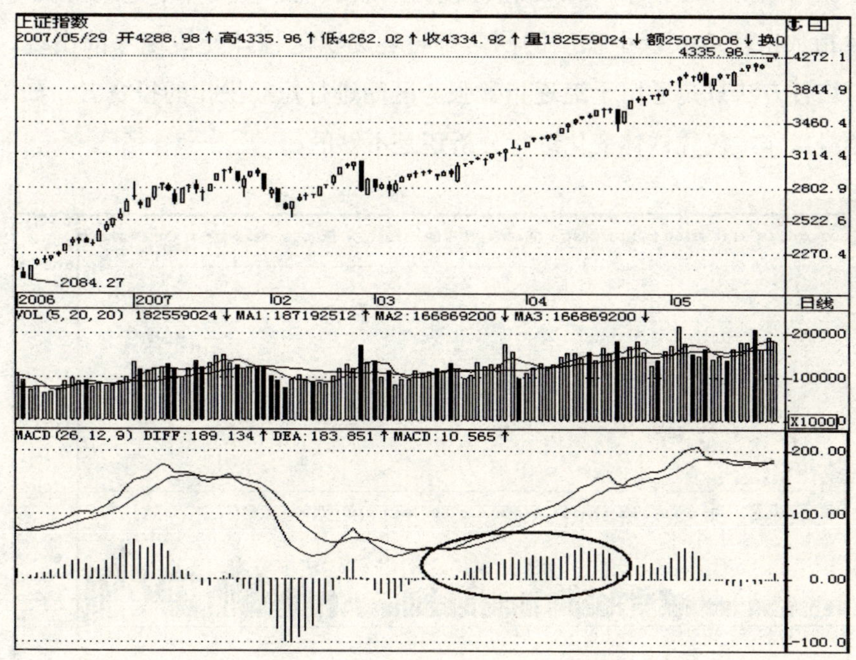

图 1-29

上证指数：2006 年 4 月至 5 月走势图(图 1–30)

上证指数 2006 年 4 月至 5 月期间指数经过震荡上行后，出现加速上涨的走势，此时，利用 MACD 指标柱体的变化可以很容易地判断出指数涨跌力度的变化。

在指数震荡上涨的时候，柱体虽然连续放大，但柱体并不是很高，而进入加速上涨阶段，指标柱体则明显变高，并且连续放大，通过指标柱体的长短变化，投资者可以很容易判断出当前指数的波动性质。同时，在指标柱体不断变长的时候，也要求投资者一定要继续做多，因为柱体放长是上涨过程中最常见的技术特征之一。

在指数上涨过程中，MACD 指标柱体的放长现象往往并不延续太长时间，一旦指数出现或大或小幅度的回落都将容易引起柱体变短现象的出现，因此，这种方法只是适用于追逐指数强势区间进行短线操作的投资者。如果进行顺势操作，仅凭柱体变化进行分析还是不够的。

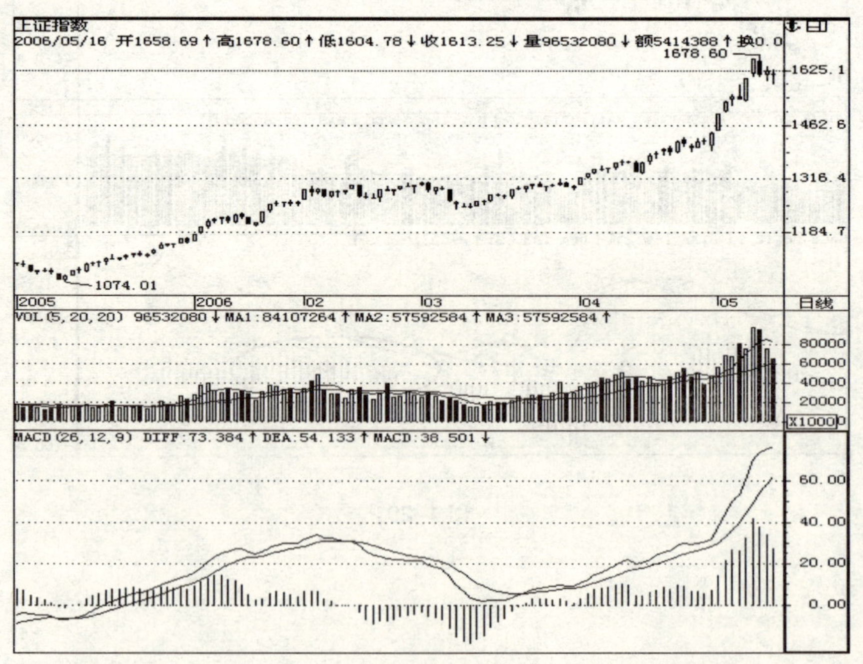

图 1–30

上证指数：2009 年 9 月至 10 月走势图(图 1–31)

上证指数 2009 年 9 月初期，指数下跌到底部后，KDJ 指标形成了低位双金叉的现象，这意味着短线上涨行情的开始。指数底部形成后，在上涨过程中，KDJ 指标又有什么样的特点呢？

从 KDJ 指标来理解，指数之所以上涨是因为下跌后位于极低的位置，因此会有正常的上涨，而一旦上涨至较高的位置后又会引发风险，导致指数下跌。根据这一特点便可以得知：只要指标线数值未到达高数值区间，指数的上涨便会延续。

从图中的走势来看，KDJ 指标上涨至高点数值区间后都引发了指数幅度不同的调整，由此也可以看出，只要在金叉形成以后，指标数值并不高的情况下，上涨行情往往都可以延续。

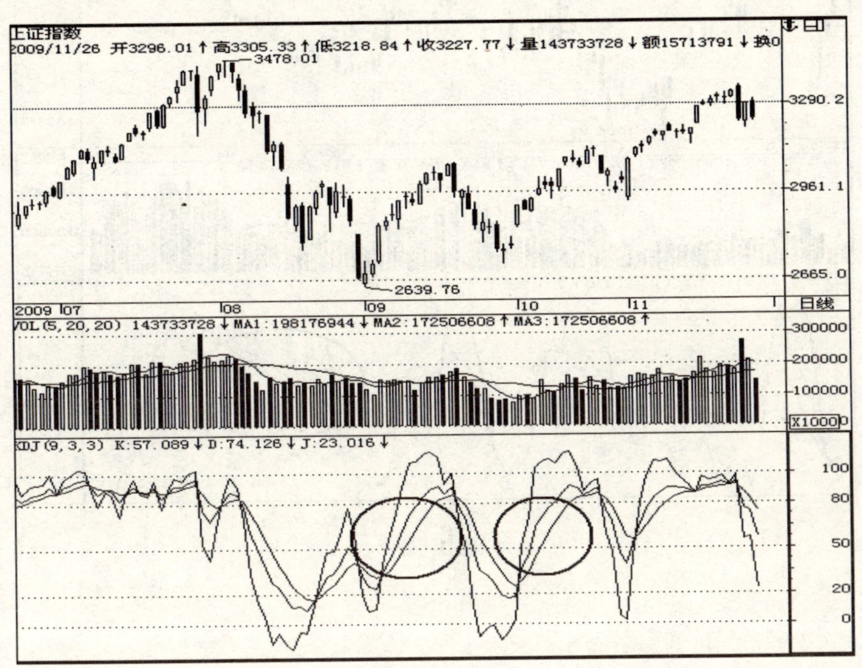

图 1–31

上证指数：2009年1月走势图(图1-32)

上证指数2009年1月KDJ指标于低数值(20以下)区间形成金叉买点以后，指数在后期形成了一轮连续上涨行情。如果利用KDJ指标进行操作，那么，之后的分析也要多参考KDJ指标的提示。

在指数上涨的过程中，KDJ指标也逐渐由低数值向高数值挺进，在没有达到高数值区间(80以上)时，正常情况下，指数的波动都将是安全的。指标数值只要未进入高数值风险区间，意味着指数的位置依然较低，在上升趋势确立的情况下，位置并不高的指数继续上涨的可能性也就大大增加了。

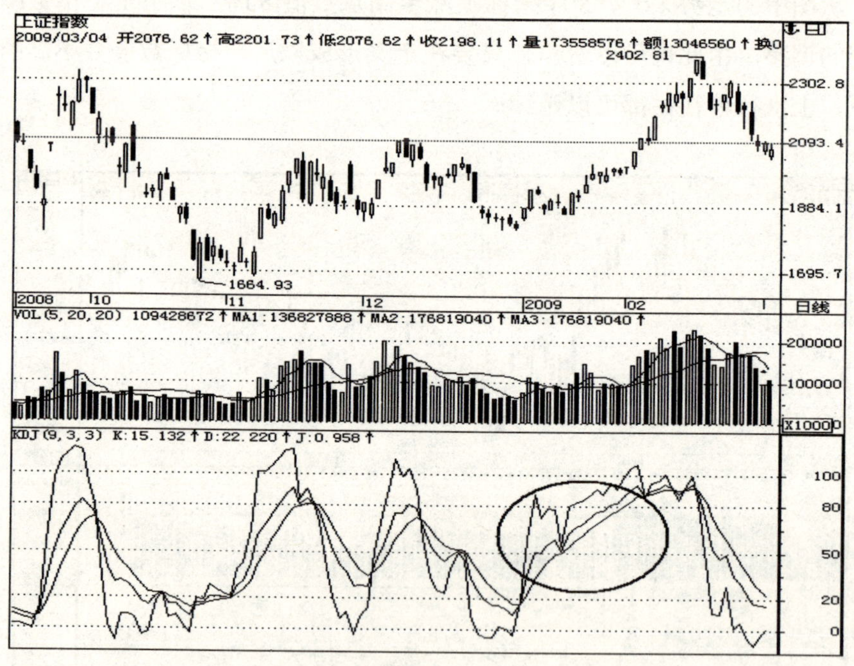

图1-32

上证指数：2005 年 6 月至 7 月走势图（图 1-33）

上证指数 2005 年 6 月至 7 月期间指数出现了一波经典的短线上涨以及一波上涨周期相对较长的行情，指数的波动周期较短，因此，使用适合于短线操作的 KDJ 指标是较为合适的。投资者在进行实战操作时，选取的指标周期与指数的波动周期一致时，指标所发出的提示信号才更具有实战指导意义。

在指数上涨之前，KDJ 指标均在低数值区间形成了金叉，这意味着指数的位置已经很低，将会形成展开正常的上涨走势。在后期上涨的过程中，KDJ 指标的变化更是需要多加留意，如果指标数值在 20 至 80 之间，并且指标线始终没有死叉的情况下，往往意味着指数的上涨还并未结束。

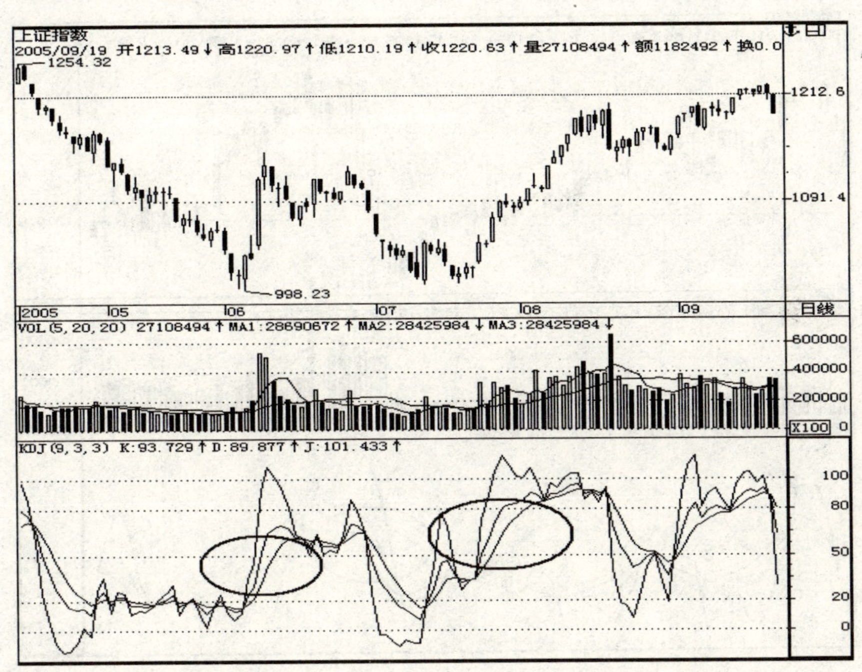

图 1-33

上证指数：2004年9月走势图(图1-34)

上证指数2004年9月形成了一轮经典的短线上涨行情，KDJ指标于低数值区间形成金叉，又在高数值区间形成死叉，非常准确地提示了投资者底部和顶部到来的信号。

在指数上涨的过程中，KDJ指标线始终保持着多头排列的状态，指标线与指数的趋势一致，是在提示投资者不要轻易卖出股票。同时，在指标数值并不是很高的情况下(位于80值以下)，也意味着指数此时的波动风险并不大。

KDJ指标对指数短线的波动产生的提示效果最好，而该案例中指数又恰是短线上涨行情，所以，底部、上涨途中与顶部的提示效果是最为精准的。

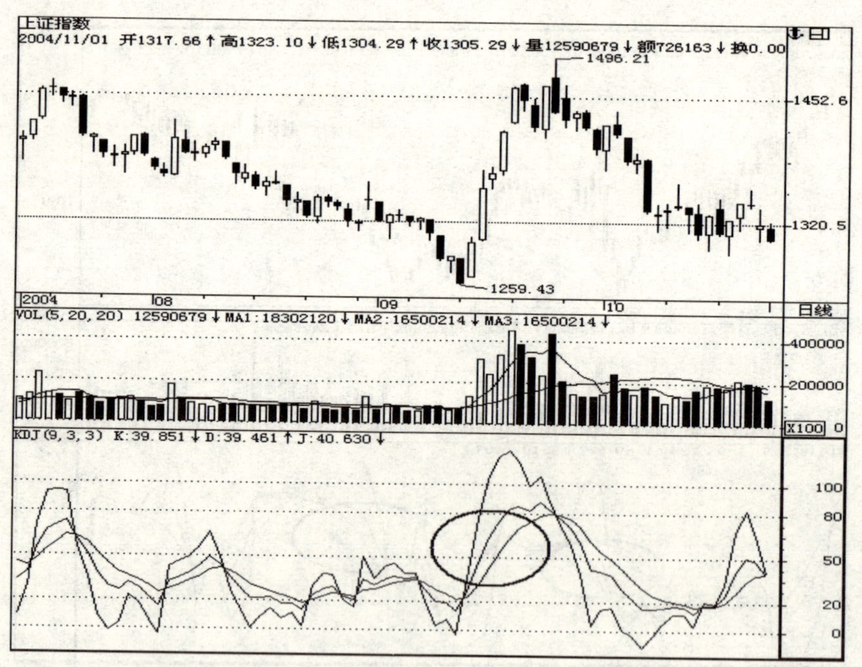

图1-34

上证指数：2002 年 1 月走势图(图 1–35)

上证指数 2002 年 1 月指数下跌到底部以后，成交量出现明显放大的迹象，同时大实体阳线也随之出现，并且 KDJ 指标在低数值区间形成了金叉，种种技术特征表明：指数的底部已经形成。

在未来上涨的过程中，投资者需要做出的判断就是指数的上涨是否还会延续。根据 KDJ 指标的提示，指数上涨就是从低位到高位的过程中，只要指标提示并到高位，那么，上涨行情就会延续。所以，在指数上涨时，一要关注指标线的变化，多头排列迹象不变，就要继续做多；二要关注指标数值的变化，只要指标数值未进入到高数值区间，指数波动风险就不大。

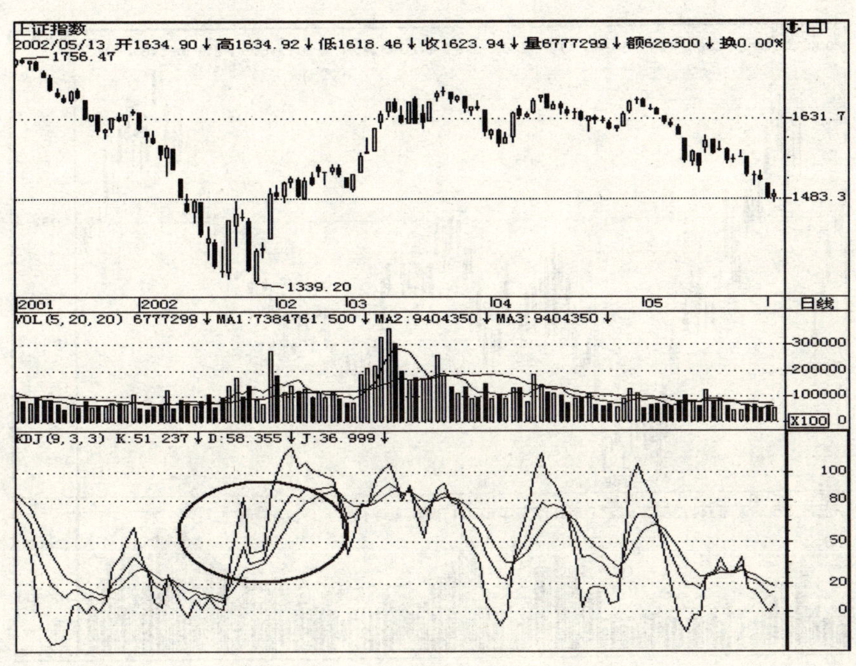

图 1–35

上证指数：2009 年 2 月走势图(图 1–36)

上证指数 2009 年 2 月的上涨行情非常标准，无论是 K 线形态的变化，还是各种指标以及均线的变化，都向投资者发出了做多的信号。在指数的上涨的过程中，投资者一定不要忘了关注成交量的变化。

在指数上涨的时候，成交量始终保持着放大的状态，结合指数的 K 线形态来看，这是资金积极入场操作的信号。指数越是强劲上涨，越是可以吸引来众多的资金参与，而资金越是更多入场，指数就越可以强劲上涨，从而形成一种良性循环。因此，在指数上涨时，如果成交量能够持续放大，那么，在量能放大区间，投资者是不能考虑做空的。

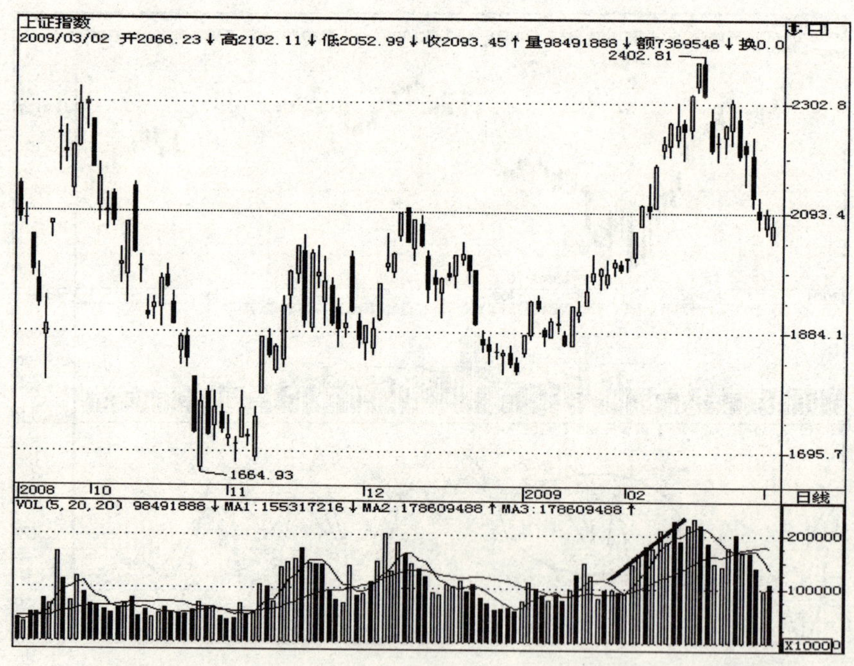

图 1–36

上证指数：2005年7月至8月走势图(图1–37)

上证指数2005年7月至8月，在指数形成底部的时候，要求成交量放大，这是为了确定底部形成的有效性，因为只有资金开始积极地入场，底部才有可能形成。

在指数上涨过程中同样要求成交量必须放大，因为只有资金持续性的入场，指数才可以连续地上涨。就像开车一样，想让车动起来必须要踩油门，而如果想让车跑得更快更远，就必须要持续地踩油门。成交量就像是油门，量能越大，越是连续，指数这辆车才会跑得越快越远。

在指数上涨的过程中，成交量始终保持着连续放大的状态，这是非常好的量价配合形态。

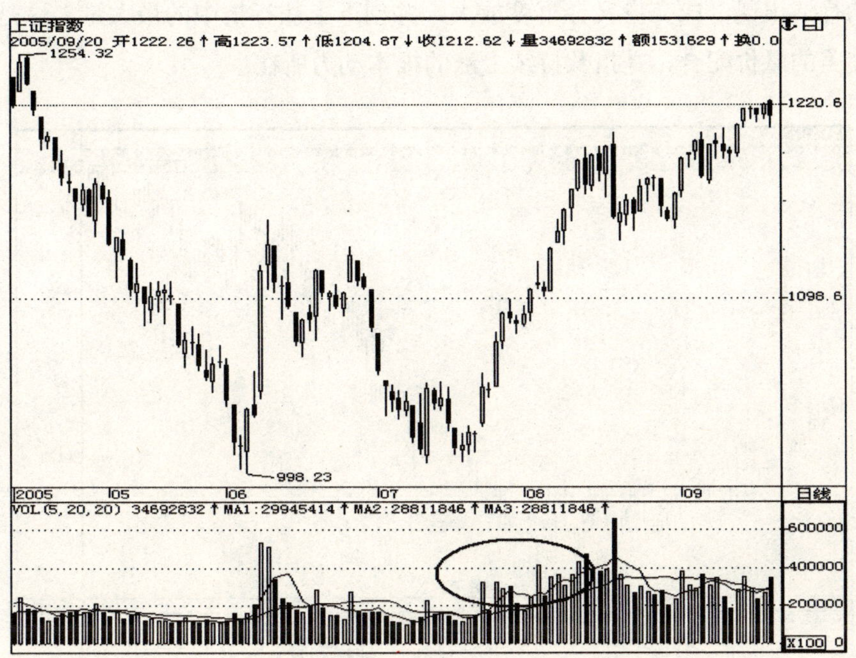

图1–37

上证指数：2003年10月至2004年2月走势图(图1–38)

上证指数2003年10月至2004年2月指数见底以后，形成了连续上涨的走势，从图中来看，上涨的形态属于震荡上涨，每当指数上涨一定幅度以后，调整走势便会出现，而经过短线调整后，指数又会继续创新高上涨。对于这种震荡上涨的形态，对成交量有什么样的要求呢？

无论是单边(指调整次数少)上涨行情还是震荡上涨行情，对于成交量的总体要求是量能必须连续放大。而在震荡行情出现时，还需要对调整走势的量能进行要求：指数调整成交量必须要萎缩。而在调整结束以后，对量能新的要求就是：后一边上涨时的量能一定要大于前一波上涨时的量能。

指数在上涨的过程中，每当调整出现成交量便会随之萎缩，而每次创新高的行情出现，成交量又会再度放大，并创下上涨行情中的最大量。这是非常完美的量价配合，是指数持续上涨的根本动力所在。

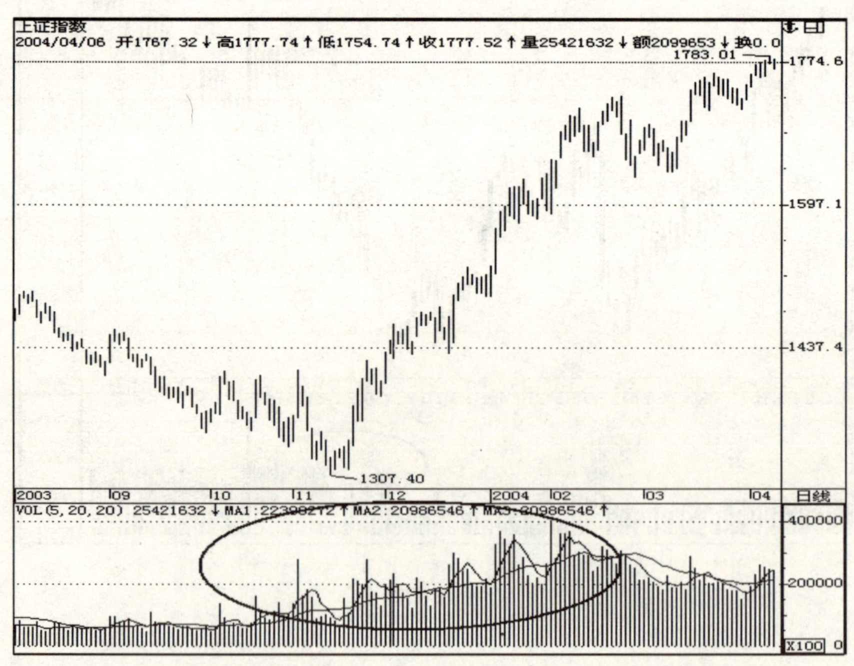

图1–38

上证指数：2004 年 9 月走势图(图 1–39)

上证指数 2004 年 9 月指数出现了一轮短线快速上涨的走势，虽然上涨的周期较短，但是，对成交量的变化却和长周期的上涨行情一致。

在指数上涨的过程中，成交量整体连续放大，这说明随着指数强劲的上涨，越来越多的资金参与进来，资金的介入会增加盘中的买盘数量，买盘越多，指数的上涨就越健康。

由于短线行情中的调整很少见，所以，仅对阳线的量能进行要求便可以了，只要阳线出现时量能放大，指数的上涨便会不断延续，直到成交量无法继续放大时或量价配合出现异常时为止。

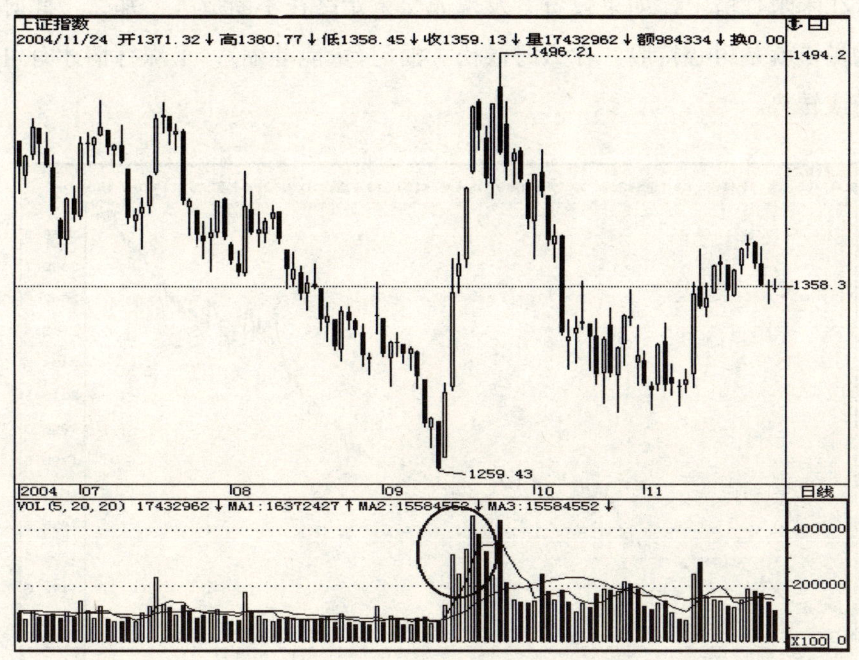

图 1–39

上证指数：2005 年至 2007 年牛市全景走势图 (图 1–40)

上证指数 2005 年至 2007 年牛市全景，指数在这一时期形成了连续两年多的上涨行情，指数能够上涨这么长时间，与资金持续性的入场推动分离不开。

从图中来看，每当指数出现调整走势时，成交量便会萎缩(显示市场中抛盘数量较少)，而每当指数再度上涨的时候，成交量又会随之出现放大(显示资金再度入场操作)。并且，当指数创出新高时，成交量也会随之创下上涨行情以来的最大量。

只有指数的上涨不断得到场外资金的支撑，才会出现延续时间较长的上涨。在未来行情中，如果投资者发现成交量始终在不断放大，那么，此时正确的操作就是耐心持股。什么时候松了油门(量能萎缩)，上涨行情才有可能减速或转势。

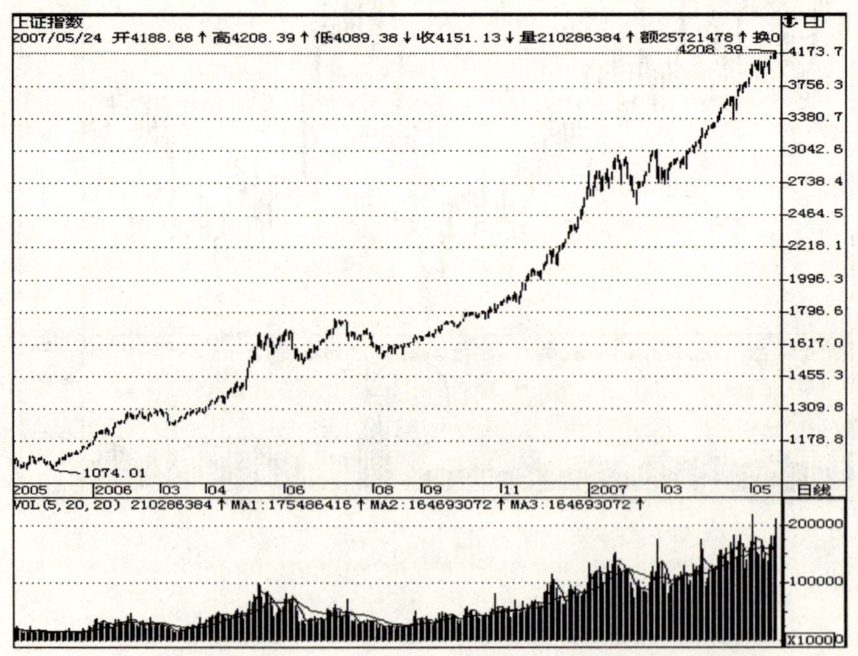

图 1–40

第三节 指数顶部五种技术特征

指数见底后再经过连续上涨，将会进入顶部区间，没有只涨不跌的股市，涨的幅度大了，市场中的资金们均实现了较大幅度盈利以后，将会考虑进行卖出操作，在这种情况下，投资者也需要考虑或在上涨末期卖出股票，或下跌时卖出股票。当然，是否卖出股票的参考依然是指数的波动变化。

抄底或在上涨过程中买进股票，错过一些行情没有什么关系，至少不会造成资金的损失，但是，如果逃顶的时间过晚，要么利润大幅回吐，要么资金产生亏损。所以，也就有了这样一句话：抄底要晚，逃顶要早。

在指数上涨的过程中，只要量价配合与各类指标均支持上涨的延续，投资者就没必要去猜测顶部在那里，因为一旦指数形成顶部，将会形成某些非常明显的技术特征，掌握了这些技术特征，也就等于知道了顶部将会在哪里出现。这些技术特征就好像是红灯，当你发现红灯亮时，踩下刹车就可以了。

上证指数：2009 年 8 月走势图(图 1-41)

要知道指数顶部有哪些技术特征，需要先了解指数进入到顶部以后会有哪些常见的技术形态，从历史的走势来看，指数的顶部形态有两类，一种是 A 字顶形态，另一种是 M 头，或是 M 头产生一些变形的震荡顶形态。

上证指数 2009 年 8 月指数经过连续上涨以后，到达了较高的位置，对于这种涨幅较大、上涨周期较长的顶部，在判断顶部的时候，应当把后果想得恶劣一些。这是因为指数过长的上涨时间以及过大的上涨幅度，一旦有什么风吹草动，资金均会蜂拥离场，这必然会造成指数的暴跌。

连续上涨以后，指数从大的形态来看，形成了 A 字，怎样涨上去的，又怎样跌了回来。如果投资者的卖出行为较晚，将很容易使资金产生较大的亏损。顶部到来时，风险的回避一定要早一些，早一些回避风险最坏的后果就是少赚一些，而晚一些回避风险的后果则是利润回吐或是赔钱，二害相侵取其轻，因此，早些回避风险显然要比晚一些回避风险更合适。

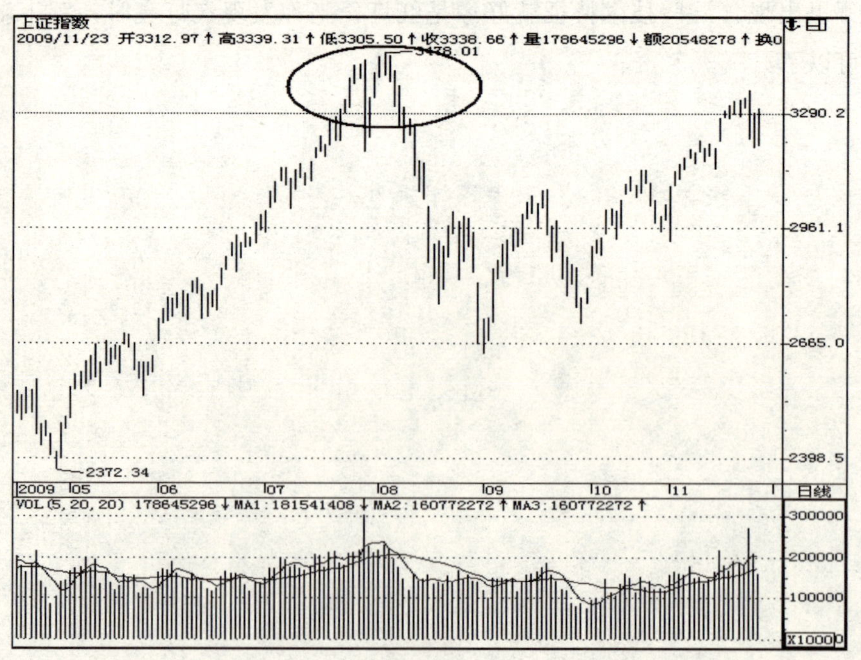

图 1-41

上证指数：2009 年 2 月走势图(图 1–42)

上证指数 2009 年 2 月指数上涨到高点以后快速回落，由于下跌的速度与上涨的速度基本一致，并且 K 线在高点处停留的时间较短，因此形成了明显的 A 字顶形态。这种顶部给投资者带来的风险是最大的，因为在上涨过程中，谁也无法预测未来的顶部到底是什么形态，所以，当指数波动异常的时候，先行离场才是最明智的操作方法。

如果指数短线下跌后再度上涨，没有形成 A 字顶，那么，投资者还可以重新买进股票，并不会有任何损失。而如果指数连续下跌，则可以免遭割肉之痛。

A 字顶是指数上涨过程中常见的顶部形态，由于未来下跌的速度较快，所以使得卖出的时机只有那么一瞬间，错过了就要付出一定的代价，这也是很多地方都在提示投资者股市有风险的原因。

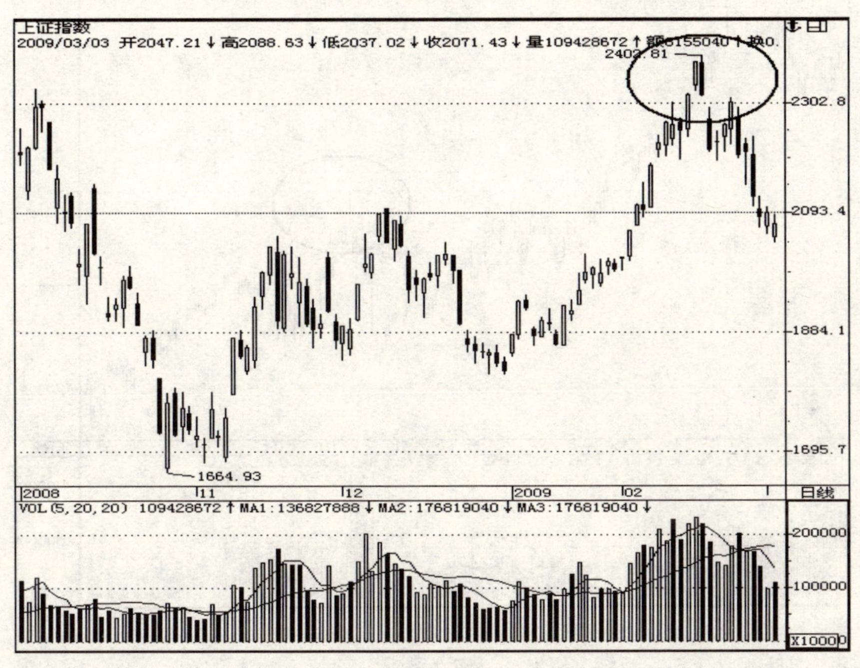

图 1–42

上证指数：2004年9月走势图(图1-43)

上证指数2004年9月在连续下跌以后，指数出现了一轮短线快速上涨的行情，指数的底部构成了标准的V形底，而这种底部对应的往往是短线行情，并且在大趋势没有改变的情况下，投资者不要把行情想象的过于深远。

经过几天的上涨以后，指数便见顶回落，下跌的速度也非常快，这使得K线在高位停留的时间非常短，从而形成了A字顶。因为行情的性质是短线上涨，所以，底部形态是符合短线的V底，而顶部形态也是符合短线的A字顶。

在某些时候，通过指数的底部技术特征或指数上涨时的技术特点，可以预测出未来指数顶部的形态，关于这部分知识将在随后的《短线炒股就这几招》系列丛书中为各位读者做详细介绍。

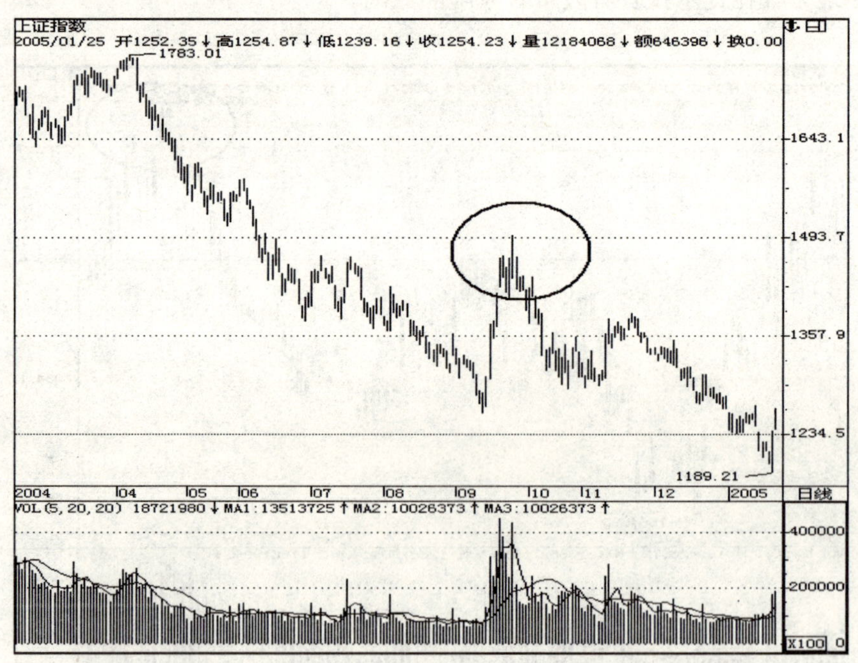

图1-43

上证指数：2005年8月至9月走势图(图1–44)

上证指数2005年8月至9月指数经过连续上涨以后，到达了高点，虽然上涨的速度较快，但并未形成A字顶形态，而是形成了左低右高的M头形态。

M头形态对于投资者来讲，其实是很容易判断的，通过指标的变化以及成交量的变化，都可以在顶部形成的过程中做出准确的定性。但是，由于K线在顶部过程中依然保持上涨，这或多或少会影响投资者的心情，从而对分析结论产生怀疑。

M头留给投资者卖出股票的时机较多，但留给主力资金卖出股票的时机更多，对于主力资金来说这种顶部形态的出货效果是最好的。

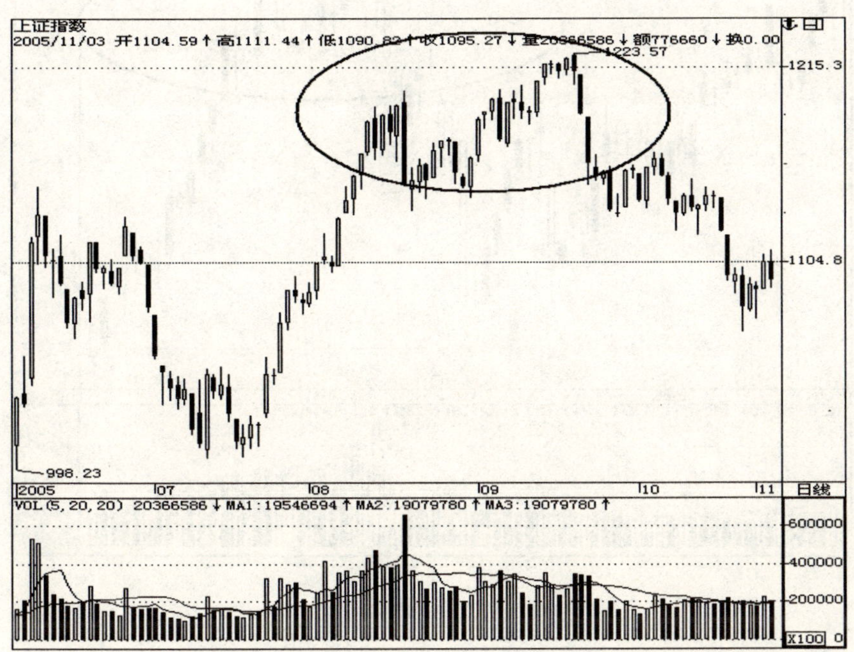

图1–44

上证指数：2005 年 2 月至 3 月走势图(图 1–45)

上证指数 2005 年 2 月至 3 月指数上涨到高点以后，形成了非常标准的 M 头形态，两个高点基本在一个水平位。M 头顶部形态中，最值得关注的就是成交量的变化，而并非是 K 线形态。

在实战操作的过程中，在 M 头右侧高点形成时，可以根据量价背离或指标背离的方式卖出股票，最终的卖出时机则是在指数跌破颈线的时候。一旦颈线位失守，意味着指数将会在后期连续下跌。此时的卖出机会如果错过，后期将很难再有相对的高点卖出机会。

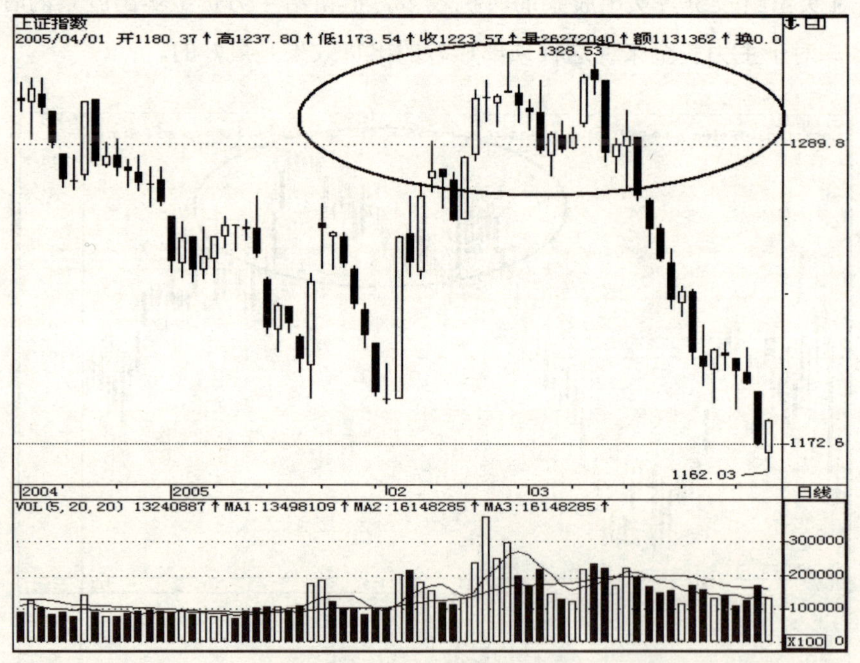

图 1–45

上证指数：2009 年 8 月走势图(图 1-46)

结合技术指标判断指数顶部的时候，MACD 指标是非常不错的选择，一方面它的高位死叉可以及时向投资者提示卖点的到来，另一方面指标的背离现象还可以提前提示投资者顶部风险正在形成的信号。

上证指数 2009 年 8 月指数在上涨的过程中，MACD 指标始终保持着多头趋势，两条指标线整体趋势不断向上，始终与指数的波动趋势保持着一致。在 K 线形态与指标变化没有异常的情况下，投资者是可以继续进行持股操作的。

连续上涨到达高点以后，MACD 指标形成了死叉，这时候的死叉就需要引起高度重视了。一方面，死叉出现在指数连续上涨的高点；另一方面，MACD 指标本身来讲，指标数值已到达明显的高位。凡是高位区间出现的风险信号，十有八九都会导致指数的下跌，所以，此时投资者不应再积极乐观，而是要考虑卖出股票，什么时候指标与 K 线再恢复做多形态时，再考虑进场操作。

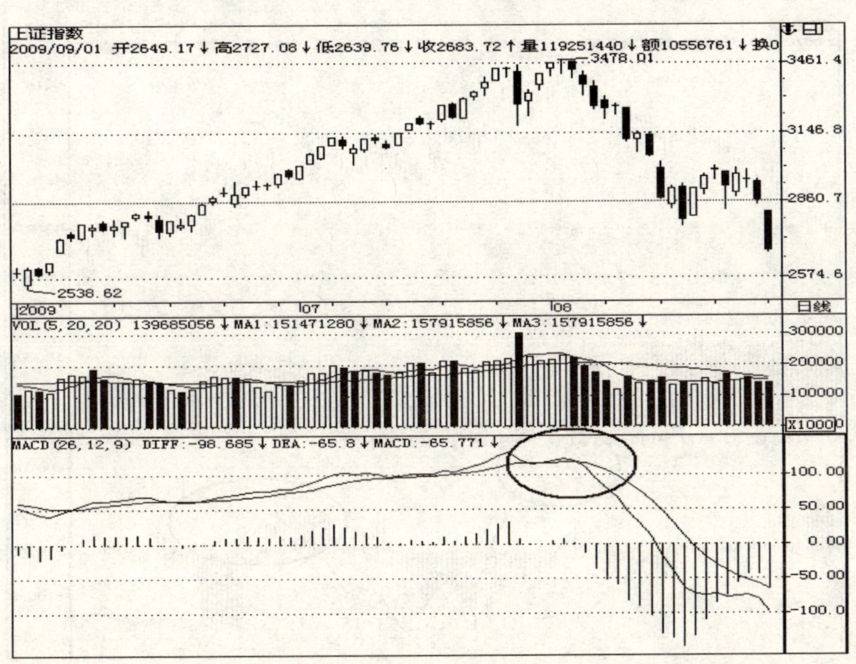

图 1-46

上证指数：2008 年 1 月走势图(图 1-47)

上证指数 2008 年 1 月指数这一轮下跌到低点以后，MACD 指标先于指数形成了上升趋势，提示投资者做多，指标在底部的表现非常好。当指数上涨到高点以后，在下跌的初期，MACD 指标又及时形成死叉提示投资者风险的到来。

而在 2007 年 10 月期间，MACD 指标在指数的最高点也形成了死叉卖出信号，这一次卖点出现后，引发了一轮持续性下跌的行情。在该次死叉出现前，指数于 9 月上旬也形成了一次死叉，对于大形态来讲，投资者在这个时候卖出也是没有什么错误的。因为顶部本身就是一种区域性的概念，而并非是一个点。并且，在上涨末期阶段，已经有一些个股先于指数形成了下降趋势。

在指数连续上涨的高位区间，以及 MACD 指标运行的高位区间形成的死叉，都可以视为卖点的所在，虽然有时卖点信号出现后，指数有可能还会再度上涨，但此时的上涨已多属于强弩之末。

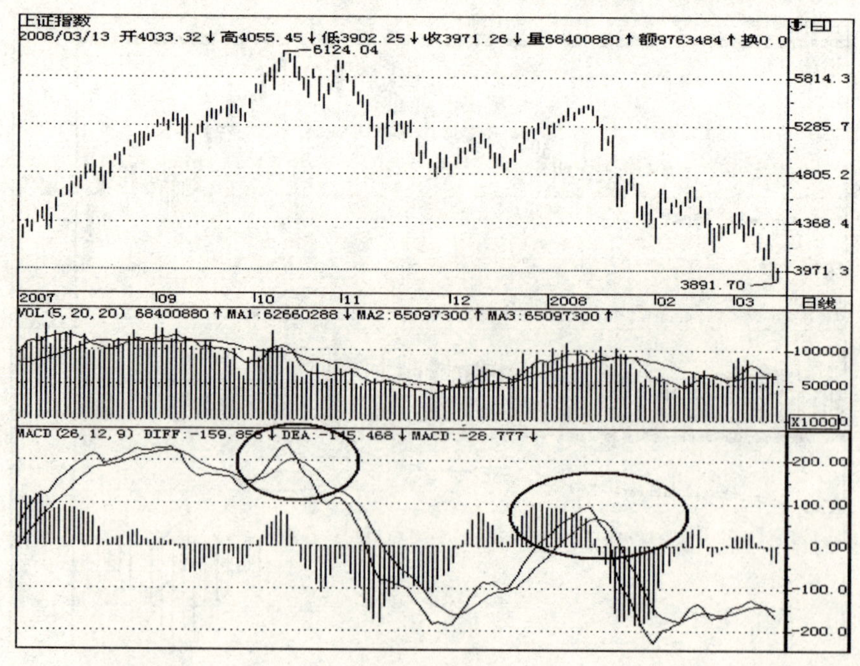

图 1-47

上证指数：2005年8月至9月走势图(图1–48)

上证指数2005年8月至9月指数上涨到顶部区间以后，于2005年8月中旬期间形成了死叉的现象。指标这一次死叉出现的位置是需要引起重视的，一方面死叉出现于连续上涨的高点，另一方面指标线也到达了高位区间(对比之前走势)，双高区间形成的死叉往往很容易改变指数的波动性质。

第一次死叉出现以后，指数并未马上下跌，而是在后期形成了震荡上涨的走势，但是此时，MACD指标却没有像前期一样随着指数的上涨而形成坚挺的上升趋势。指数后期的上涨已经完全得不到指标的同步配合，这就是最明显的异常波动形态。

对于后期的下跌走势来看，如果投资者在第一次死叉出现时进行了卖出，其实也会取得很不错的效果。吃鱼要中段，没必要把所有的行情全做到头，也不可能在所有的行情中全卖在最高点，只要卖出处股票时有足够的技术理由就是正确的。

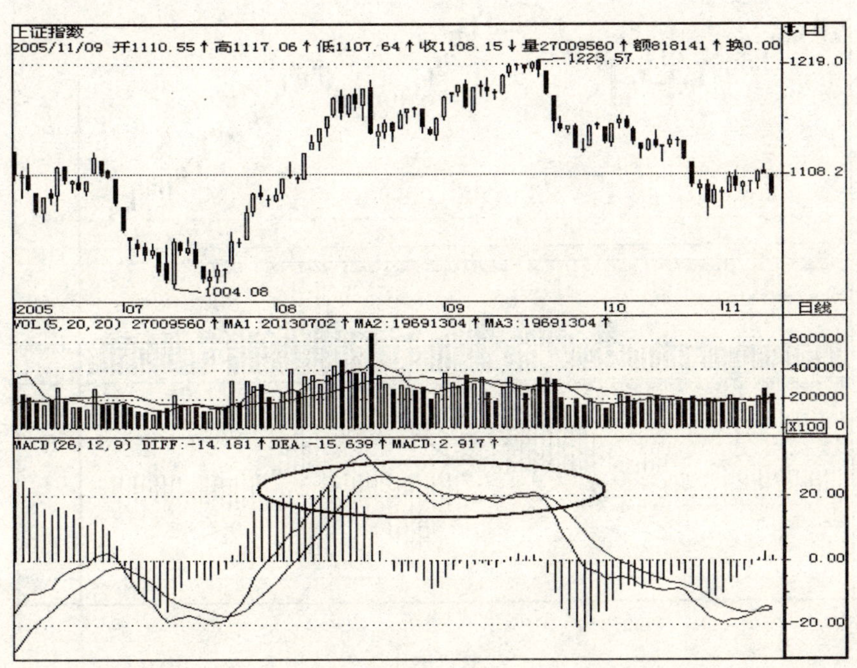

图1–48

上证指数：2005 年 3 月走势图(图 1–49)

上证指数 2005 年 3 月上涨到高点以后，标准的 M 头形态成立，同时，MACD 指标也在下跌的初期及时提示了投资者风险的到来。MACD 指标的死叉是较为常见的现象，对于个股来讲，由于股价波动剧烈，将死叉视为卖点在很多时候容易出现失误。但是，由于指数的波动非常稳定，与个股相比波动的剧烈程度较小，所以 MACD 指标死叉出现后，指数出现调整或是回落的可能性比较大。

从这一轮行情中 MACD 指标的表现来看，底部的提示非常精准，顶部的提示也非常及时。并且指标线的整体波动状态也比较顺畅，没有过多的曲折式波动。包括 2005 年 4 月期间的一次小型顶部，MACD 指标也是准确地发出了风险到来的信号。很多看似平常但却实用的方法，却总是被投资者所忽视，其实行情的转变很多时候都体现在细节之中。

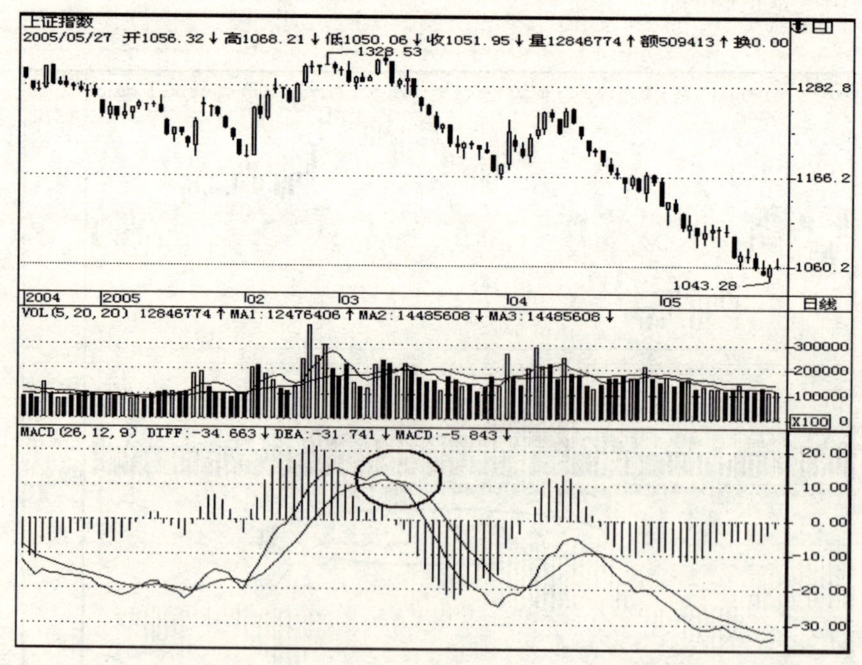

图 1–49

上证指数：2004 年 2 月走势图(图 1-50)

上证指数 2004 年 2 月指数在上涨的过程中，波动较为曲折，而 MACD 指标也形成了曲折上行的走势，但却始终没有发出明确的卖点信号。而在指数上涨到高点区间以后，并且在指标也进入到高数值区间后(对比前期走势)，死叉现象开始频繁出现。

学生做数学题的时候，在计算完毕后都会进行验算，以此验证计算的准确性。而在指标变化形态中也存在验算，一次死叉出现后，不久再次出现死叉，这就是指标的验算。经过又一次死叉的确认，未来指数下跌的概率将会增大。

对于 MACD 指标数值并不高的死叉，投资者需要再结合其他方面的因素进行综合分析。而对于经过对比后的高数值区间形成的死叉，不须结合其他分析因素，也可以较为准确地判断出顶部区间的风险。未来行情中，如果投资者发现 MACD 指标于高数值区间形成死叉时，请一定要记住：风险即将来临！

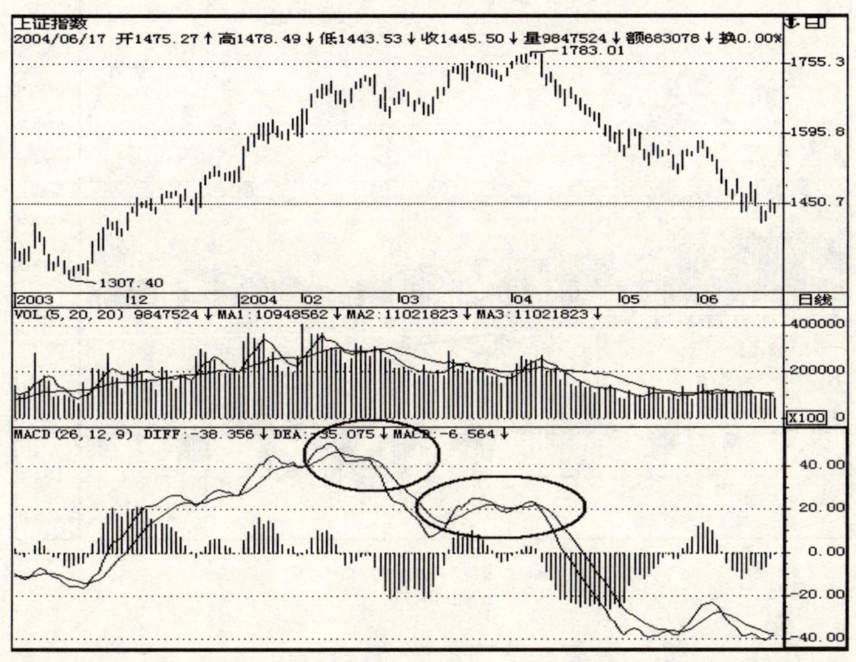

图 1-50

上证指数：2007 年 9 月至 11 月走势图(图 1–51)

上证指数 2007 年 9 月至 11 月指数在 9 月期间形成了第一个死叉，死叉过后，指数继续上涨，此时的走势可能会让许多投资者怀疑指标的风险提示，而继续进行积极的做多操作。

第一次死叉出现以后，指数再度上涨时，指标却并未形成同步上涨的走势，指数创出新高，而指标并未创出新高，并且指标的高点呈现降低的态势，这与指数同期走势形成了明显的背离现象。

对于很多顶部形态较为复杂的行情来讲，仅凭 K 线形态进行分析有一些困难，但是此时 MACD 指标却可以发挥很好的作用，通过背离现象提示投资者风险的所在。在指标连续运行的高位区间，一旦出现指数创新高而指标却拒绝创新高的走势，往往意味着顶部将要就此形成。

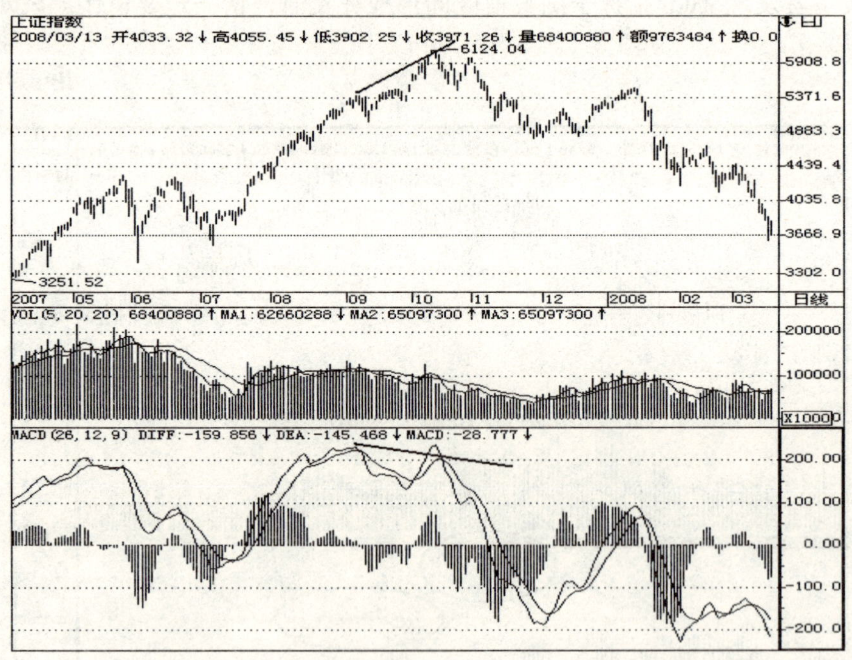

图 1–51

上证指数：2005年8月至9月期间(图1-52)

上证指数2005年8月至9月期间收出放量大阴线后，在高位形成震荡筑顶的走势，由于前期放量大阴线的走势过于明显，必然会吓跑盘中的买盘，因此主力资金必须要想办法将买盘吸引进来，只有这样才可以更好地进行出货，因此震荡上涨走势是必须要出现的。虽然指数在此期时间不断地创出新高，但是MACD却在指数创新高的时候形成了下降的趋势，怎么理解指标与指数走势的背离现象呢？指标由于它的设计原因，因此可以准确地向投资者提示趋势的波动方向，当趋势的内部性质得到改变的时候，虽然K线形态没有下跌，但指标依然会准确地提示投资者风险的到来。正是由于MACD指标对这种震荡顶部的提示可以提前，所以投资者在进行操作的时候应当多多地使用它。在指数没有下跌之前，指标便已经提示了投资者下跌的必然，而当指数形成了下降趋势的时候，指标更是明确地形成了空头排列的走势，提示着投资者风险的存在。在这种情况下，投资者应坚决做空。

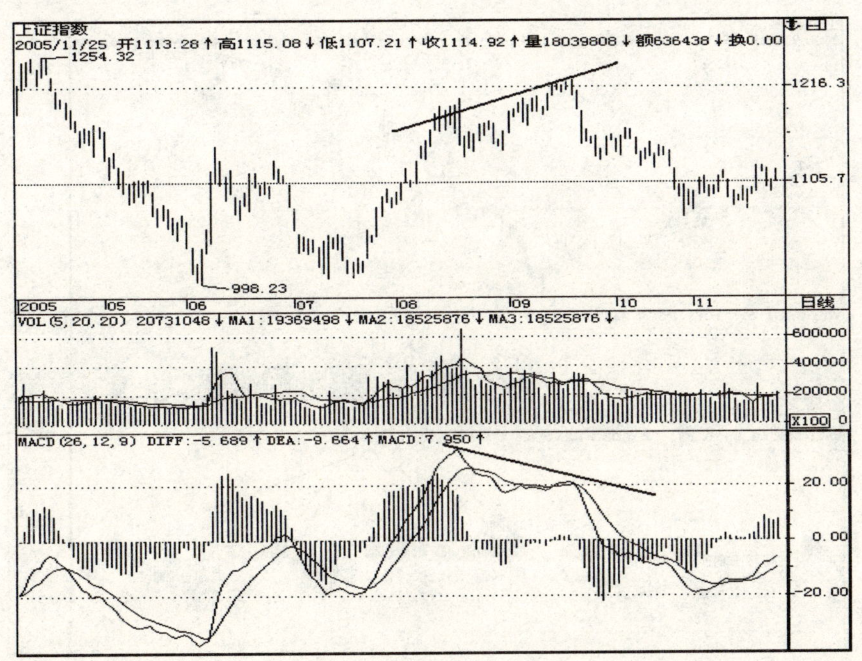

图1-52

上证指数：2004 年 2 月至 4 月期间(图 1-53)

上证指数 2004 年 2 月至 4 月期间形成了中线顶部走势，虽然指数在高位波动的性质为标准的顶部，但在下跌前，却依然保持着重心上移，这种走势是主力借助指数上涨做掩护，通过创新高吸引买盘。

在分析的时候不能见到指数上涨就高兴，必须要对上涨背后的性质进行分析。在指数不断创新高的时候，MACD 指标却在此时形成了空头排列的走势，指标并没有随指数的创新高而上涨，反而在指数不断上涨的过程中持续滑落，这种走势就是经典的顶背离走势，它的形成意味着后期下跌的必然。当了解指标向下、指数向上走势的性质以后，便可以得知，虽然指数在不断地上涨，但风险却在上涨的过程中不断形成，上涨只是为了后期更好地下跌。

在指数创下了盘中第三个新高的时候，一轮持续性的下跌行情便随之出现了。只要根据 MACD 指标的提示进行操作，便可以成功地在下跌之前就对顶部的走势进行定性，从而可以使得资金的安全得到保障！

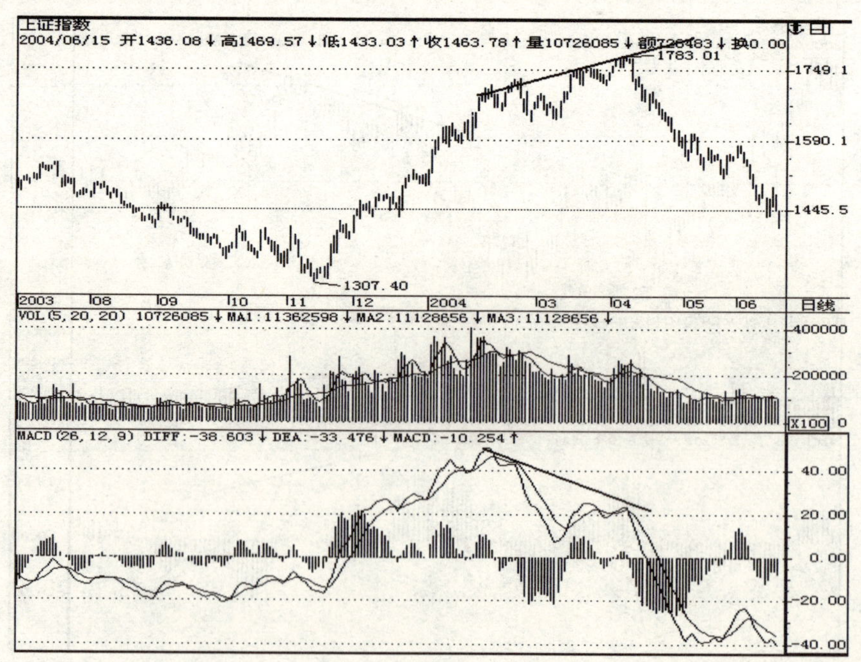

图 1-53

深证成指：2003 年 4 月至 5 月走势图(图 1-54)

深证成指 2003 年 4 月至 5 月在很多情况下，MACD 指标不仅可以及时地追踪指数的趋势，在下跌来临时发出死叉卖出信号，还可以提前为投资者发出趋势将会转变的信号，这是在指数形成中线震荡顶部时运用 MACD 指标最大的优点。

在指数见底以及上涨的过程中，MACD 指标都准确地向投资者发出了买入以及持股的信号。而在指数高位震荡的时候，MACD 指标却率先形成了空头排列的走势，同期指数并没有形成下降趋势，而指标却率先形成高点降低的下降趋势，这种波动形态就是在向投资者提示：指数的走势已经非常危险，后期行情中下跌的概率将会很大。

当指数突破第一个高点以后，延续性的上涨并未出现，一轮持续性的下跌走势却随之形成。早在下降趋势出现之前，MACD 指标已发出了明确的背离提示信号。根据 MACD 指标的提示，投资者不仅可以成功地回避风险，还可以完全将股票卖在相应的高点区间。

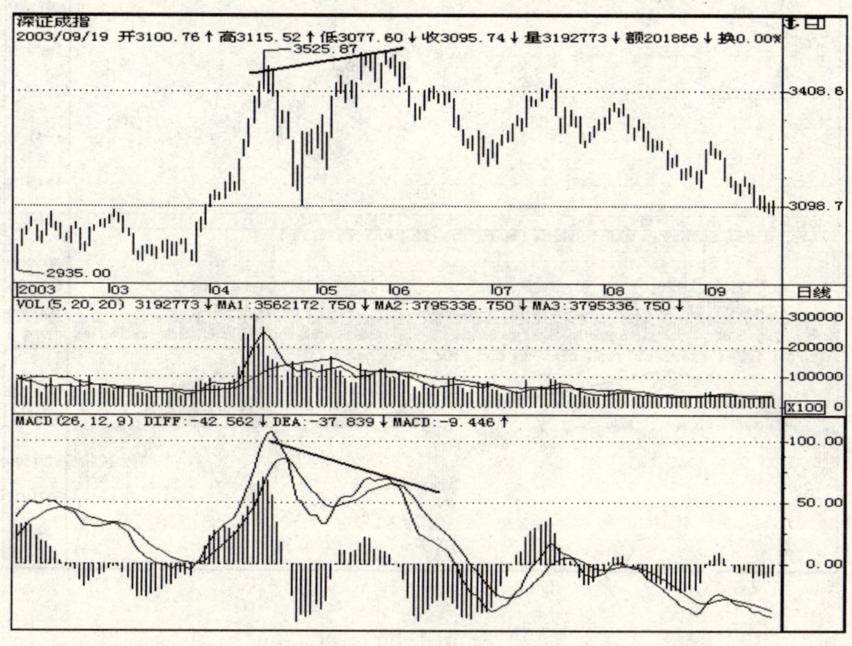

图 1-54

上证指数：2001 年 4 月至 6 月走势图(图 1-55)

上证指数 2001 年 4 月至 6 月这一时期指数形成了一个重要的历史顶部，并且未来数年也没有突破这个高点。2001 年的顶部使众多投资者产生了巨大的亏损，难道这一轮的顶部真的那么难以判断吗？

如果仅从 K 线形态来看，在指数连续创新高的时候的确很难指出什么位置才是顶部，但是，如果结合 MACD 指标进行分析，顶部的判断就显得容易多了。在指数连续创新高的时候，MACD 指标却率先形成了持续的下降趋势，每一次指数的新高都没有得到指标的认可，反而每一次指数创新高，指标便会向下创新低。

MACD 指标提示了投资者风险所在，如果能够对 MACD 指标的这种背离现象进行重视，这一轮历史罕见的顶部谁都可以轻松地回避。注重 MACD 指标背离现象，适当忽视指数的创新高，少一些贪心，风险的回避并不困难。

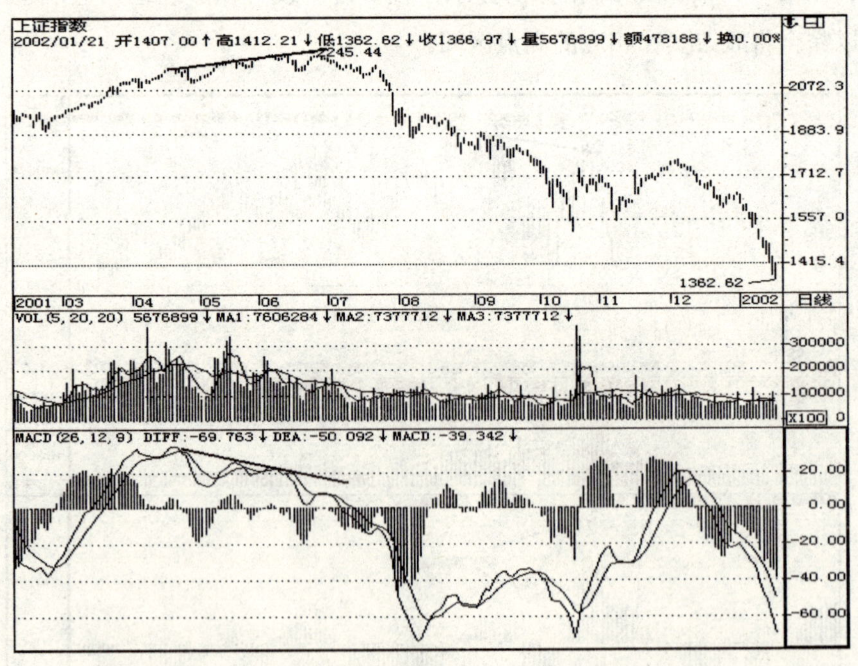

图 1-55

上证指数：2009 年 7 月及 11 月走势图(图 1–56)

上证指数 2009 年 7 月及 11 月之前形成两轮连续上涨的行情，在上涨的过程中，成交量始终保持较为完美的状态，这说明场内资金做多的意愿非常强烈。但指数的上涨不可能一直进行下去，当个股的获利令主力资金满意或是有什么不利消息可能出现的时候，主力资金们就会开始大规模地出货。

主力资金的出货操作将减少做多的资金，做多资金的减少会使指数上涨停顿下来。主力资金的出货将会增加盘中的抛压，抛压的增多必然会使指数出现下跌走势，抛压越大指数跌得越多，同时成交量也将会越大。

资金的蜂拥离场不仅可以体现在 K 线上，还要体现在成交量上。2009 年 7 月及 11 月期间，成交量均出现了明显的放大，并创下上涨行情以来的最大单日量。在指数的高位区间，这么大的阴量不可能是资金的建仓行为。

顶部的形成都是由于资金出货造成的，因此，在指数涨高以后，一旦出现阴巨量，投资者就要意识到：顶来了。

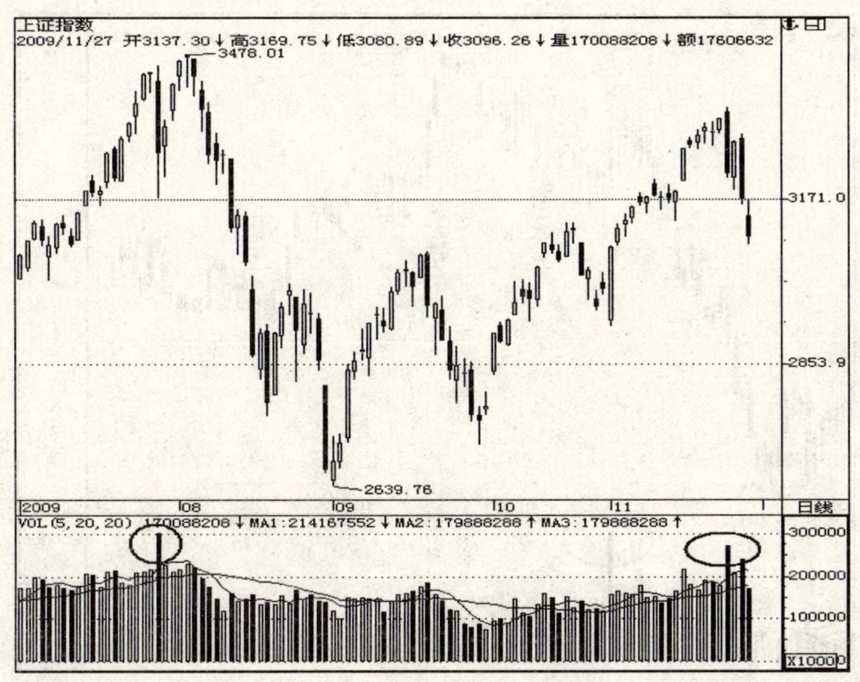

图 1–56

上证指数：2005 年 8 月走势图(图 1–57)

上证指数 2005 年 8 月期间在上涨的途中成交量始终保持着温和放大的迹象，每当指数向上创新高的时候，成交量总是会配合着出现放大的迹象，量价配合非常完美是不会构成顶部的，这只是一种上涨将会不断延续的信号而已。

而到了顶部以后，随着顶部大阴线的出现，成交量突然出现了明显的放大迹象，量能的异常放大说明资金在盘中出现了异动，那么此时的巨量是资金在介入还是出货呢？如果仅从成交量的变化上是很难进行正确定性的，但是如果结合 K 线的变化便可以得到准确的量能变化信号：这一天收出了一根大阴线，因此对应着的放量便是资金在进行出货。

指数上涨到了高位盘中的主力资金都已经实现了巨额的盈利，在面对如此众多买盘的时候，主力资金最想做的便是以最快的速度进行出货，大力度的出货造成了巨量的出现。主力资金的资金是具有控制性作用的，因此，绝对不会在如此高位才开始建仓，所以此时的巨量只能说明这是顶部到来的信号。

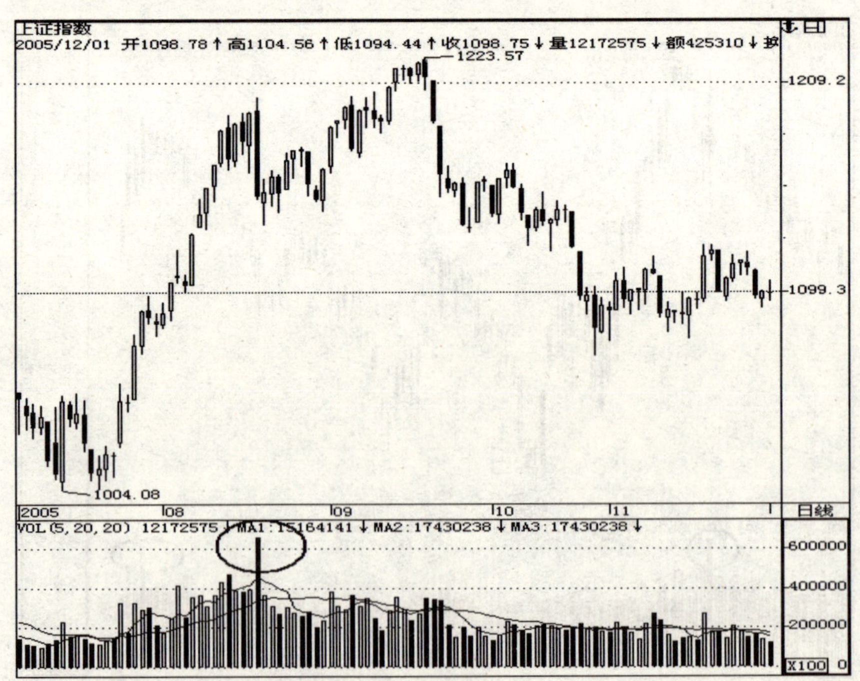

图 1–57

上证指数：2004 年 9 月走势图(图 1–58)

上证指数 2004 年 9 月经历了连续短线暴涨以后，盘中的资金短线都取得了极好的收益。股价的连续大涨激起了投资者极大的追涨热情，在获利丰厚的时候，主力资金最想要的就是有众多的买盘承接手中的股票。

由于资金的离场，所以导致了顶部大阴线的出现。同样由于资金出货的态度坚决，也就出现了顶部的巨大成交量。2004 年 9 月 24 日这一天，上证指数的成交额为 286 亿，如此大的成交额(站在当时的市场状况)使得盘中的主力资金们出货变得非常顺利。成交额越大，资金的出货效率就越高；出货效率越高，则顶部停留的时间就越短，而后期引发的风险也就越大。

在放出巨量以后，指数后期便展开了连续且快速的下跌，如果没有在指数顶部的时候及时离场，随后的大幅下跌使投资者所承受的风险将会是很大的。顶部大实体阴线非常可怕，但顶部的巨量则更加可怕。

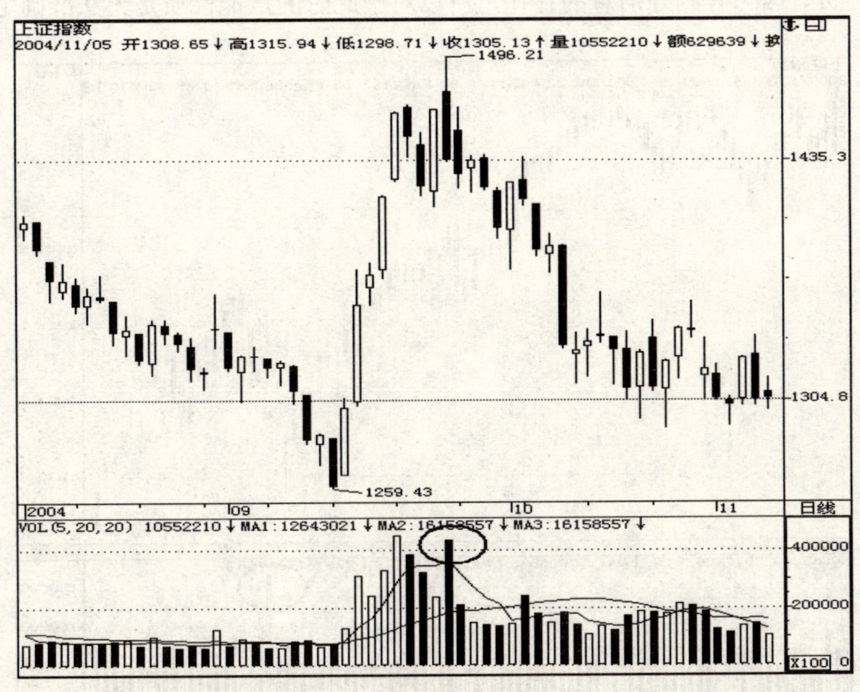

图 1–58

上证指数：2008 年 9 月走势图(图 1–59)

上证指数 2008 年 9 月指数除了会产生正常的技术性上涨以外，还会经常出现一些突发性的上涨走势，这些突发性的上涨行情往往都是受到某种消息的刺激而展开的上涨。这种上涨走势对于投资者而言，技术上很难把握，因为在上涨之前往往不会有什么特别明显的市场信号出现。所以，对于这种突发性的上涨走势，投资者如果没有参与也是无关紧要的，因为它们的上涨往往不具有什么延续性。

2008 年 9 月期间，受到利好消息的刺激，指数突然接近涨停的走势(对指数而言，这种走势其实已算是绝对的涨停了)。指数的大幅跳空高开促使盘中许多个股开盘便封在了涨停板上，这种上涨没有给投资者留下任何逢低买入的机会。涨停的第二天，指数便出现了冲高回落盘中大幅震荡的走势，同时成交量也出现了明显的放大迹象，这种巨量是庄家在建仓呢，还是庄家在出货？因为有利好消息的存在，所以对于此时的量能性质是无法准确定性

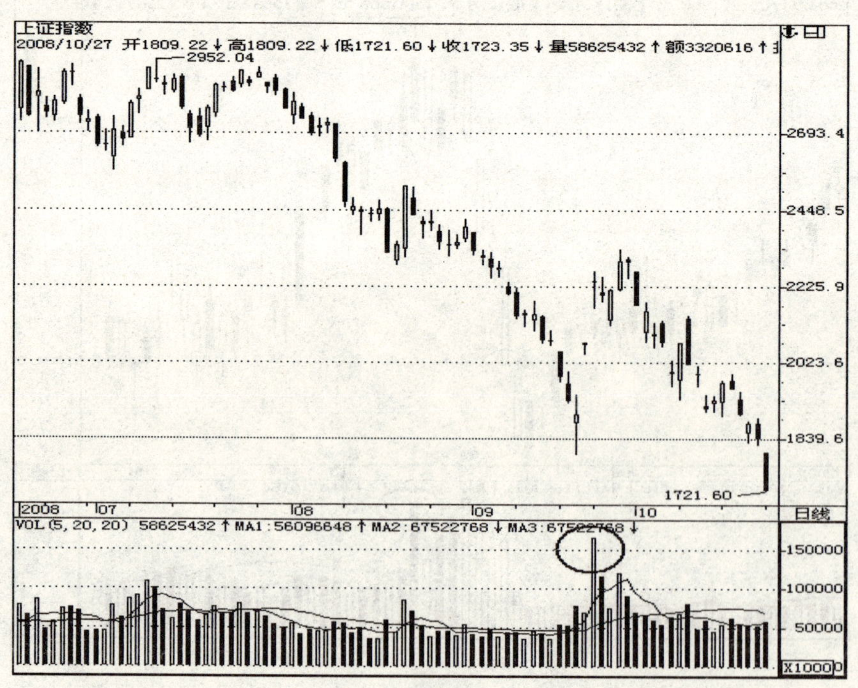

图 1–59

的，只能从后期走势中去校验此时的放量是主力资金在出货还是在建仓。

如果是主力资金在建仓，那么指数必然在后期还会出现上涨行情，并且上涨将会延续下去。但如果指数在后期出现了下跌的走势，那么此时的放量便是主力资金在借助反弹的高点进行出货。反弹到高点以后指数略做震荡便在后期出现了回落的走势，因此可以确定，高点处的巨量为庄家在出货，这是顶部的信号。

上证指数：2008 年 4 月走势图(图 1-60)

上证指数 2008 年 4 月期间受到利好消息的刺激，指数开盘便出现了大幅跳空高开的走势。指数跳空高开虽好，但却很难给投资者留下任何好的买入机会，因为消息的出现是突发的，没有那位投资者可以提前预知。

伴随着跳空高开的形成，成交量也出现了巨幅的放大，此时的成交量是近期平均成交量的数倍，这么大的成交量是主力资金在建仓还是在出货？站在当时的角度来看，是不能准确进行定性的，仍然要通过后期的走势去确认量能的性质。

指数短线上涨以后，便在后期出现了明显的调整走势，并且成交量也连续萎缩，这种走势说明主力资金并没有集中介入，因此可以推论，大幅跳空高开时的放量为主力资金的出货量。

利好消息以及指数的大涨必然会吸引大量的投资者入场进行操作，但对于主力资金来讲，面对这么多的买盘岂能放过出货的机会？正是由于资金连续地出货使得后期指数步步回落。如果真正是资金的建仓，正常的行情应当是指数继续放量大幅上涨。

在下跌过程中，这种突发性利好消息会时常出现，但只要成交量出现异常放大现象，投资者就要小心。

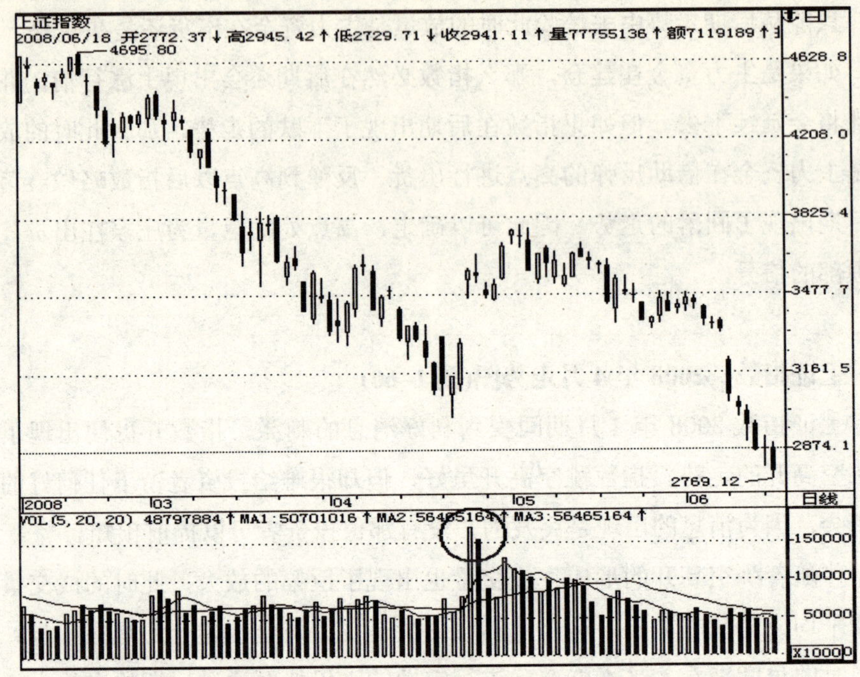

图 1-60

第四节 指数下跌四种技术特征

顺利地完成逃顶操作，仅是完成了风险回避的第一步，顶部形成以后，指数将会在后期连续下跌，能否在下跌过程中使用正确的方法回避风险，直至底部的到来，这是一个很重要的话题。很多投资者在完成了逃顶操作以后，却在下跌过程中产生了巨大的亏损，这种现象不能不重视。

如果在下跌过程中，指数连续收阴线，这种风险的回避倒也简单，但是，下跌的过程却并不会如此单一，各种各样的震荡总会有一个会让投资者误认为是真正的底部，从而做出错误的决策。

由此可见，只有掌握指数下跌时的各种技术特征，才能做到风险的彻底回避。指数下跌时的技术特征有很多种，本节内容将为大家举例介绍四种常见又非常实用的判断技巧。

上证指数：2009 年 8 月走势图(图 1–61)

上证指数 2009 年 8 月指数见顶以后形成了下跌的走势，对于整体下跌行情而言，需要采用多种方法判断下跌或反弹的性质，但对于局部下跌走势来讲，一些较为简单的方法就可以帮助投资者回避当下的下跌风险。

在指数下跌的过程中，5 日移动均线与 10 日移动均线紧密追随指数形成同步下降趋势，并且在下跌过程中，两条均线始终保持着空头排列的状态，没有任何金叉现象形成。这种短周期均线的持续下降现象，就是指数下跌过程中最为明显的技术特征之一。

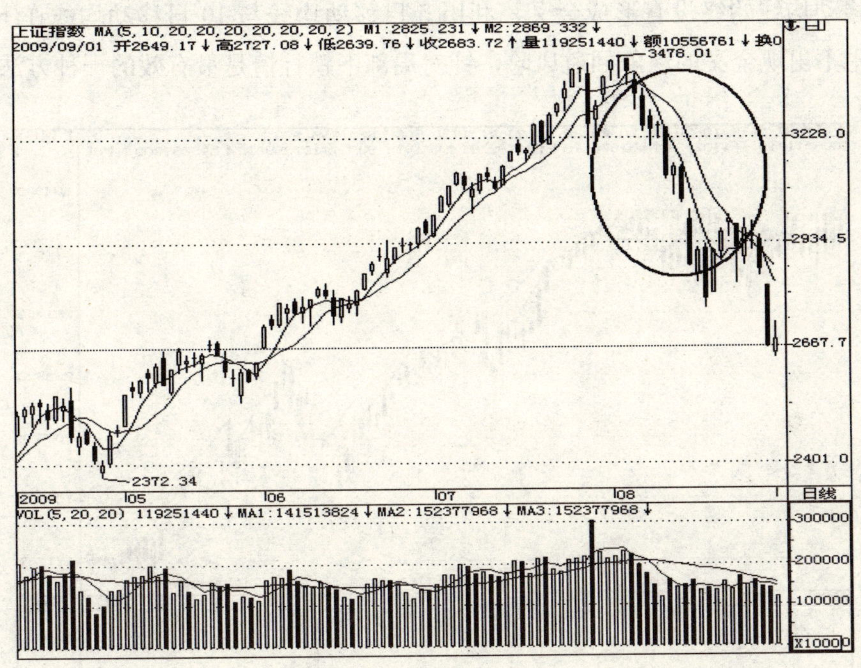

图 1–61

上证指数：2008年8月至9月走势图(图1–62)

上证指数2008年8月至9月指数形成下降趋势以后，实体较大的阴线不断出现，下跌途中虽然出现了阳线，但是阳线的实体均普遍较小，这促使下降趋势不断延续。

在指数下跌的过程中，两条短周期均线始终保持着单一的下行角度，短周期趋势都没有扭转的情况下，长周期趋势更不可能发生改变，因此，投资者此时要顺从两条短周期均线的趋势坚决做空。

在指数下跌过程中，虽然出现过一次反弹走势，但是5日移动均线与10日移动均线始终没有形成金叉，利用5日移动均线与10日移动均线在下跌途中不出现金叉的现象回避风险，针对局部下跌行情是最有效的一种方法。

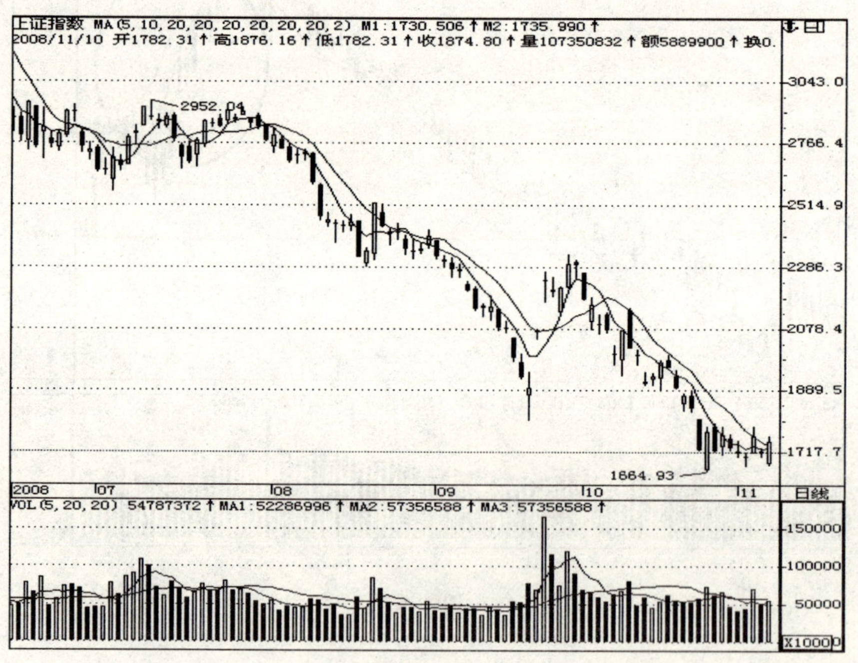

图1–62

上证指数：2008 年 1 月至 3 月走势图(图 1–63)

上证指数 2008 年 1 月至 3 月由于短周期均线对趋势的跟踪效果是最好的，因此，对于局部下跌行情的判断可以起到很大的帮助作用。但是，由于较短的周期取值又使得它们面对指数反弹时会发出错误的信号。所以，短周期均线仅适用于局部下跌行情的分析，而对于整体下跌行情进行分析还需要结合其他的方法。

在指数下跌的主要阶段，5 日移动均线与 10 日移动均线始终保持着单一的下行趋势，无论 K 线如何变化，两条均线始终没有形成金叉。这种均线的变化形态要求投资者在没有形成金叉之前千万不能草率入场做多，短周期趋势未得以改变的情况下，不会有任何盈利机会。

当然，在短周期均线形成金叉时是否就可以入场操作呢？这还要看 20 日移动均线与具体的量价配合来进行综合判断。

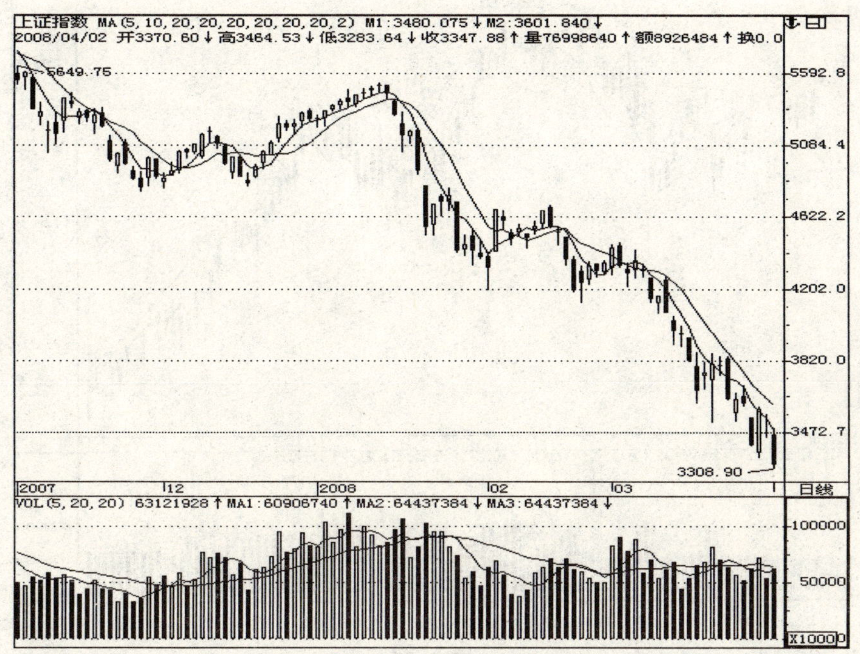

图 1–63

上证指数：2005 年 4 月至 5 月走势图(图 1–64)

上证指数 2005 年 4 月至 5 月指数在形成顶部以后形成了两轮下跌的行情，虽然整体来看下跌趋势均较为单一，但是，下跌途中出现的阳线总可以让一些投资者产生操作的冲动。

操作股票如何才可以更简单呢？其实只有一句老话：顺势而为。上涨如此，下跌也是如此。在 5 日移动均线与 10 日移动均线保持着下降趋势的时候，指数的波动没有提供任何好的做多机会。虽然下跌途中有所反弹，但是两条短周期均线并未因此形成金叉。

在指数下跌过程中，短周期均线不出现死叉是一种下跌行情将会延续的信号，在此期间，任何性质的操作都最好不要进行，赚钱不容易，亏钱却快得很，特别是在短周期均线不断向下时更是如此。

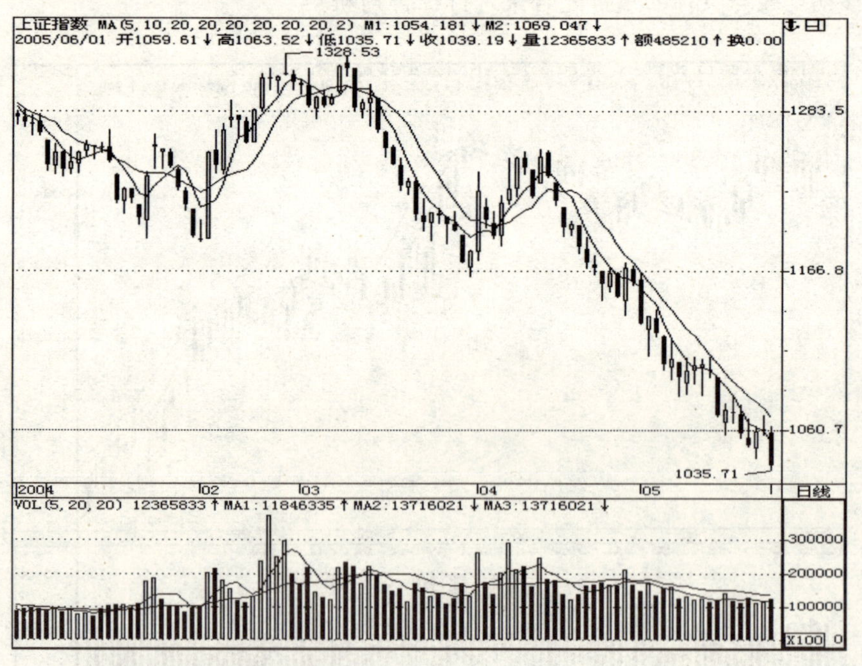

图 1–64

上证指数：2004 年 12 月走势图(图 1–65)

上证指数 2004 年 12 月期间下跌的形态比较曲折，每当下跌几天以后便会出现不同形态的反弹，一次又一次的反弹是对投资者分析的一种干扰，一旦抵挡不住诱惑，将会很容易被套在下跌中途。

在指数下跌的过程中可以看到，10 日移动均线对反弹的高点起到了强大的压力作用，一旦指数触及该条均线便会再度回落。同时，5 日移动均线与 10 日移动均线也并没有因为指数的反弹而形成金叉现象。短周期均线不死叉是一种持续的做空信号，提前入场操作的后果将会非常惨痛。

利用 5 日移动均线与 10 日移动均线可以帮助投资者在局部下跌的过程中避免受到反弹的干扰，当然所针对的反弹也只是周期较短、幅度较小的反弹走势，所以说，这种方法只是适用于局部行情。但是，大形态的趋势都是由一个又一个局部形态构成的，回避了一个又一个的局部形态也就等于回避了市场的整体风险。

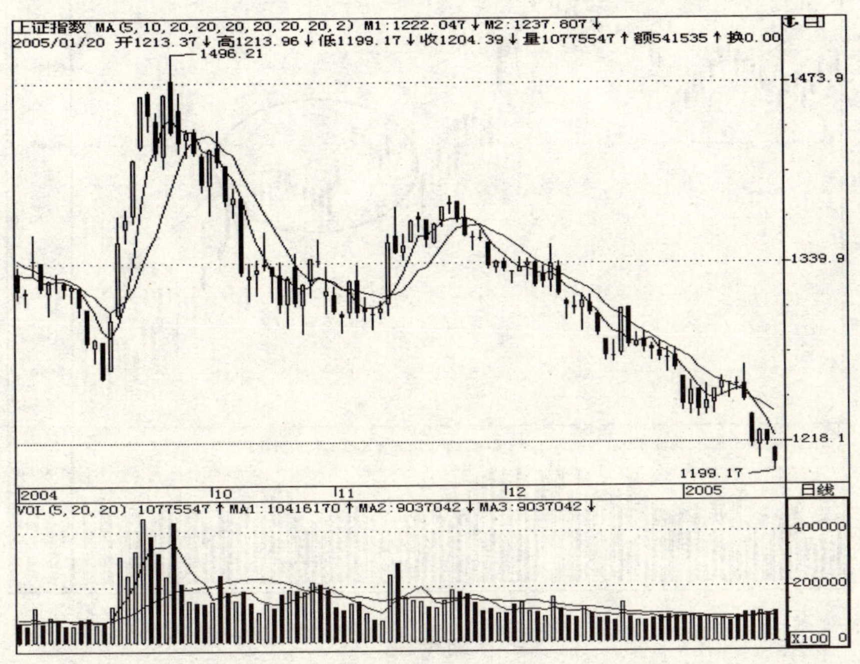

图 1–65

上证指数：2008 年 2 月走势图(图 1-66)

上证指数 2008 年 2 月指数在下跌的过程中形成两次反弹上涨的走势，虽然只是短线上涨，但肯定会有投资者想要在此时做多。在下跌过程中出现反弹阳线的时候，成交量始终没有形成放大的迹象，量能没有放大说明盘中没有主力资金愿意入场进行建仓，指数又怎么可能会真正地上涨呢？

除了成交量的变化向投资者提示了指数当前的波动性质外，20 日移动均线也向投资者发出了相同的提示信号。指数反弹上涨的高点触及到了 20 日移动均线的时候，便会受到压力出现回落的走势，如果在指数反弹的时候形成受压回落的现象，那往往表明盘中做多的力度极为虚弱。

如果盘中的资金要大力度地做多，在指数上涨的过程中根本不会受到任何压力的阻挠，但是，如果指数上涨的性质是虚假的，任何压力位都将会有效。指数上涨而无法突破 20 日移动均线，这是下跌行情常见的技术特征之一。

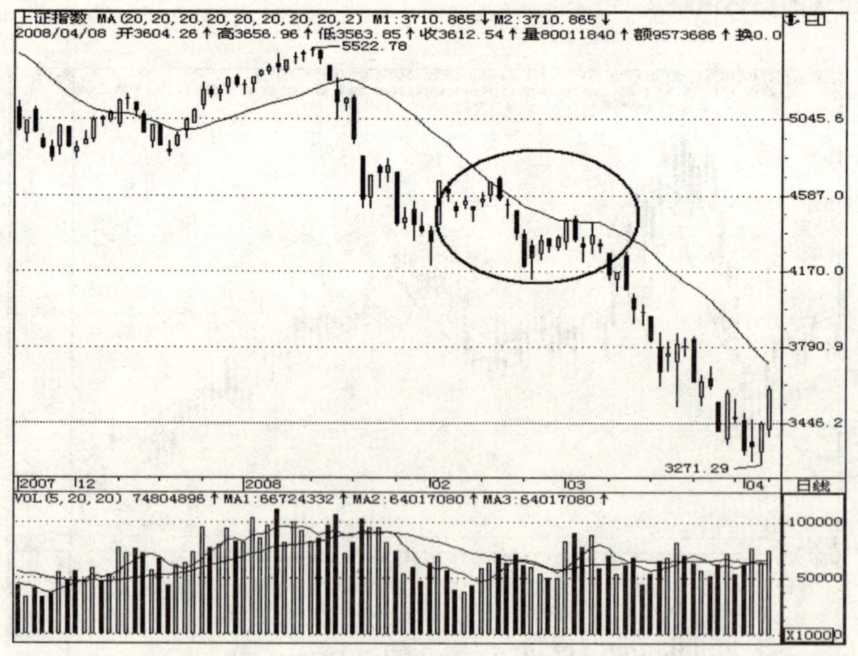

图 1-66

上证指数：2005年10月走势图(图1-67)

上证指数2005年10月指数形成最高点以后，出现了短线大幅下跌的走势，阴线的实体一根比一根大，这说明空方打击力度非常强大。

连续几天的下跌以后，指数出现反弹，在该区间，K线连续未形成破位现象，这种走势很容易让投资者认为反弹有可能开始，并且有入场操作的冲动。在想入场操作之前，首先要问：当前的整体趋势如何？

从20日移动均线的表现来看，趋势是向下的。而从K线形态与均线的变化来看，当反弹的高点到达20日均线处时，便受到压力产生回落。20日均线是中期趋势的生命线，多方始终无法突破这道巨大的压力位，便意味着未来的行情将会继续向下。下跌途中小形态的反弹容易受到短周期均线的压力，而大形态的反弹则很容易受到20日均线的压力。反弹无法突破长周期均线压力，这是下跌过程中常见的技术特征。

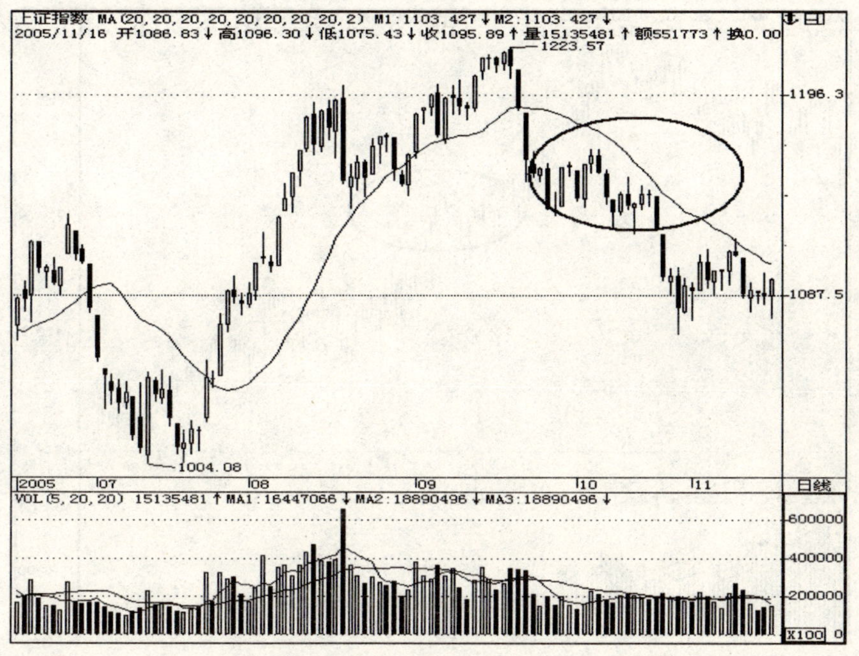

图1-67

上证指数：2004 年 5 月走势图(图 1–68)

上证指数 2004 年 5 月指数在形成了顶部以后，由于后期下跌的时间较长，所以下跌的形态是较为复杂的，小级别上涨走势不断出现，不能回避这些小级别上涨的干扰，必然会被套在下跌的中途。

在很多时候，回避指数下跌的风险使用 20 日移动均线便可以起到好的效果。从图中来看，第一次当指数反弹到 20 日移动均线位置的时候，便会受到压力产生回落。后期虽然指数向上突破了 20 日移动均线，但是，在突破走势形成以后并没有连续的上涨，而是在阴线连续出现的情况下结束了上涨。

如果突破均线的走势是真实有效的，上涨也应当连续出现。突破后却又产生回落，依然说明空方力度强大，虽然短线可能存在一定幅度的获利机会，但这种走势不做也罢，服从大趋势才不会有大失误。

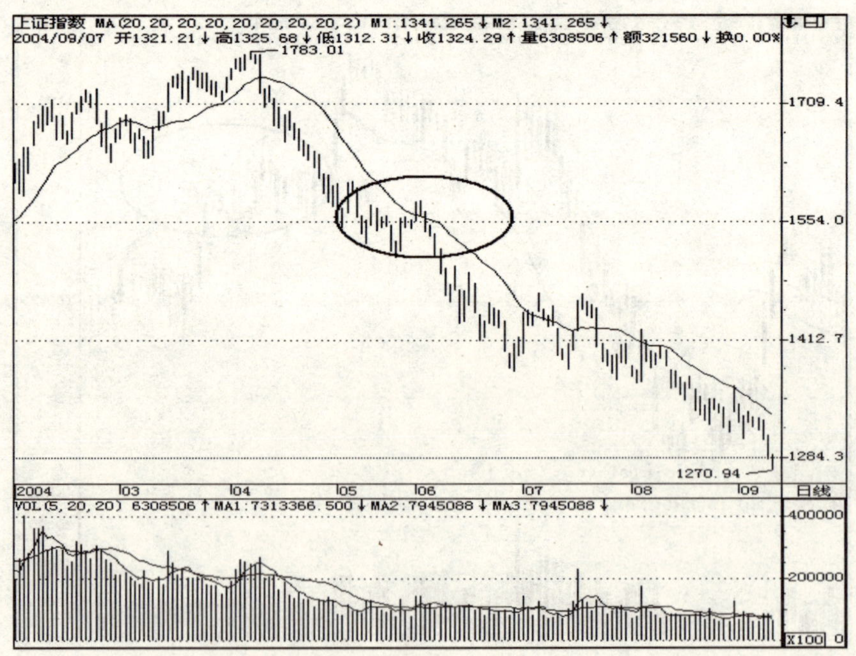

图 1–68

上证指数：2003 年 8 月至 9 月走势图(图 1–69)

上证指数 2003 年 8 月至 9 月指数在形成了顶部以后，出现了一轮长时间的下跌行情。在指数下跌的过程中可以看到，大级别的趋势方向是十分明确的，但是，在下跌的过程中小级别的反弹上涨走势不断地出现，如何回避这些小级别反弹的干扰，将决定着投资者能否完全躲过熊市的风险。

下跌途中指数虽然形成了上涨，但是，上涨的性质却是首先要考虑的，如果指数的上涨性质不健康，就算指数涨的再多也不能轻易入场操作。指数下跌过程中出现的反弹有两大特点：一是无法改变 20 日均线的趋势，二是反弹高点均受到了 20 日均线的压力。

压力作用的形成是空方的阻击战，为的是保卫下跌的成果，多方触压便回落，这种上涨不可能带来好的盈利机会。

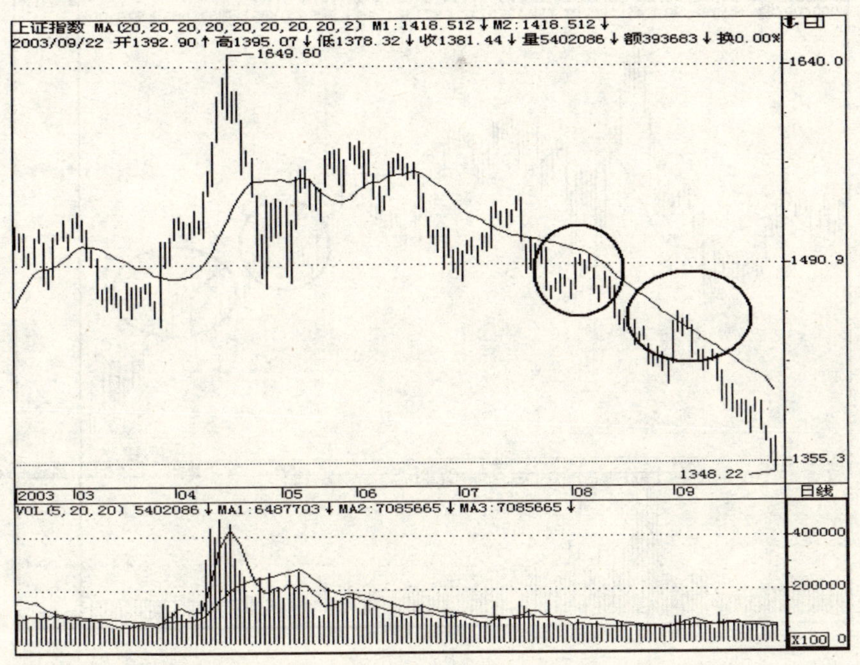

图 1–69

上证指数：2001年8月至9月走势图(图1–70)

上证指数2001年8月至9月形成大形顶部以后，一轮持续性的下跌走势随之出现，在下跌的过程中，20日移动均线始终保持着下降趋势，不断地向投资者发出风险信号。

由于短线下跌过度，指数出现了技术性反弹上涨走势，但是，反弹的高点均受到了20日移动均线的强大压力。指数的单边下跌行情不可能一直出现，快速下跌后的反弹也很正常，但是，这些反弹在某些时候与真正的底部非常类似，如果不能有效区间，很容易使资金产生亏损。

真正的上涨行情将会不断地向上突破重重压力，而虚伪的上涨则面临压力便会回落。因此，利用20日移动均线的压力作用作为衡量上涨是否真实的标准是非常有效的方法。

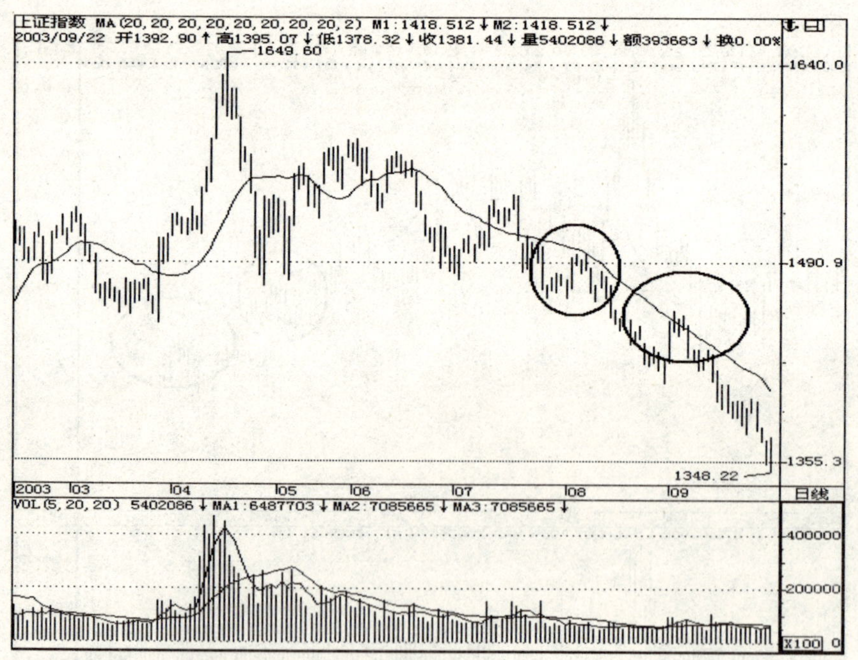

图1–70

上证指数：2004年12月走势图(图1–71)

上证指数2004年12月指数见到顶部以后便展开了一轮持续性的下跌走势，当下跌趋势形成的时候，不仅要对阴线进行重点分析，更要对出现的反弹阳线进行深入的分析，因为下跌途中的阳线可以准确的告之投资者当前多空力度的对比。

在下跌的途中虽然时常出现反弹阳线，但这些阳线的实体并不是很大，并且，每当反弹阳线出现以后，后边马上便会出现实体较大的阴线将其吞没，阴吞阳走势就是下跌途中最明显的特征。阴吞阳的现象只要不断出现，那就意味着指数将会不断下跌，投资者在这个时候是完全没有必要进行操作的。

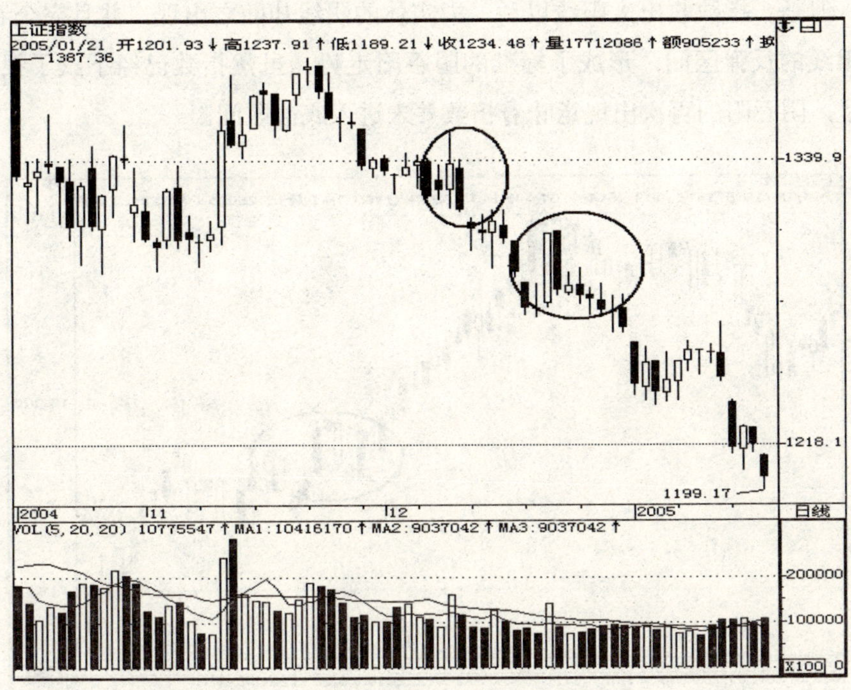

图1–71

上证指数：2004 年 5 月走势图(图 1–72)

上证指数 2004 年 5 月在指数下跌的过程中，难免会因为局部下跌过度或是整体下跌过度而出现大幅度的反弹，如果反弹力度较小，投资者则可以较为容易地回避风险，但是，面对较大一些的反弹，就需要细致地进行分析。

2004 年 5 月期初期，指数出现了较大幅度的反弹，并且吃掉了下跌过程中一根实体较大的阴线。此时的上涨是底部到来的信号吗？首先，应当对成交量的变化进行分析，在指数反弹的时候，成交量并未形成明显放大迹象，这说明资金入场并不积极，较小的阳线量能很难改变大型的下降趋势。其次，反弹阳线出现后的走势也很关键，如果指数形成的是真正的上涨，后期必然会连续收出大实体的阳线。

但是，指数收出大阳线以后，大实体的阴线却随之出现，并且完全吞没了阳线的反弹区间，形成了标准的阴吞阳走势。虽然指数已经下跌了很多，但是，阴吞阳的再次出现意味着指数并未进入底部区间。

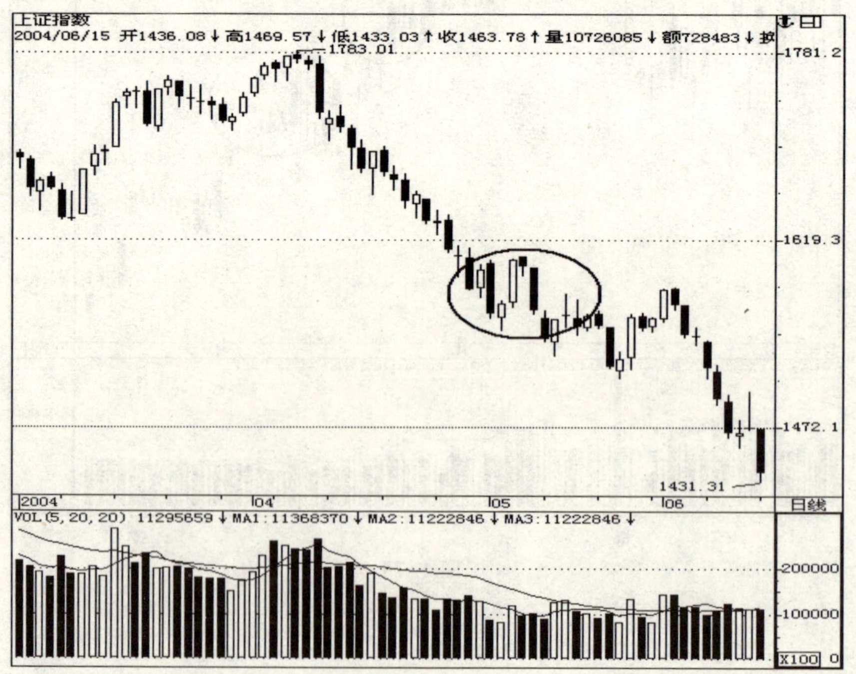

图 1–72

上证指数：2003 年 8 月走势图(图 1–73)

上证指数 2003 年 8 月指数于下跌的途中出现了两次力度较大的反弹。但是，这两次反弹出现以后指数均继续向下破位，在阳线出现时进行操作的投资者均产生了亏损。

在指数下跌过程中进行抄底操作首先要明确一个观点：底部是一个区间性的概念，并非几根 K 线便可以决定底部的到来。其次，底部是资金持续性介入的区间，从成交量的变化上完全可以区分出底部是否到来。最后，K 线实体的变化也是极为重要的，底部到来后波动重心将会不断向上。

而在下跌过程中出现的阳线却并不具备这些技术特征。成交量未连续放大，并且阳线出现以后，阴线接连出现并吞没阳线所有实体。阴吞阳走势的出现只能说明空方依然占据市场的主动，而多方无力与之抗衡，挣扎一下便又妥协。

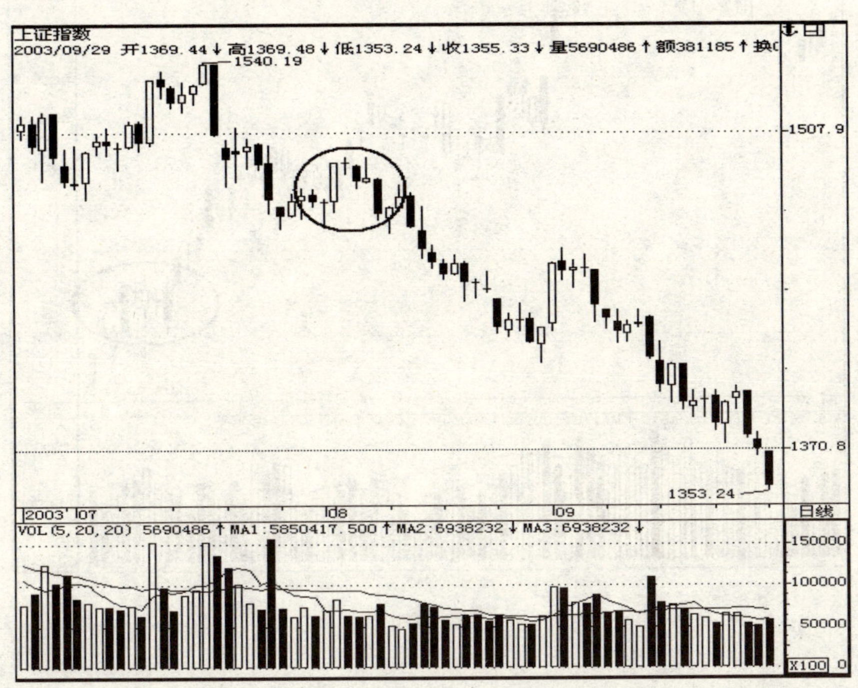

图 1–73

上证指数：2008 年 3 月走势图(图 1–74)

上证指数 2008 年 3 月指数在下降趋势形成的时候，需要先对比一下阴线和阳线的数量，如果阴线的数量远大于阳线的数量，那么意味着盘中空方占有绝对的优势，投资者应当在此时积极地回避风险。

除了要对比阴线和阳线的数量以外，还需要对阳线的实体和阴线的实体进行一下对比，二者谁的实体大就说明谁的力度强大。从图中可以明显地看到，当阳线出现的时候，其实体都是较小的，而阴线的实体无论何时都比阳线的实体大很多。K 线的实体进一步确认了空方力量的强大。

在阴线数量多并且阴线实体远大于阳线实体的时候，就可以很轻松地判断出指数未来还会下跌。

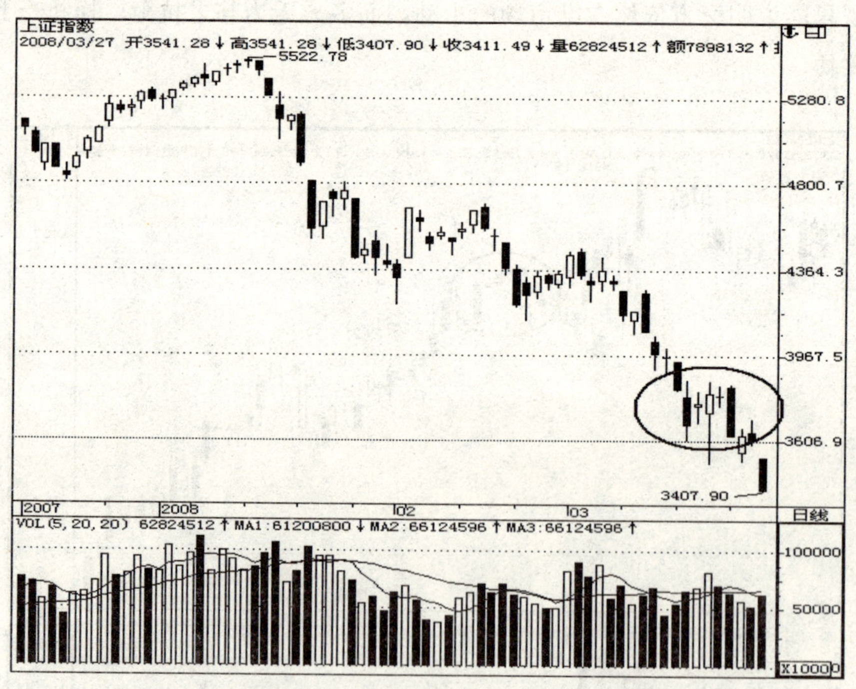

图 1–74

上证指数：2004年4月至5月走势图(图1–75)

上证指数2004年4月至5月指数见顶以后形成了较为单一的下跌走势，下跌的时间之长，下跌的幅度之深，足以令许多投资者的资金产生了重大的亏损。

在指数下跌的时候，阳线的数量总是少于阴线的数量，这种走势说明盘中做空的动能远比做多的动能大。同时，投资者还需要对阳线的实体进行分析，因为阳线实体的大小也反映了盘中资金做多的力度。整体来讲，下跌过程中的阳线实体都是比较小的，这说明多方根本无力与空方抗衡。

在指数下跌过程中对比阴线与阳线实体的大小，是一种常用的分析方法，对于局部走势来讲，可以起到很好的参考与方向的提示作用。

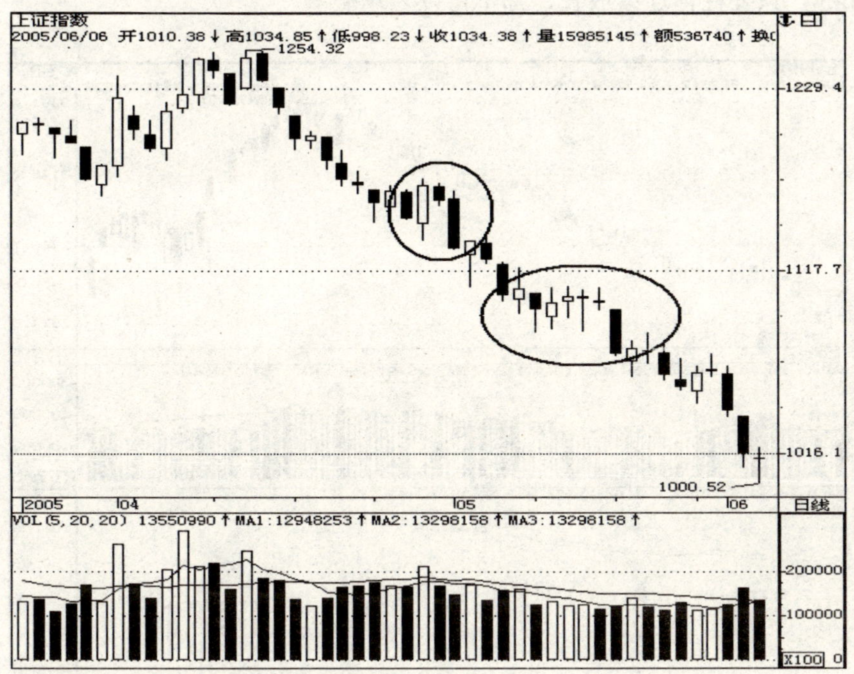

图1–75

上证指数：2009 年 8 月走势图(图 1–76)

上证指数 2009 年 8 月在指数下跌的初期阶段，MACD 指标的高位死叉及时地向投资者提示了风险的到来。在使用该指标回避顶部风险后，未来的下跌行情又该如何回避呢？

MACD 指标属于一款趋势性指标，它可以有效地提示投资者以及未来趋势的变化，利用它追踪趋势的功能，投资者就可以继续使用它来回避未来下跌的风险。

在指数下跌的过程中，MACD 指标柱体始终保持着放长的状态，指标柱体没有缩短，意味着空方力量依然很强大，这个时候做多很容易产生亏损。在指标柱体不断放长的时候，投资者还应当忽视 K 线的变化，无论收出阴线还是阳线，只要柱体连续放长，都不可以入场做多。

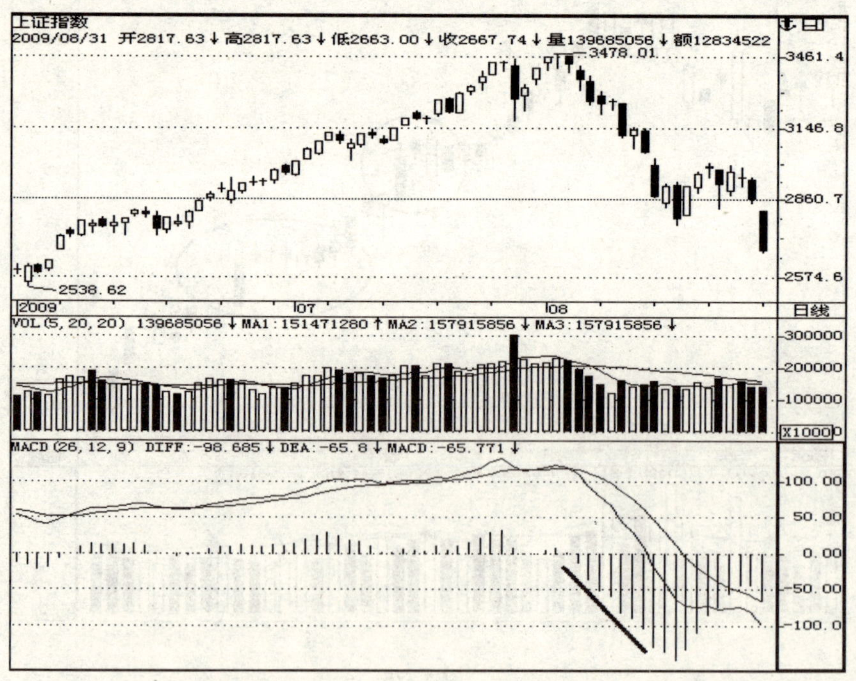

图 1–76

上证指数：2008 年 6 月及 8 月走势图(图 1-77)

上证指数 2008 年 6 月及 8 月 MACD 指标形成死叉以后，指数均在后期出现了连续下跌的走势，对于强势上涨过程中指标的死叉，投资者应当引起重视并回避，而对于大下降趋势中形成的死叉更是不能忽视。

指标形成死叉以后，柱体开始连续放长，如果指数下跌力度很小，或是有可能扭转趋势，柱体将会呈现缩量的迹象。连续放长的柱体意味着空方的力度强大，在空方动能没有耗尽之时，指数的下跌将很难停止。

无论历史上或未来哪一轮下跌行情出现，都必然会形成柱体放长的态势，而在柱体放长的过程中，指数的下跌幅度也往往是最大的，可以说这一时期将会是指数局部的主跌阶段，是最容易引发较大风险的区间。

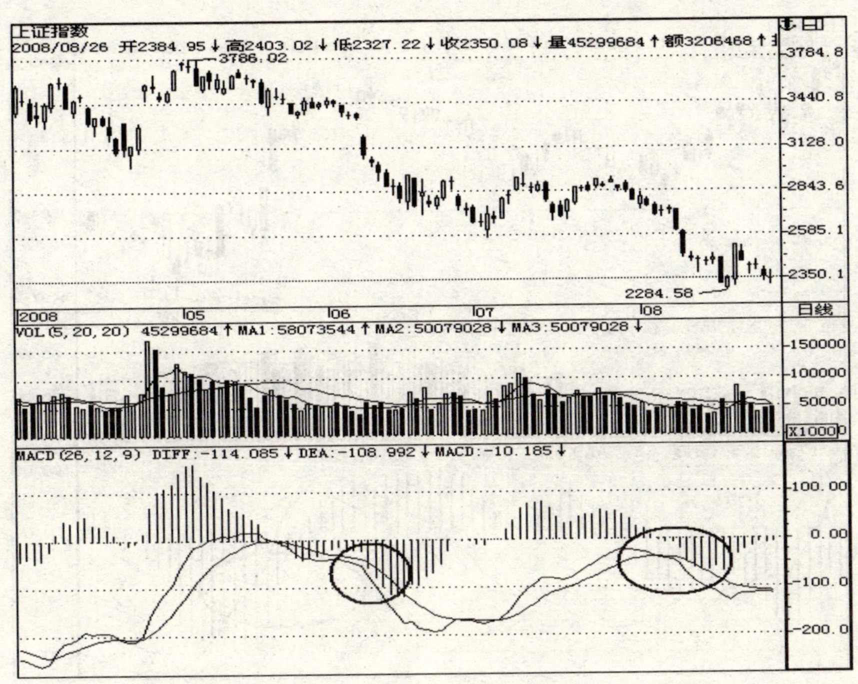

图 1-77

上证指数：2008 年 1 月走势图(图 1-78)

上证指数 2008 年 1 月连续小幅上涨结束以后，指数出现了短线大幅下跌的走势，一根根实体越来越大的阴线向投资者发出了一次又一次风险的信号。

在指数强势下跌的过程中，MACD 指标的柱体也连续保持着放长的状态，指标的变化配合着指数的下跌，形成了非常完美的空头趋势。而在柱体不断放长的区间进行操作的投资者，无疑要付出惨痛的价代。

经过一翻下跌以后，指标柱体开始连续缩短并引发了短线的反弹，可见，柱体缩量时下跌的力度才会减弱，而柱体连续放长时，正是风险在加大的时候，这个时候做多是非常不明智的。

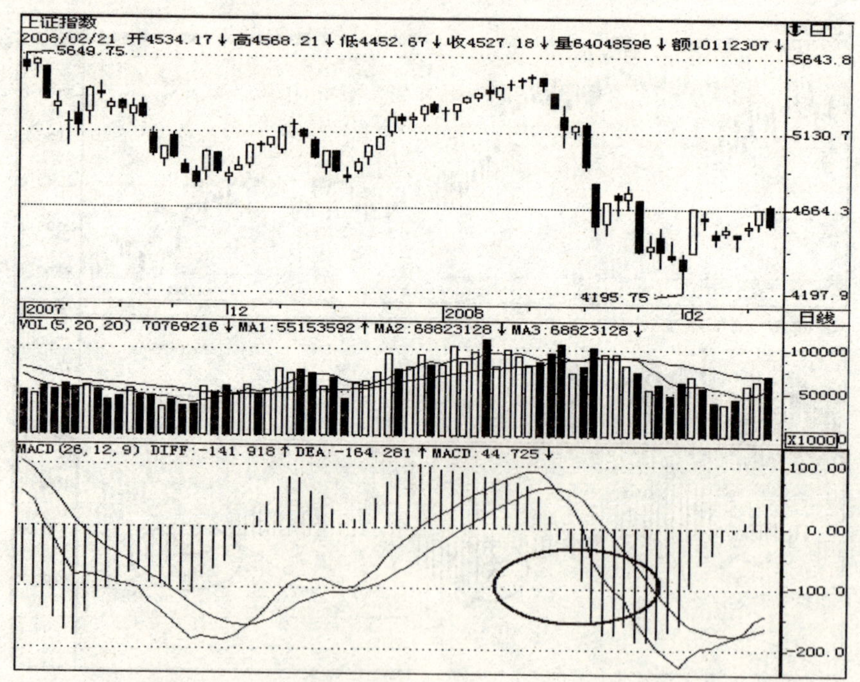

图 1-78

上证指数：2005 年 3 月及 7 月走势图(图 1–79)

上证指数 2005 年 3 月及 7 月指数在图中形成了三轮连续下跌的走势，虽然起跌的位置、下跌的幅度以及下跌的形态各不相同，但是，这三轮下跌却有着一个相同的共性。

在这三轮下跌行情中，MACD 指标的柱体保持着放长的态势，与指数强劲的下跌走势相呼应。在正常状态下，MACD 指标柱体放长的现象常见于下跌的初期阶段，而随着下跌行情的延续，空方做空动能的减弱，柱体将会在后期形成缩短的迹象，

指数的跌幅与柱体的长度有着很大的关系，跌幅越大指标柱体越长，跌幅越小，指标柱体越小。因此，在指标柱体不断放长的时候，投资者要意识到，指数目前正处于强劲下跌阶段，是最需要离场回避风险的时刻。

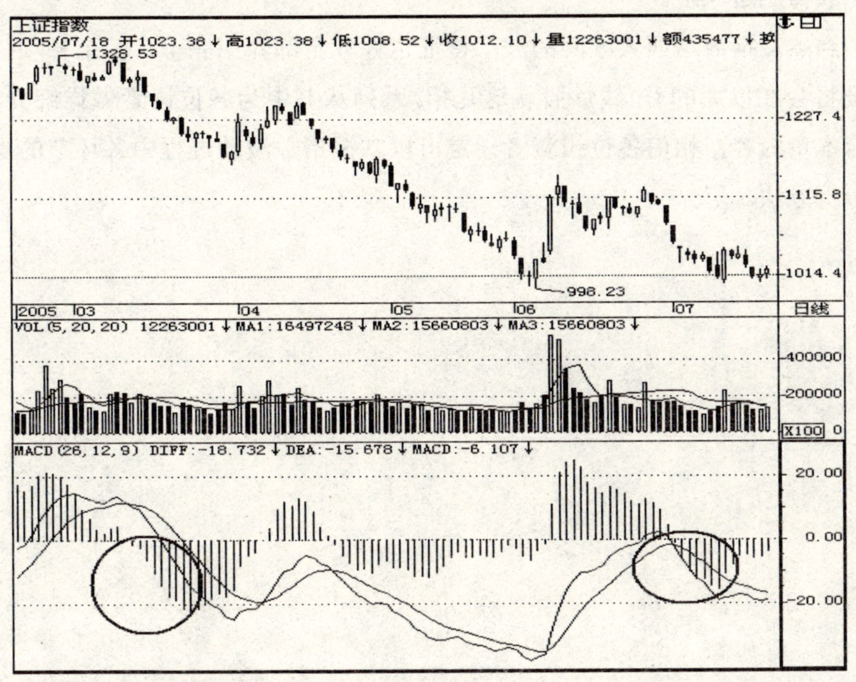

图 1–79

上证指数：2003年4月走势图(图1-80)

上证指数2003年4月MACD指标与指数形成顶部背离状态后，在成交量连续萎缩的情况下，下跌行情终于随之出现。

在指数下跌的初期阶段可以看到，MACD指标柱体始终保持着放长的态势，虽然下跌途中多次收出阳线，但这并未改变指标柱体的放长。指标柱体的连续放长将指数波段性强势下跌的特征体现了出来。

从图中走势来看，在指标柱体连续放长的区间，指数的下跌形态非常单一。单一的上涨可以带来极好的获利机会，而单一的下跌则会引发巨大的风险。

讲到这里，指数底、上涨、顶、下跌的各种常见技术特征已经结束，从本章内容来看，虽然只使用了几种方法与指标，但指数这四大区间的波动状态全部可以做出正确的判断。掌握了指数当前的波动状态，才可以更好地操作个股与回避风险。

当然，指数这四大区间的波动特征也并非全部介绍完毕，其余各项技术特征将会在以后的《短线炒股就这几招》系列丛书中为各位读者做详细介绍，结合本章内容，相信各位投资者一定可以掌握指数波动过程中各环节的操作与分析方法。

上证指数
2004/05/26 开1515.16↓高1529.91↓低1508.65↓收1524.44↑量8092712↓额558871↓换
1783.01
1669.8
1518.0
1429.71
2003
2004
02
03
04
05
日线
VOL(5,20,20) 8092712↓MA1:9645771↓MA2:11150734↓MA3:11150734↓
400000
200000
X100
0
MACD(26,12,9) DIFF:-38.314↓DEA:-36.752↓MACD:-3.124↑
40.00
20.00
0.00
-20.00

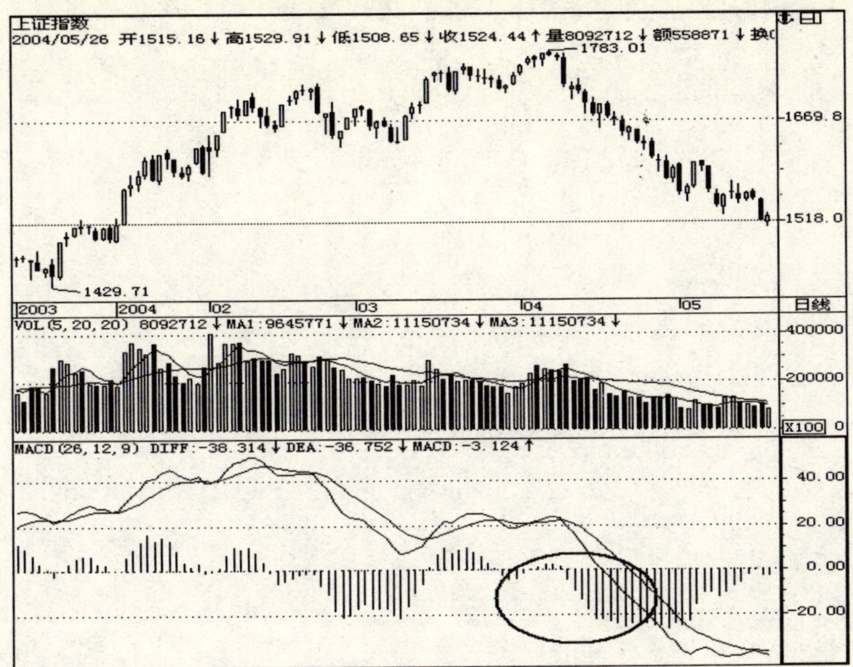

图 1-80

第二章

K 线实战

在《短线炒股就这几招(一)》系列中，为各位读者介绍了一些常见的 K 线组合操作方法，本章内容将继续为大家讲解一些非常适用于实战操作的 K 线方法。在股价波动过程中，K 线形态千变万化，掌握的方法多，也就多了一份胜算的把握。技不压身，希望各位投资者继续学习各种各样 K 线方面的操作方法。

第一节　红双喜

红双喜是股价主升浪过程中常见的一种 K 线组合，它不仅可以反映当前股价波动时的强势特征，还可以提示投资者买点的所在。

红双喜 K 线组合的形态为：

(1) 首先收出一根实体较大的阳线；

(2) 而后连续收出两根小实体的阴线，要求跌幅较小，首根阳线具有明显的强支撑作用；

(3) 调整两天后股价发力上行，第四根阳线完全吞没前两天的阴线，并创下新高。

两根大阳线中间夹着两根小阴线，自然显示了多方力度的强大，再配合当前已确立的上升趋势，此时操作实现盈利的概率自然加大。

深华发 A(000020)：2009 年 11 月走势图(图 2-1)

深华发 A(000020)2009 年 11 月期间股价的上升趋势已经非常明确，在这种情况下投资者应当进行的操作只能是不断的做多。

股价在 11 月中旬期间再度创出新高后，连续两天收出小阴线，小阴线出现的时候，成交量明显萎缩，这说明资金并未在此时进行大量地卖出。并且阴线的实体非常小，在大趋势向上的情况下，小实体阴线的出现往往意味着股价还将会继续上涨。

调整两天后，一根实体较大的阳线出现，它的出现又一次创下了近期新高，并且轻松地吞没两根小阴线。两根实体较大的阳线夹着两根缩量小实体阴线，这种 K 线变化就是标准的红双喜 K 线组合，是一种经典的看涨信号。

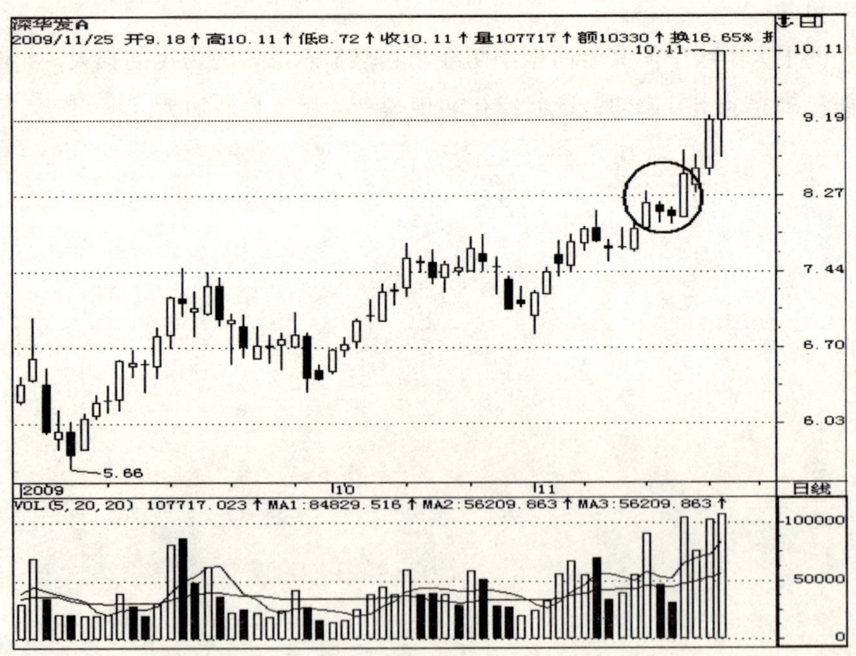

图 2-1

同力水泥(000885)：2009 年 11 月走势图(图 2-2)

同力水泥(000885)2009 年 11 月期间股价于低点处形成了抬高式的多重底，底部的形成意味着后期将会出现一轮上涨行情。

随着一根涨停大阳线的出现，多重底的颈线位被完全破位。大阳线出现以后，股价连续两天小幅调整，收出两根缩量的小阴线。至此，投资者应当随时留意红双喜 K 线组合的出现。

第四天，一根实体较大的阳线出现，这一根阳线创下新高，并且完全吞没两根小阴线，红双喜 K 线组合的出现意味着股价还将会继续上涨，此时完全可以积极入场操作。

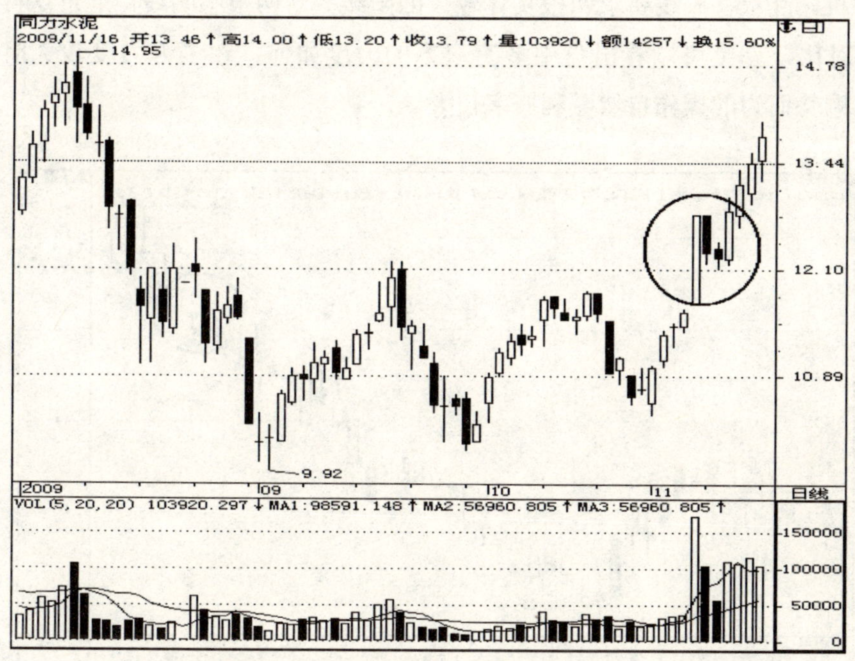

图 2-2

绵世股份(000609)：2009年11月走势图(图2-3)

绵世股份(000609)2009年11月股价已形成了标准的上升趋势。在趋势没有发生明显改变之前，投资者应当顺势做多，并且在上涨途中还可以不断地加仓以扩大盈利。

在上涨中途，一根实体较大的阳线出现后，收出两根小阴线，这两根阴线的实体非常小，它体现了空方在盘中的无力，大趋势确立的情况下出现的小阴线只是多方的休整。

第四天，一根阳线的出现延续了前期的上升趋势，并且这一根阳线创下了盘中的新高，在阳线吞没掉两根调整小阴线的时候，就是投资者入场操作的时机。红双喜K线要求两根实体较大的阳线夹着两根小阴线，通过这样的K线对比，完全可以看出盘中多空双方的力度如何，在多方力度较大时买入，顺势而为的操作自然盈利概率较大。

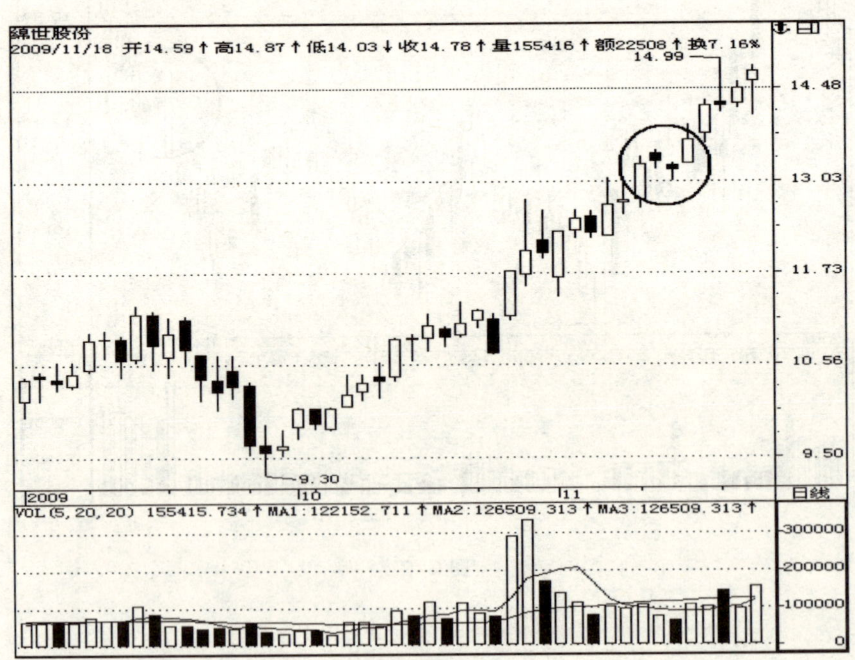

图2-3

三特索道(002159)：2009 年 11 月走势图(图 2–4)

三特索道(002159)2009 年 11 月期间股价于上涨中途收出了一根涨停大阳线，但是随后却连续两天出现调整的走势。大涨后的调整很容易将一些短线客清理出局。那么，此时是否应当卖出呢？

股价涨停后的调整成交量整体保持萎缩状态，并且涨停大阳线对调整低点起到了强大的支撑作用。重要的支撑没有破坏是不能轻易出局的。第四天，又一根大实体的阳线出现，不仅吃掉了两根调整阴线，还创下了新高，使得上升趋势得以延续。至此，红双喜 K 线组合形态随着新高的出现完全成立。

在实战操作时，投资者可于第四根阳线完全吞掉两根阴线时买进，或者在股价创出盘中新高时买进。红双喜 K 线组合是一种短线追涨操作，因此，极为重视股价波动的大趋势，如果股价未形成明确的上升趋势，则不使用这种方法。

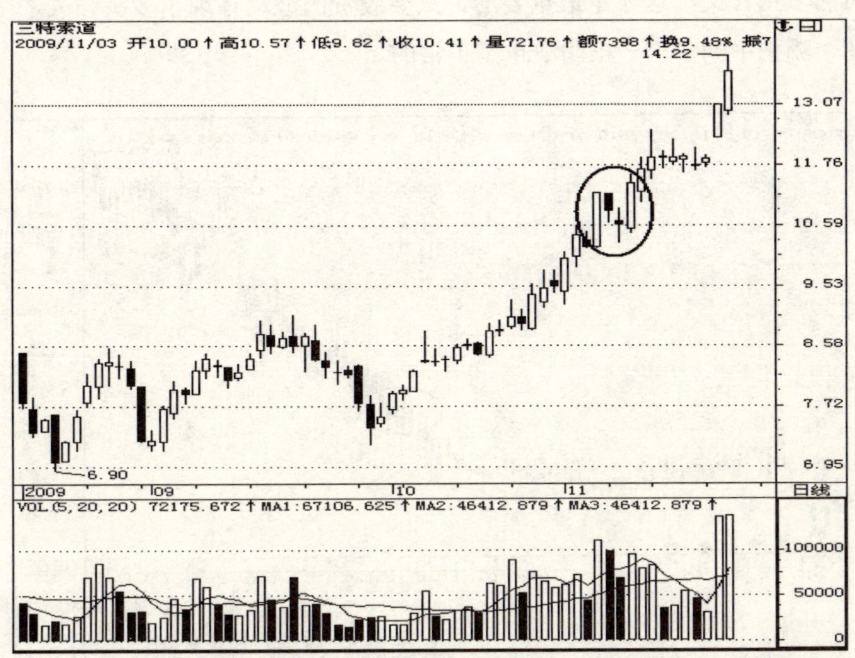

图 2–4

龙元建设(600491)：2009 年 7 月走势图(图 2-5)

龙元建设(600491)2009 年 7 月期间股价见底以后形成了明显的上升趋势，这时投资者要不断做多。

上涨途中一根大实体阳线出现后，股价连续三天调整，但阴线的实体非常小，大阳线对调整的低点起到了强大支撑作用。第五天，一根实体较大的阳线出现，将三根阴线全部吞没，并创下新高。从走势性质上来讲，买点完全成立。但是，它是红双喜 K 线组合吗？

标准的红双喜 K 线组合是两根实体较大的阳线中间夹着两根小阴线，两根大实体阳线反映的是多方力量的强大，而两根小阴线则说明了空方无还手之力。龙元建设在上涨途中虽然收出了三根小阴线，但这五根 K 线反映的市场现象与标准的红双喜完全一致，因此，它也属于红双喜 K 线形态，只不过发生了一些变形而已。学习 K 线组合并不能死记硬背，要理解一组 K 线组合背后的多空含义，这才是最重要的，只要股价的波动体现了多头强大、空头虚弱，哪怕中间多出一根阴线也是正常的。

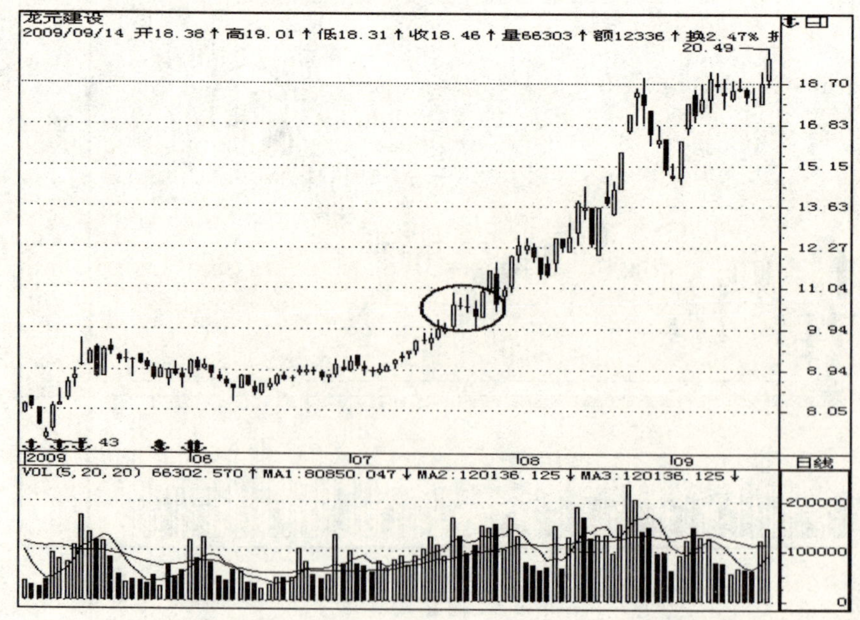

图 2-5

第二节 黑双煞

黑双煞K线组合常见于下跌初期以及下跌中期，由四根K线构成，第一根为实体较大一些的阴线，第二根与第三根均为实体较小的阳线，第四根为一根实体较大阴线，并且这根阴线完全吃掉阳线的实体，创下新低。

从K线实体来看，阴线实体较大，阳线实体较小，这说明空方力量强大，而多方力度虚弱。特别是在下降趋势明确形成的情况下，黑双煞K线组合的出现往往意味着股价还将会继续下跌。

兴化股份(002109)：2009 年 9 月走势图(图 2–6)

兴化股份(002109)2009 年 9 月股价上涨至高点后开始回落。在下跌的初期阶段，形成了经典的黑双煞 K 线组合，随后股价产生了连续下跌的走势。

一根实体较大的阴线，而后出现两根小阳线，对比 K 线的实体，阴线实体较大而阳线实体较小，这说明空方占据市场的主动，多方无力还击。第四根阴线的出现，不仅吃掉了两根阴线，而且还创下了低点。

无论是下跌初期还是中期，只要股价能够不断地创新低，下跌行情便不会结束。如果手中依然持有股票，在黑双煞 K 线组合形成之时，一定要及时卖出，否则股价后期持续的下跌将会造成更大的亏损。

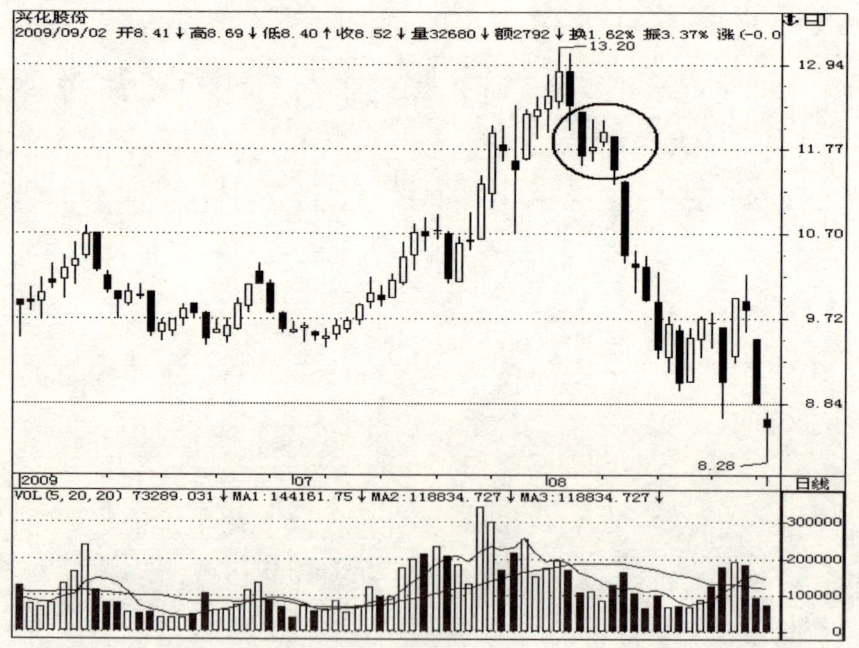

图 2–6

中关村(000931)：2009 年 8 月走势图(图 2-7)

中关村(000931)2009 年 8 月期间股价顶部已经形成，大实体阴线的出现终结了上升趋势。

随后股价再次走弱的时候，形成了两根大实体阴线夹着两根小实体阳线的走势，这种走势是黑双煞最明显的技术信号。阴线的实体较阳线实体越大，越能说明空方的力度强大，特别是第四根阴线的跌幅越大，股价后期继续下跌的概率也就越大。

同时，黑双煞 K 线组合出现的位置恰位于创新低的重要区间，股价在该区间形成黑双煞，以经典的形态完成新低的突破，使得空头趋势更加明确，也使风险进一步增大。

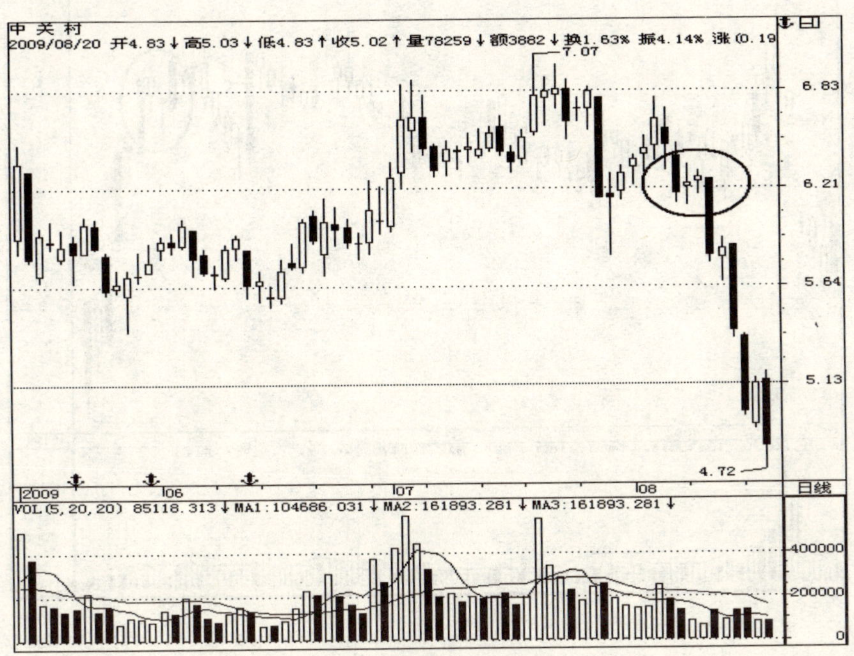

图 2-7

中达股份(600074)：2009 年 8 月走势图(图 2–8)

中达股份(600074)2009 年 7 月末受到大阴线压力的影响，短线反弹随之结束，K 线弱势特征的形成意味着做多机会的消失。

短线反弹结束时收出一根实体相对较大的阴线，而后股价再度反弹，但依然受到阴线实体的压力。连续两天小幅反弹后，一根实体更大的阴线随之出现，这一根阴线再度创下局部新低，四根 K 线连在一起形成了标准的黑双煞 K 线组合。

黑双煞出现以后，股价在后期出现了更大幅度的下跌，顶部区间出现的黑双煞更容易引发较大的风险，因为它筑固了空方的阵地。

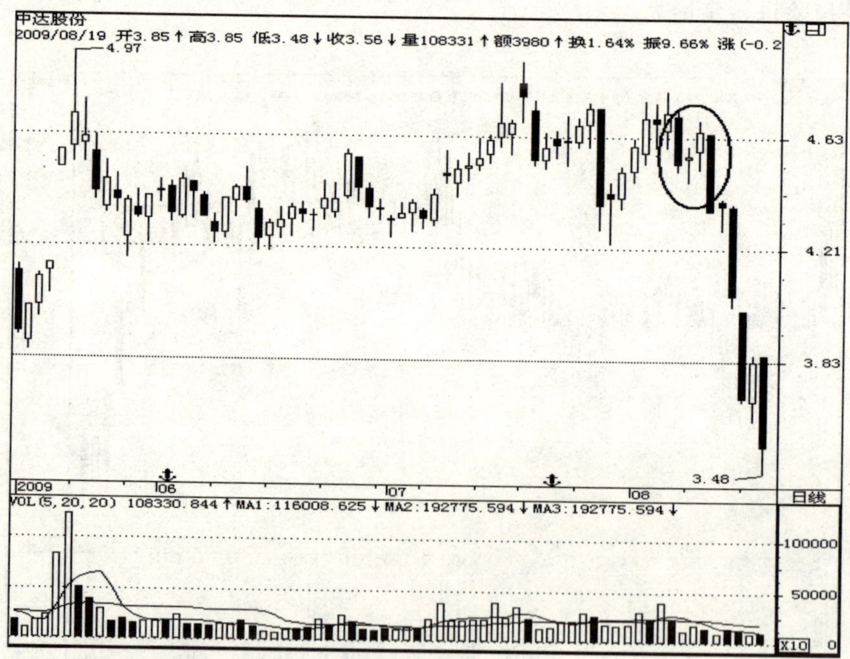

图 2–8

澳柯玛(600336)：2009年8月走势图(图2-9)

澳柯玛(600336)2009年8月期间连续收出三根阴线以后，股价出现连续两天的反弹，但是这两天的反弹幅度非常小，在短线下降趋势形成的情况下，出现的小幅反弹往往只是空方的休整，无法改变当前的下降趋势。

小幅反弹出现以后，一根更大实体的阴线天空而降，这一根破位大阴线的出现，使得下降趋势更加明确。当黑双煞K线组合形成的时候，如果在第五天进行卖出，亏损的幅度又将会加大。在实战操作时，一旦股价向下吃掉阳线或是再度创下新低时，投资者便可以在盘中进行卖出。

当风险出现的时候，能够早一些卖要比晚一些卖出回避风险的效果更好，日K线形态的形成，是由盘中股价波动构成的，两根小阳线已说明了多方的虚弱，因此，在盘中股价再度有趋弱迹象时进行卖出是正确的操作，而不必非要等到日K线形态的完全成立。

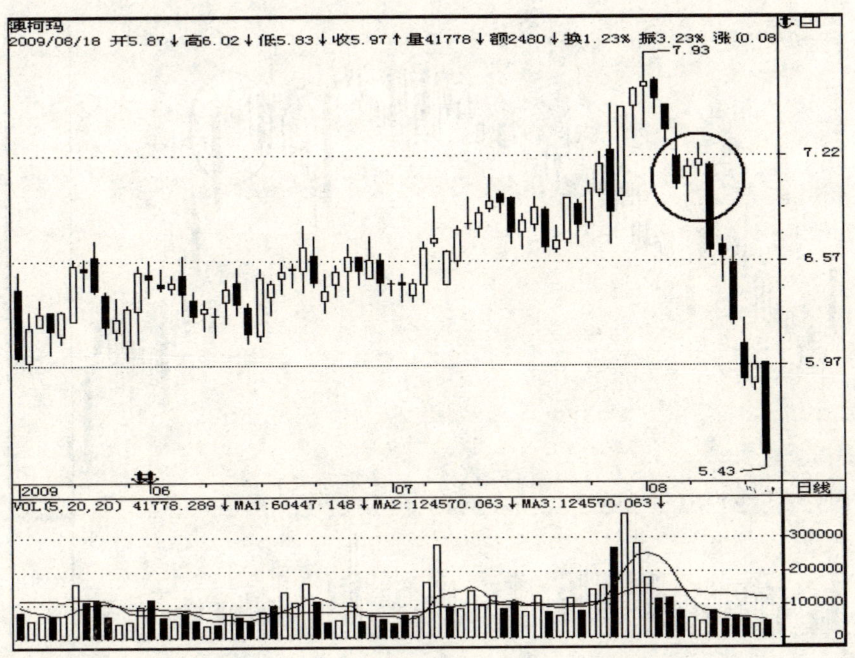

图2-9

楚天高速(600035)：2009 年 8 月走势图(图 2–10)

楚天高速(600035)2009 年 8 月期间股价收出一根大实体阴线后出现反弹，但是，反弹的高点到达前顶部区间后，便受到压力再度回落。

在下跌的初期，两根实体较大的阴线中间夹着三根实体较小的阳线，三根小阳线体现了空方的虚弱，这是一种股价有可能继续下跌的信号。而随后出现的大阴线则进一步验证并加强了这种信号。在实战操作时，一旦盘中股价向下吃掉阳线全部实体或是创下新低，投资者就需要及时于盘中离场，而不必等到第二天。

由于两根大阴线中间夹着三根小阳线，这与标准的黑双煞有一些差别，但它们反映的市场信息都是一致的：空方力量强大，多方力量虚弱。无论是两根大阴线夹着两根小阳线，还是夹着三根小阳线，只要体现了空方力量的强大，都可以促使股价下跌走势的出现。

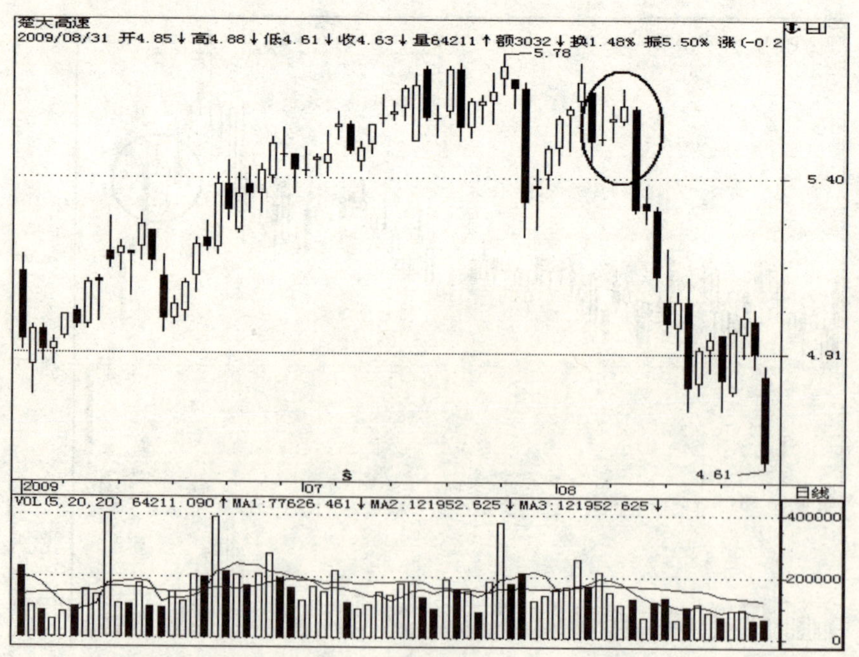

图 2–10

第三节　空中台阶

股价在上涨的过程中，会出现各种各样的调整形态，有的以缓慢的方式回落，有的以快速回落快速上涨的形式完成调整，还有一种强势调整形态：空中台阶。

空中台阶多出现于上涨中途，但在某些位置出现台阶走势也意味着上涨行情的延续。空中台阶就好像是楼梯一样，多方踩着楼梯步步登高。

空间台阶的技术形态为：股价上涨后出现标准横盘波动走势，在上涨过程中，要见到大实体的阳线，并且这根大阳线需要对后期的横盘调整起到明显的支撑作用，股价横盘区间形成的低点必须位于大阳线实体三分之一以上。

空中台阶是股价将会继续上涨的信号，在实战操作时，如果整体市场强势特征明显，可以于调整区间的低点介入，而一旦股价向上突破横盘区间的高点，更可以积极地介入。

一汽富维(600742)：2009年10月走势图(图2-11)

一汽富维(600742)2009年10月股价下跌结束形成低点抬高的多重底后，一轮连续性的上涨行情随之出现。在股价上升趋势形成的时候，投资者要细心地观察股价的波动形态，如果有什么标准的K线走势，便可以在上涨途中加仓操作。

一根涨停大阳线突破了多重底颈线以后，股价出现了横盘调整的走势，横盘的低点始终受到涨停大阳线收盘价的支撑。股价上涨以后始终跌不下来，背后必然有资金在暗中支撑。波动性质属于调整，但股价并未下跌，这体现了多方的强大。

图中的K线形态好像楼梯的台阶，多方踏着台阶稳步向上，见到这种技术形态，投资者一定要意识到，目前的走势仅是股价上涨的中途形态。

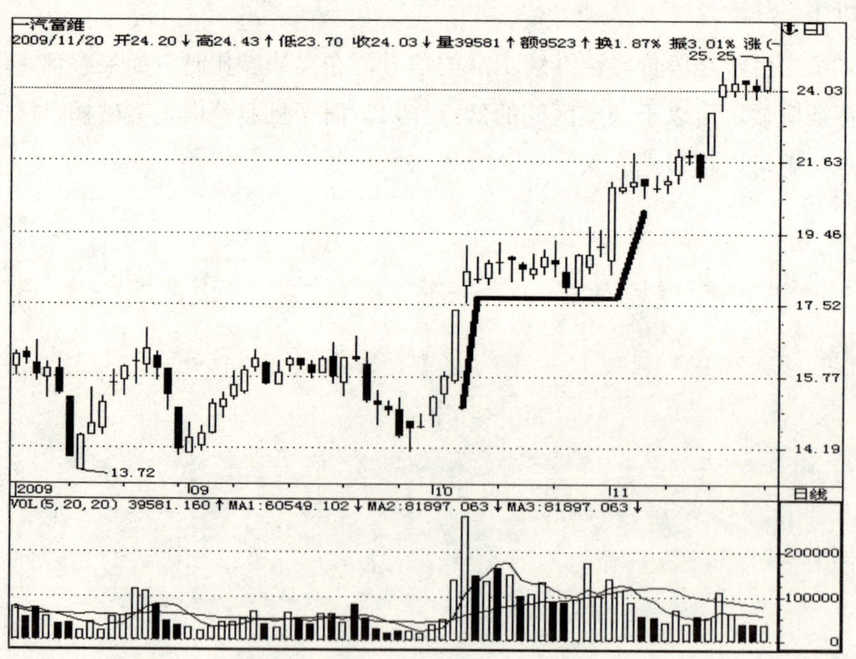

图2-11

酒鬼酒(000799)：2009年11月走势图(图2-12)

酒鬼酒(000799)2009年11月期间股价调整结束后，形成放量上涨的走势，一根实体较大的阳线出现以后，股价并未继续上涨，而是形成了缩量调整的走势。

股价的调整形态为标准的横盘，调整的低点受到大阳线收盘价的强劲支撑，股价调而不跌，体现了多方占据着市场的主动，空方无力将股价打落下来。空中台阶技术形态的出现说明股价当前所处的位置只是上涨中途，而并非是上涨末期，因此，后期还会有延续性上涨行情的出现。

空间台阶出现的位置越低，股价未来上涨的空间也就越大，同时，调整区间成交量的萎缩迹象越明显，股价未来上涨的动力也就越足。

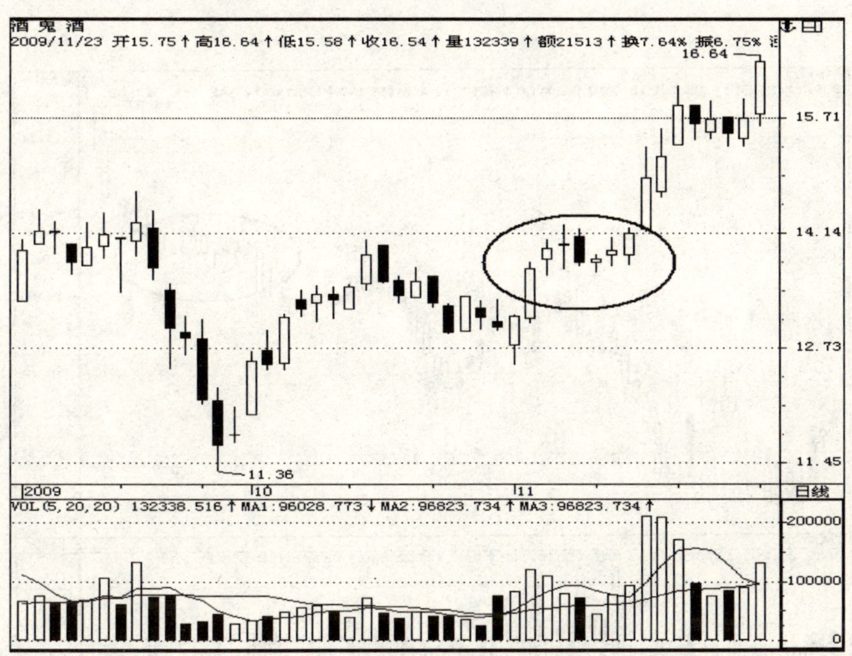

图2-12

宗申动力(001696)：2009 年 11 月走势图(图 2-13)

宗申动力(001696)2009 年 11 月股价见底以后，形成了连续震荡上行的走势，但是随着上升趋势的进一步明确，调整时股价具备的强势特征也越来越明显。

11 月期间收出了一根突破大阳线，新高出现后，股价再度形成调整走势，但是，这一次的调整以横盘形态出现，调整的低点受到了大阳线的强劲支撑。这种 K 线形态就是标准的空间台阶。

股价强势横盘时，成交量连续萎缩，这说明该区间抛盘数量非常小，没有大量的抛盘出现，是股价跌不下来的原因之一。既然卖盘较少，那么，多方的力量依然强大，因此，空中台阶是一种经典的上涨中途出现的看涨技术形态。

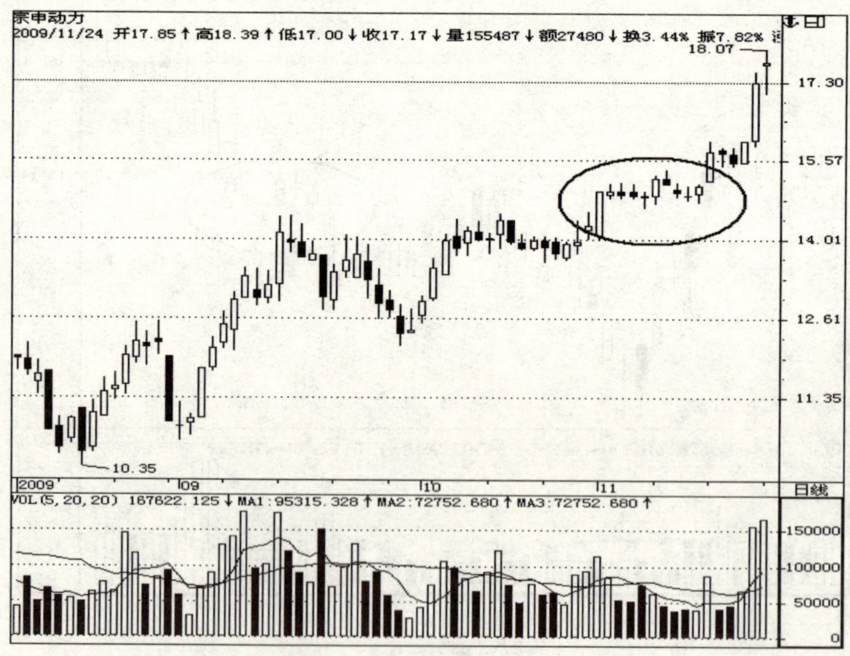

图 2-13

海信电器(600060)：2009 年 10 月走势图(图 2–14)

海信电器(600060)2009 年 10 月股价的上升趋势非常明确，在大方向确立的情况下，出现的缩量调整往往都是介入的好时机。

上涨中途，一根大实体阳线出现后，股价形成了标准的横盘震荡走势。调整的低点受到了大阳线实体三分之一以上部分的强大支撑，这满足了空中台阶的技术要求。大趋势方向向上，股价调整却始终跌不下来，空方无力改变当前的趋势，因此，股价后期继续向上的概率很大。

在实战操作时，如果当前指数也保持着明确的上升趋势，投资者可于调整区间的低点处逢低介入。如果担心股价有可能还会继续调整，则可以等到股价向上突破横盘区间高点时再介入，一旦股价起涨突破，意味着多方将要踏台阶而上步步登高。

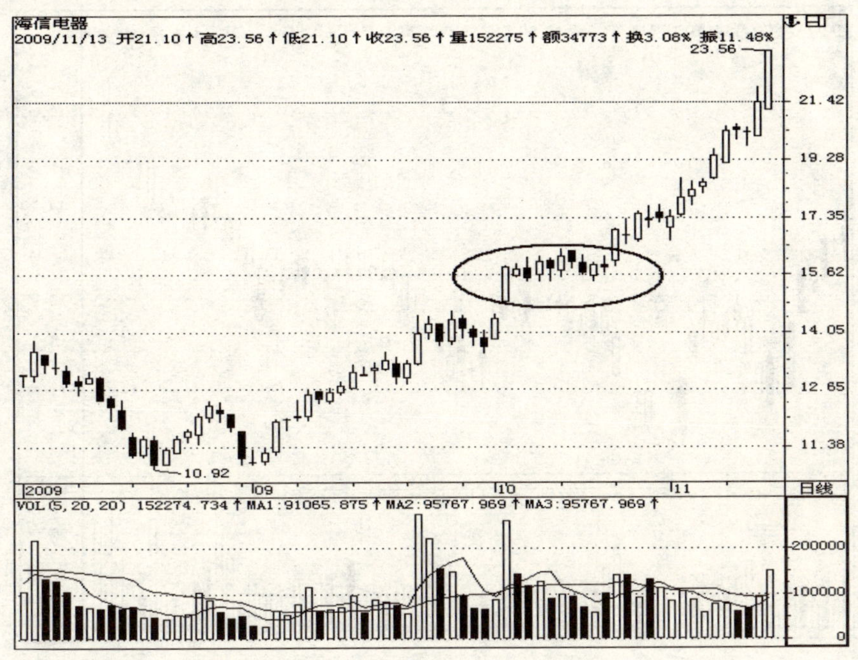

图 2–14

祁连山(600720)：2009 年 10 月走势图(图 2-15)

祁连山（600720）2009 年 10 月期间股价形成了较为标准的头肩底，右肩的回落结束后，新一轮上涨行情再度出现。

在股价上涨至前高点时，出现了调整走势，调整的形态为标准的横盘，在此区间股价的波动重心并未下移，并且调整低点也始终受到上涨过程中最后一根大阳线的强劲支撑。种种走势满足了空中台阶的技术要求，这意味着股价此时仅处于上涨的初期或中期，未来还将会有新一轮的上涨行情出现。

空中台阶常出现于上涨的中途，但有些时候，面对前期高点压力时，多方也会以这种形态去消化压力。在前高点出现空中台阶技术形态后，一旦股价形成突破，那将会是非常可靠的上涨信号，投资者应当在突破横盘区间高点时坚决入场做多。

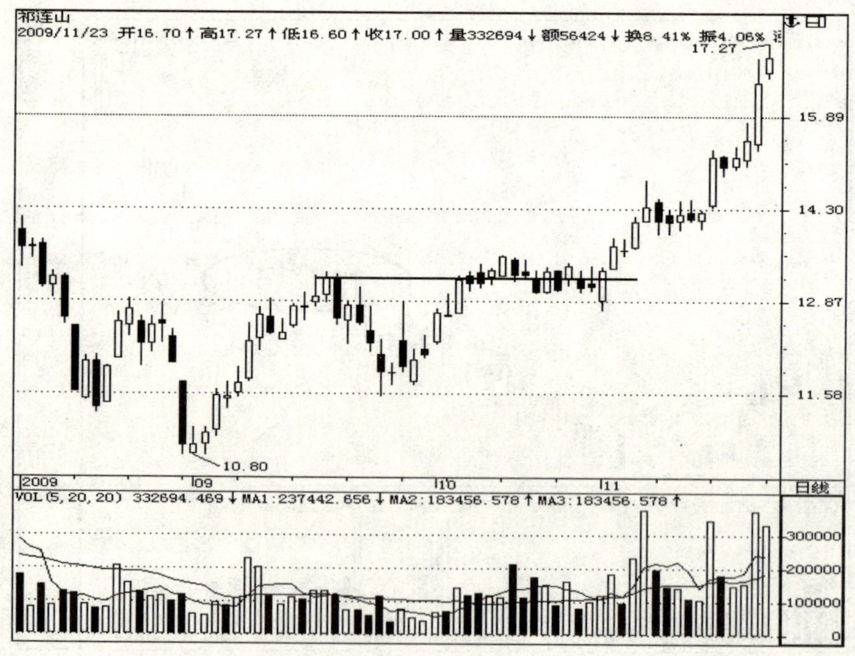

图 2-15

第四节　钻石大阳线

股价正常波动过程中，在不同的位置均会收出大实体的阳线，位置不同，大阳线的操作方法也有着很大的差别，有些阳线会代表真正的上涨，有些阳线却蕴涵着风险。有没有什么样的大阳线是风险最低、最容易带来盈利机会的呢？的确有这样一种大阳线，它就是钻石大阳线。

钻石大阳线与其他阳线最大的不同在于成交量的变化，普通大阳线出现的时候，成交量都会出现放大的迹象，但是，钻石大阳线无论在什么位置出现，成交量都不会放大。股价大涨而成交量不放大，体现的是盘中资金在实现盈利以后没有进行出货的实质，在股价上涨以后资金没有离场，未来上涨的概率将会非常大。其次，钻石大阳线是主力资金为了促使成交变得活跃而人为引发的，大涨之后投资者才会有交易的热情，在此情况下，主力资金的建仓操作才可以顺利进行。

钻石大阳线常见于股价底部区间以及上涨中途，下面为大家详细讲解一下这两个位置出现钻石大阳线后的分析与操作方法。

正邦科技(002157)：2009 年 9 月末走势图(图 2-16)

正邦科技(002157)2009 年 9 月末股价下跌结束是以一根大实体阳线的出现为标志的，这一根大阳线成功地阻止了下跌的延续，同时也意味着上涨的开始。在股价大幅上涨的时候，成交量却并没有放大。没有资金的推动，股价还能继续上涨吗？

正常上涨走势出现时，必须依靠资金的推动，但是钻石大阳线却是一个例外，不需要太多的资金也可以形成大幅度的上涨。其实面对这种走势，应当从另一个角度理解，股价虽然大幅上涨，但却并没有资金进行出货，如果有大量资金离场，成交量必然会随之放大。资金没有离场迹象，股价上涨的概率自然会加大。

在股价连续下跌以后出现钻石大阳线，往往意味着后期将会出现一轮连续上涨的行情，钻石大阳线是上涨行情确立前最好的介入机会。

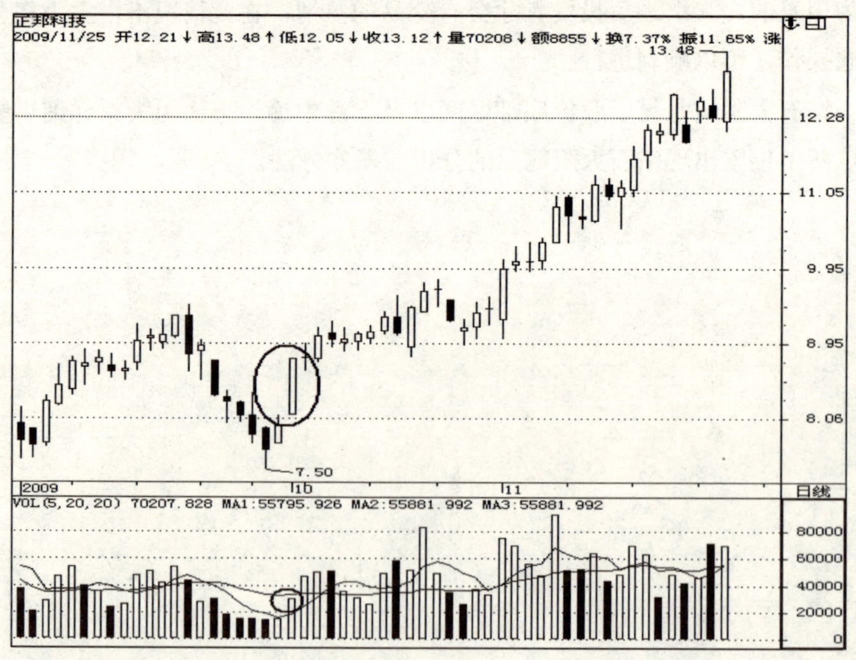

图 2-16

富龙热电(000426)：2009年8月走势图(图2-17)

富龙热电(000426)2009年8月在上涨行情出现之前，股价出现了短线大幅下跌的走势，下跌的时候成交量非常低迷，这使主力资金的建仓操作无法顺利进行，如果始终没有机会大量买进股票，将很不利于庄家后期的操作。在这种情况下，就需要让股价大幅波动，把水搅混才可以摸到鱼。

于是一根无量的涨停大阳线出现，在股价的底部出现无量涨停大阳线是正常的现象，因为此时投资者操作的积极性很差，没有什么资金买入卖出，所以只要少量的资金推动，大阳线就可以轻易地出现。但是这一根大阳线的出现并不完全是主力资金为了拉升股价而引发的，而是为了激发市场人气为建仓打基础。钻石大阳线出现以后，成交量也出现了明显的放大，借助放大的量能，主力资金才可以顺利地完成建仓。

手中掌握了大量的股票以后，无论是进行中长线操作，还是进行短线操作，都将由主力资金说了算。因此，连续下跌后出现的钻石大阳线往往都是股价将会进一步上涨的信号。

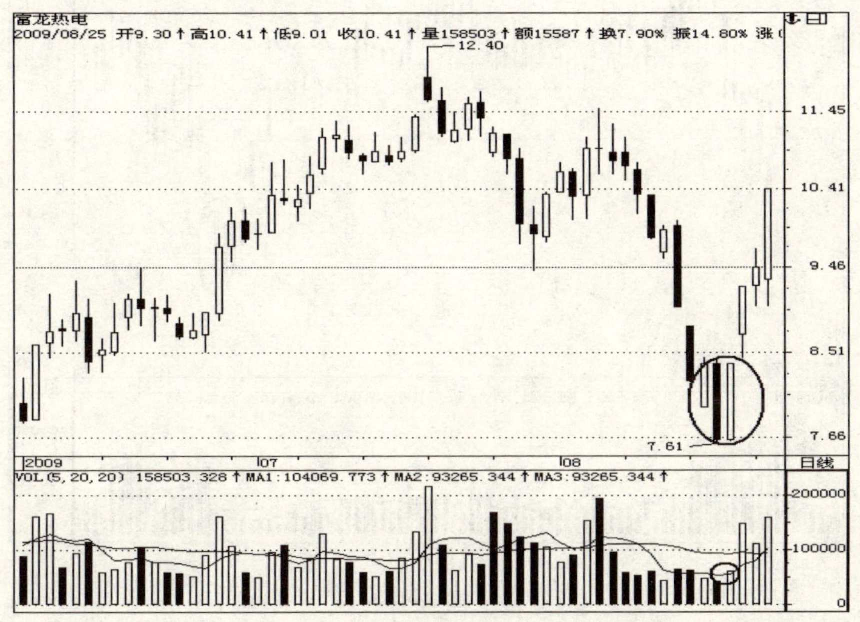

图2-17

新都酒店(000033)：2009 年 8 月走势图(图 2-18)

新都酒店(000033)2009 年 8 月股价在上涨之前，出现了短线连续暴跌的走势。快速的下跌虽然很可怕，但却为后期的上涨提供了空间。因此，对于这种连续下跌的股票不能一味地感到恐惧，而是要找准机会入场操作。

股价上涨的开始由一根大阳线的出现为标志，底部大阳线一旦出现，股价的下跌便会结束，随之而来的是持续的上涨。由于股价连续的下跌使很多投资者都处于深套的地步，因此成交量在底部低点时非常低迷，这不利于主力资金的建仓，大阳线的无量就说明了这一点。为了在短时间内顺利地完成建仓，庄家才会推动股价收出涨停板。至尊阳线出现以后，成交量便出现了连续放大的迹象，庄家也可以趁巨量顺利地完成建仓操作。

钻石大阳线的出现促使股价形成了连续上涨的走势，由此可见，在股价连续下跌之后出现的钻石大阳线是非常容易判断出来的一种起涨信号。

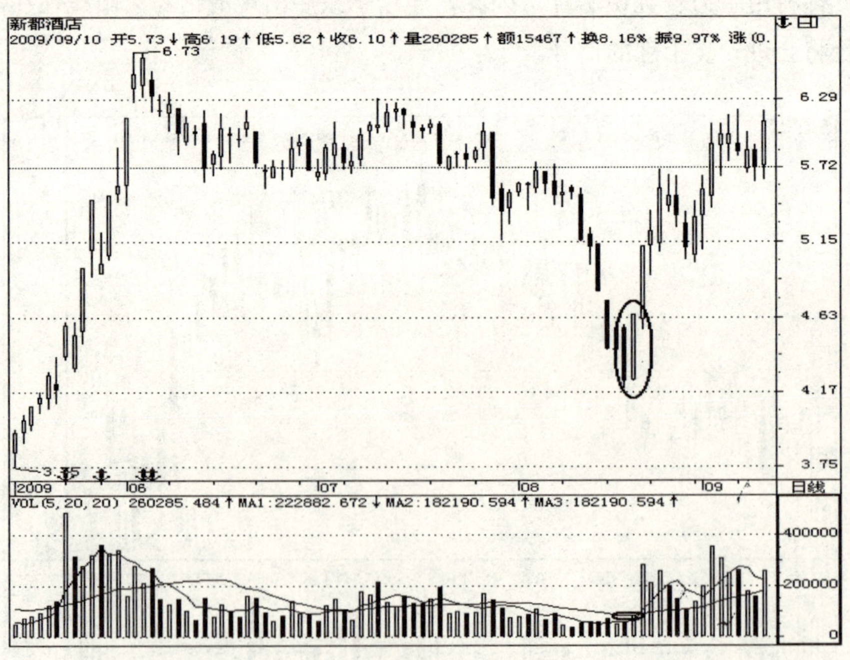

图 2-18

豫光金铅(600531)：2009 年 9 月走势图(图 2–19)

豫光金铅(600531)2009 年 9 月股价经过短线调整，回落至前期低点的时候，一根涨停大阳线随之出现，它的出现使双底形态进一步明确。

这一根大阳线出现的时候，成交量没有随之放大，而是继续保持着低量的状态。正常情况下，要求股价大幅上涨时成交量一定要随之放大，这是为了体现资金的入场。但是，钻石大阳线却与这种分析观点完全相反，股价上涨时不放量最好。如果查看钻石大阳线盘中的走势往往可以发现一个规律，股价于盘中上涨的速度极快，不给投资者过多的买入机会。由于成交数量少，从而导致了成交量的稀少。

无须太多的资金股价便可以大幅上涨，这显示了多方的强大实力。同时，在低迷的成交量状态中，主力资金根本没有机会出货，这增加了股价上涨的安全性。资金出货必然会引发量能的放大，所以，当钻石大阳线出现后，只要成交量没有异常放大，安全性都将会是极高的。

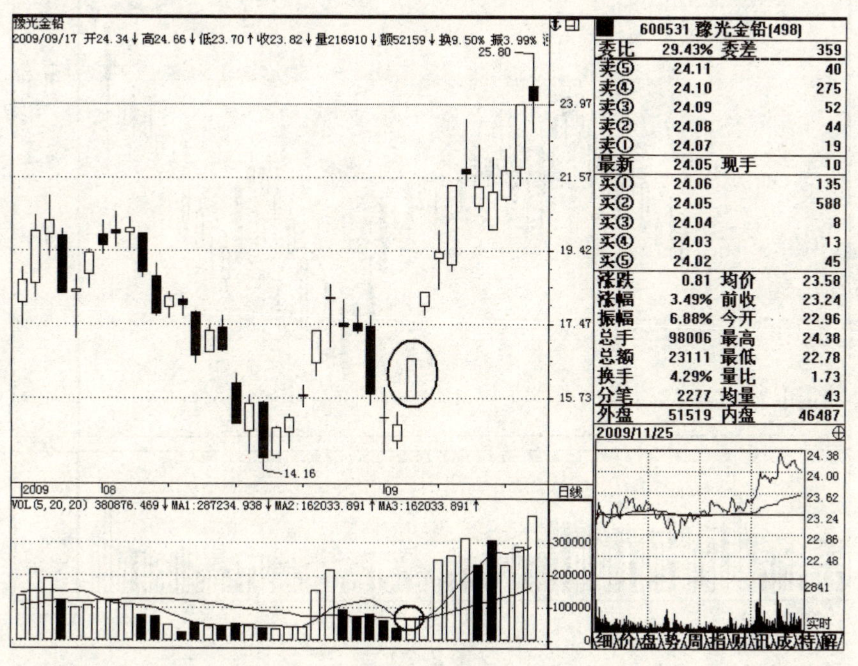

图 2–19

彩虹股份(600707)：2009 年 8 月走势图(图 2-20)

彩虹股份(600707) 2009 年 8 月期间出现了一根实体较大的阳线，这根阳线的出现结束了下跌的趋势，具有很典型的底部阳线特征。除此之外，较小的成交量说明这根阳线还具备了钻石大阳线的特征。

只要钻石大阳线出现，在成交量没有巨幅放大之前，股价上涨的概率是很大的，因为成交量在股价大幅上涨以后没有放大，意味着资金没有任何出局的机会，资金没有离场，上涨行情便会延续下去。

成交量的萎缩要比成交量的放大更容易判断其内在性质。股价在波动时放量，要么是资金的离场，要么是资金的建仓，但具体是进是出还需要结合后期走势综合分析，但是，股价大涨，成交量没有放大，不必理会有无资金建仓，至少资金目前没有机会出局，这样一来就增加了股价后期上涨的概率。

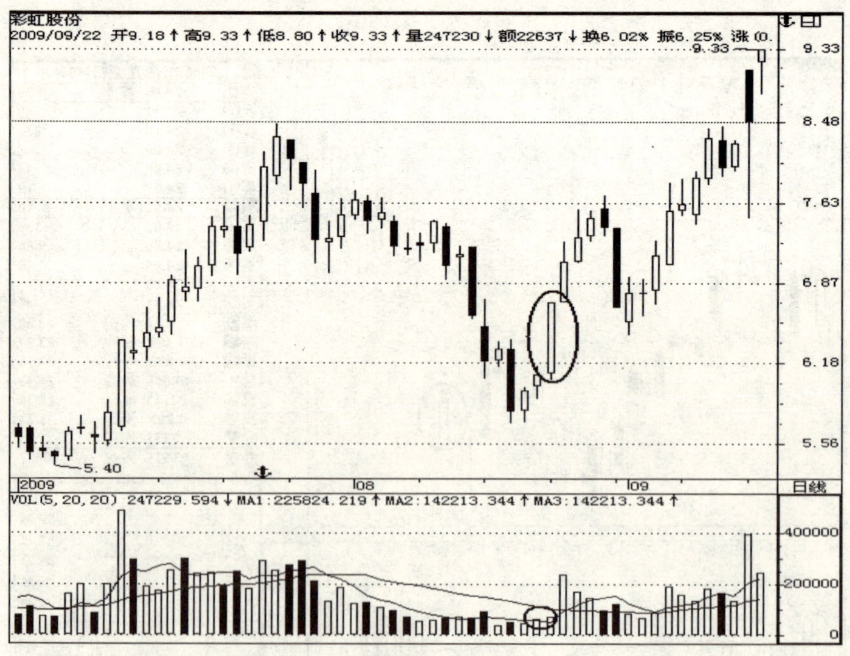

图 2-20

莲花味精(600186)：2009年11月走势图(图2-21)

莲花味精(600186)2009年11月股价在下跌到底部以后开始了连续上涨的走势。在上涨的初期，股价的上涨比较温和，随着位置越来越高，主力资金开始发力推动股价上涨，一根涨停大阳线的出现使得股价步入到主升浪阶段。

在涨停大阳线出现的时候，成交量没有出现明显的放大，没有太多的资金入场，股价就能形成涨停，这种大阳线的量价配合走势就是钻石大阳线最经典的技术特征。钻石大阳线一旦出现，股价后期必然会有放量上涨的走势，在成交量推动的情况下，股价上涨的速度将会进一步加快。

在上涨中途出现的钻石大阳线，更加肯定了股价当前位置的安全性，因为此时没有任何主力资金出货的迹象。

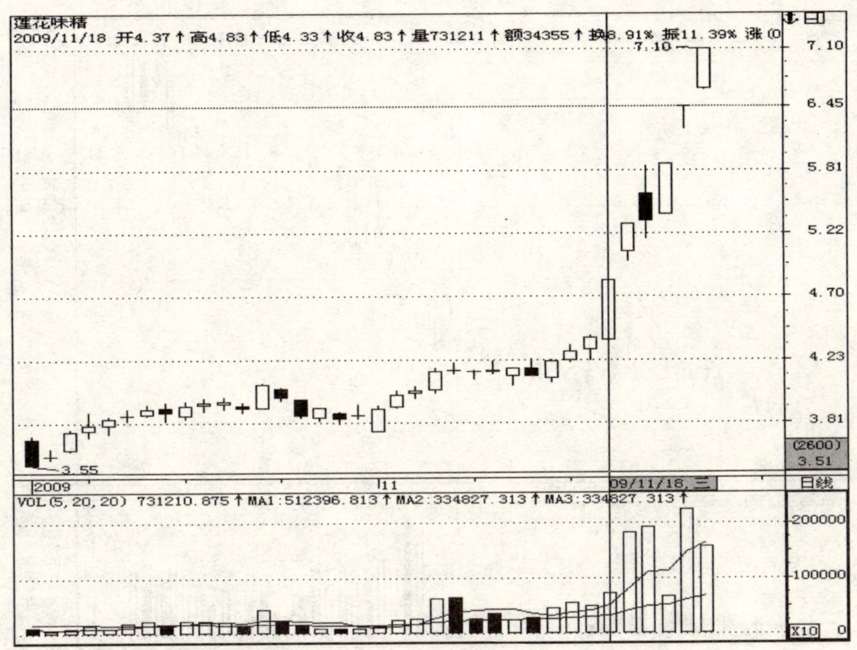

图2-21

安凯客车(000868)：2009 年 10 月走势图(图 2-22)

安凯客车(000868)2009 年 10 月股价在第一次见顶以后，出现了较长时间的调整，第二次上涨行情的开始是以一根涨停大阳线为起点的。这一根停涨大阳线出现以后，股价再度形成了大幅上涨的走势。

在股价收出涨停板的时候，成交量并没有随着股价的大涨而形成放大的状态，反而出现了缩量的现象。股价涨停但成交量却萎缩，这便是钻石大阳线最明显的技术特征，而这种缩量的大阳线对于投资者而言，只要买入，获利的概率是所有大阳线中最大的。

钻石大阳线出现的时候，投资者应当积极于当日进行追涨操作，或是在第二天盘中择机介入。钻石大阳线出现时，股价整体涨幅越低，获利的空间也就越大。

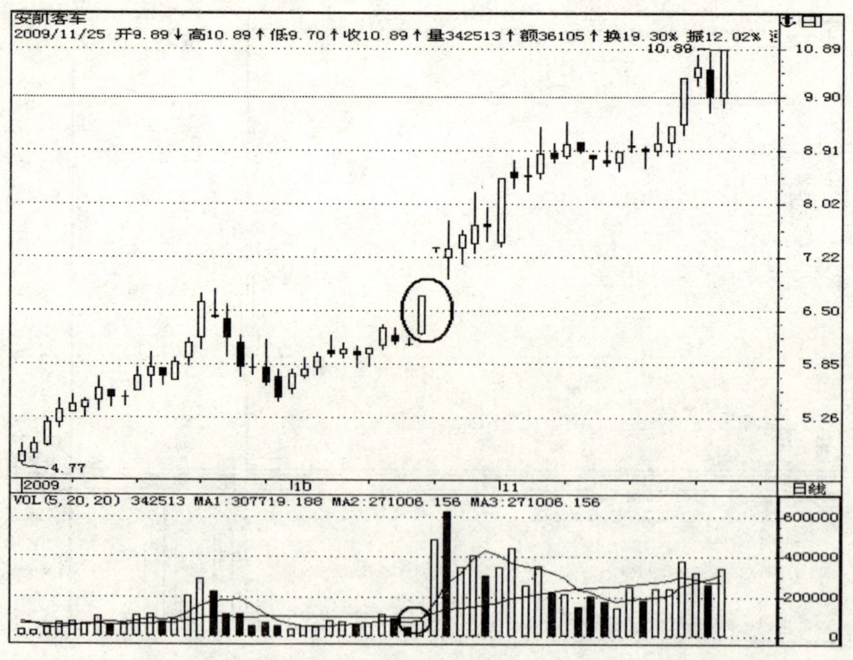

图 2-22

深赛格(000058)：2009 年 11 月走势图(图 2-23)

深赛格(000058)2009 年 11 月股价见底以后，上涨速度比较慢，这主要是由于在上涨的过程中很少出现实体较大的阳线，温和的上涨激不起市场的做多热情。

为了促使股价快速上行，主力资金开始大力度的推高股价，一根涨停大阳线的出现不仅突破了前期的高点，还具备了促使股价强势上涨的作用。按说在股价形成突破以及起到促涨作用的时候，成交量应当保持放大状态，但是，这根大阳线出现时，成交量却是萎缩的，极小的量能使它变得非常醒目。

虽然股价突破了前期的高点，并处于近期高位，但是盘中没有任何资金在此时大量出货，资金没有离场，股价的波动便是安全的，因此，在此时投资者继续追涨不会有任何大的风险。上涨中途出现的钻石大阳线，意味着当前的上涨只进行了一半。

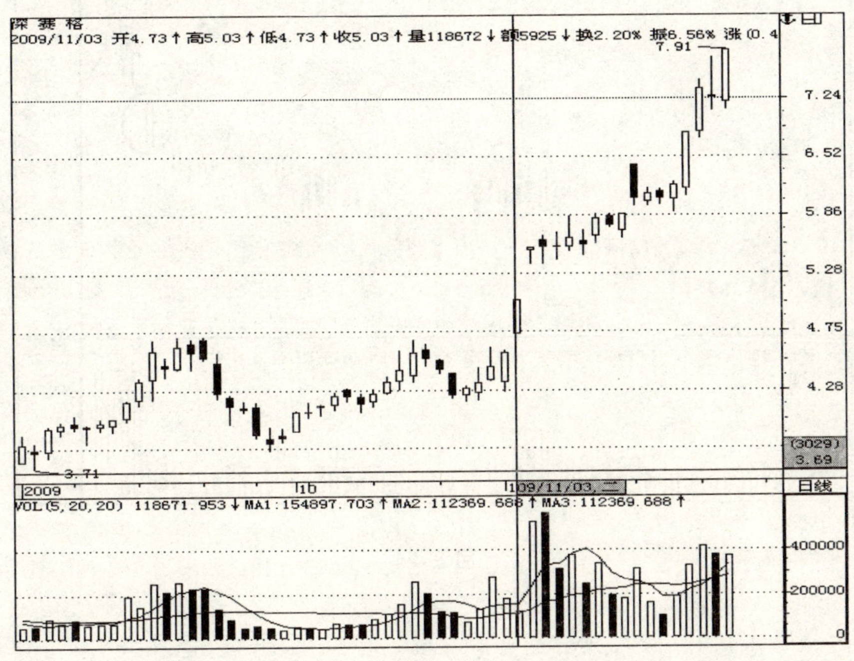

图 2-23

特力 A(000025)：2009 年 6 月走势图(图 2-24)

特力 A(000025)2009 年 6 月在主升浪到来之前，股价形成了较为缓慢的上涨走势，慢牛上涨不会一直持续，总会有加速上涨的出现，所以在上涨途中，投资者需要留意是否会出现较大实体的阳线。

6 月初，一根涨停的大阳线出现了，这根大阳线的出现，使得上涨的力度明显加大，它不仅起到了促涨的作用，还具备了钻石大阳线的技术特征。

股价在大幅上涨的时候，成交量并没有出现放大，这说明主力资金已经有能力用很少的资金就可以推动股价涨停。此时的无量说明了主力资金掌握股价波动的能力很强，操作就要跟随实力强大的资金。只有那些实力强大的资金，才可以在上涨中途以最少的成交量推动股价形成最大的涨幅。

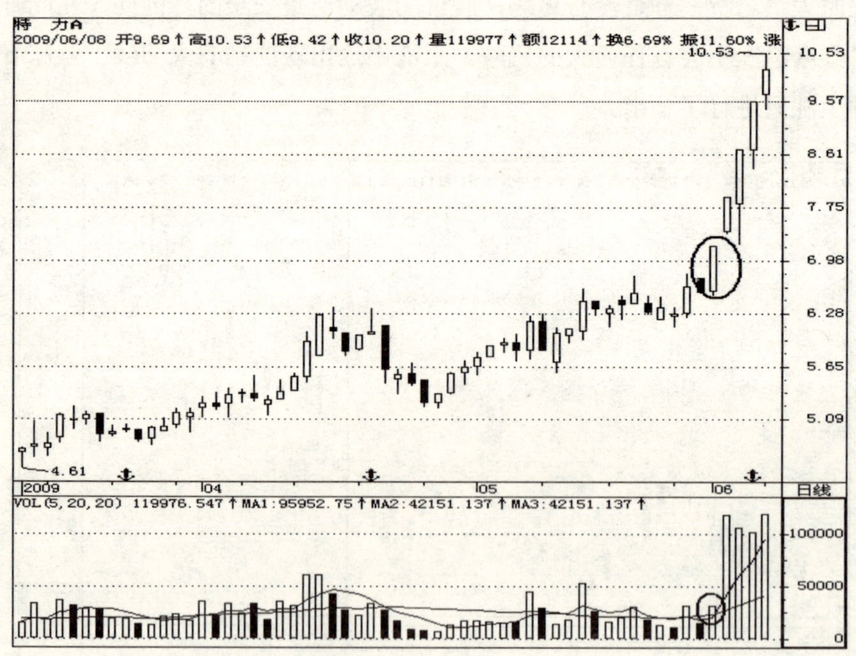

图 2-24

白云山 A(000522)：2009 年 10 月末走势图(图 2-25)

白云山 A(000522)2009 年 10 月末股价见底后，经过一段时间的缓慢上涨，收出了第一根涨停大阳线，这一根大阳线的出现，起到了促使股价强势上涨的作用，在股价刚刚加速上行的时候，投资者应当积极地进行追涨操作。

第一根涨停大阳线出现后，股价第二天继续涨停，但是，第二天的涨停却非常具有分析意义，因为相比第一天的涨停，第二个涨停大阳线成交量大幅减小。股价连续两天涨停以后，必然会有一些资金因为短时间便取得较大收益而选择出局，如果持有这种观点的投资者较多，成交量必然会随之放大，但是，量能却在这一天萎缩，这说明盘中资金持股心态非常稳定，谁也不愿意在股价上涨的途中卖出股票。

场中的资金坚决看多，这为股价后期进一步上涨提供了动力，在这种情况下，已买入的投资者应当继续持股，因为钻石大阳线的出现说明主力资金并未离场，而空仓的投资者则应在钻石大阳线出现后积极建仓，因为钻石大阳线的出现意味着股价当前的上涨行情只进行了一半，后期还将会有进一步的上行。

无论是股价的低位还是上涨中途，钻石大阳线的量能特征都是一致的，无论处于什么位置，低迷的成交量完全限制了主力资金的出货，或是主力资金根本不想在此时出货，只要主力资金不离场，股价无论如何上涨都是安全的。

白云山A
2009/11/18 开15.00↑高16.65↑低14.81↑收16.11↑量1133949↑额180088↑换24.18% 振12.1
16.65
15.14
13.63
12.26
11.04
9.93
8.94
8.05
7.24
7.09
2009
10
11
日线
VOL(5,20,20) 1133949↑MA1:1029387.875↓MA2:453161.594↑MA3:453161.594↑
100000
50000
X10
0

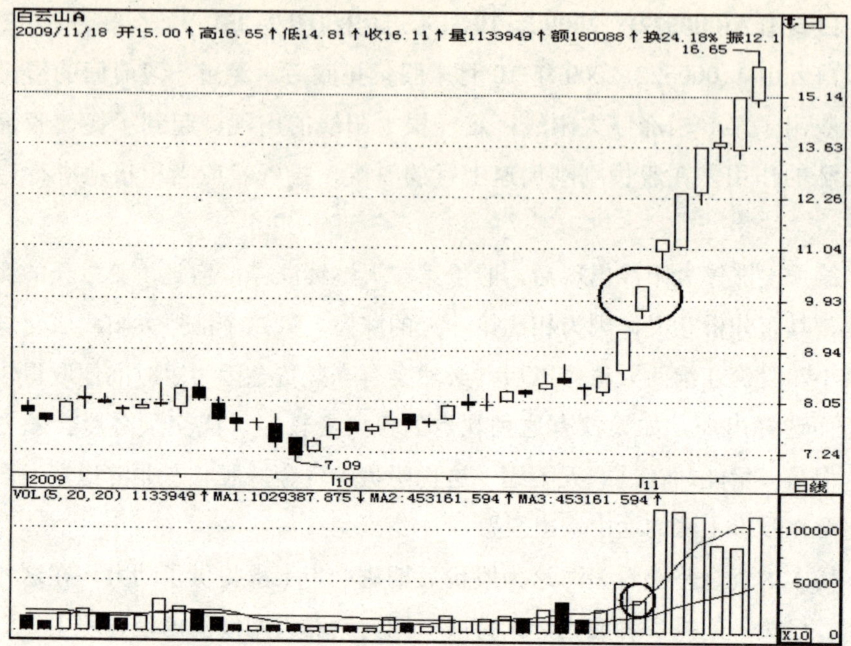

图 2–25

第五节　涨停无量震荡

在正常情况下，如果某天收出一根涨停大阳线，第二天无论股价是大幅上涨还是出现调整，成交量都很容易出现放大的现象。这是由于涨停的出现使当前介入的资金全部实现盈利，这必然会导致一定量获利抛盘的出现，同时，涨停大阳线的出现可以使得股价强势特征得以体现，从而也会吸引场外资金入场操作。短线获利盘的出局与场外资金的介入是导致量能放大的主要原因。

但是，有一类个股在股价涨停以后却并未出现放量，而是在调整过程中连续缩量。这说明了什么问题呢？这往往意味着主力资金持股数量较多，这些资金只要不进行积极的操作，成交量就不会明显放大，或是场中各类资金对后市均高度看好，因此不会轻易卖出，没有大量的抛盘出现，就算场外买盘再多，在缺少交易对手的情况下，量能往往不会放大。

在股价短线大幅上涨并在后期调整过程中出现缩量，这其实是一种非常好的现象，虽然股价的上涨带来了盈利的机会，但萎缩的量能却可以限制住主力资金的出货行为，不管此时主力资金压根不想出货，还是想要进行出货，在萎缩的量能之中，巨大的持仓数量不可能轻易出局。这样一来就提高了股价波动的安全。

英力特(000635)：2009 年 7 月走势图(图 2–26)

英力特(000635)2009 年 7 月主升浪的到来是以一根涨停大阳线的出现为标准的，第一根涨停大阳线起到了突破前高点压力以及促使强势上涨行情出现的作用。凌厉的突破形态往往会促使股价在后期强劲上涨。

第二个涨停板出现以后，股价形成调整走势，此时的调整属于空间台阶 K 线形态，这意味着股价当前的上涨仅仅进行了一半，投资者应当在此时继续持股或是择机加仓。

在股价调整的过程中，成交量连续出现萎缩状态，对比股价涨停时的放量可以确定：放量上涨是资金的建仓行为，而调整无量则说明介入的资金并未在此时进行出货。资金不在当前区间进行出货操作，那就意味着这个区间并非顶部，因此，股价的波动安全性很高。

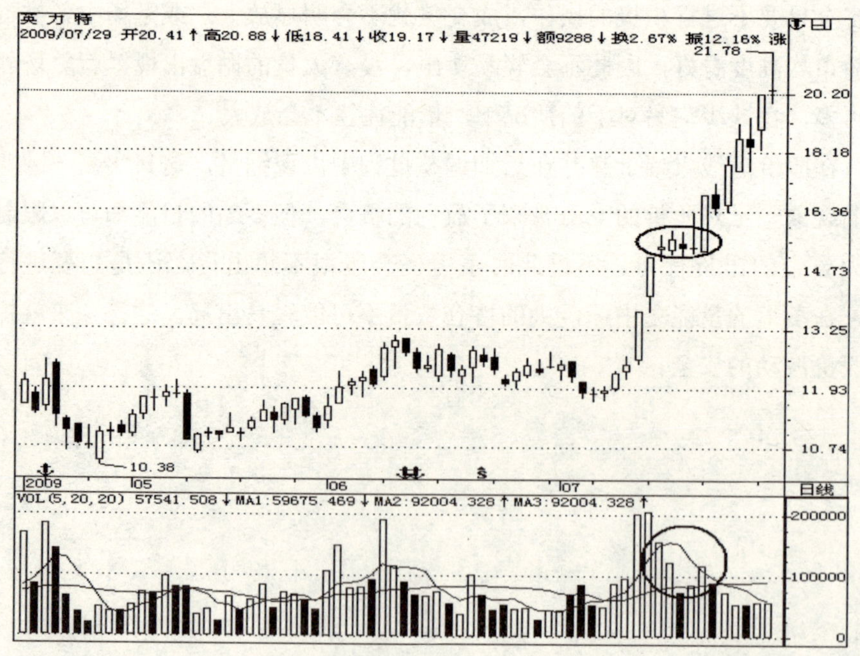

图 2–26

中国嘉陵(600877)：2009 年 11 月走势图(图 2–27)

中国嘉陵(600877)2009 年 11 月股价见底以后，形成小幅波段上涨的走势，第二次调整结束后，一根涨停大阳线出现，它的出现突破了前期高点重要压力，这往往是一轮上涨行情到来的信号。

涨停大阳线出现以后，股价连续几天调整，在调整区间，成交量连续萎缩。当前位置，不仅低点买入的投资者已实现盈利，就连前期高点的投资者也全部处于解套或是盈利状态，这种情况下成交量不仅没有放大反而出现了连续的萎缩，这说明主力资金已经完全掌控了局面，只要主力资金不出货，成交量便不会放大。

股价涨停以后出现缩量调整，意味着已建仓的资金持仓心态稳定，不愿轻易卖出手中的股票，这对于股价未来的上涨会起到很好的促进作用，面对这种走势，投资者应当继续持股或是积极加仓。

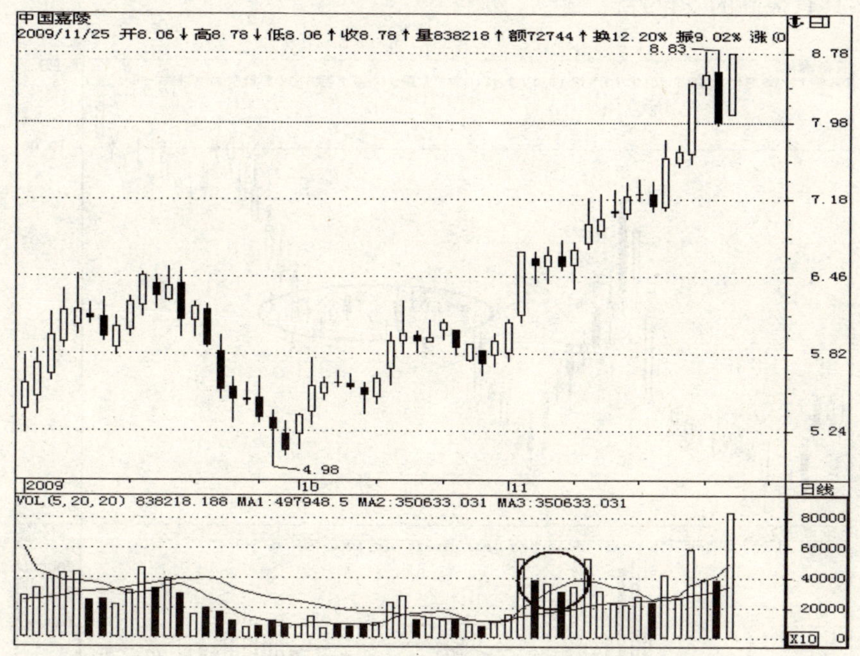

图 2–27

通富微电(002156)：2009年10月走势图(图2-28)

通富微电(002156)2009年10月短线连续下跌以后，一根涨停大阳线的出现意味着下跌行情的结束，同时，也要求投资者一定要对当前的股价波动留意，因为获利的机会往往就在眼前。

涨停大阳线出现以后，形成了连续调整的形态，调整的低点受到了涨停大阳线实体三分之一以上部位的强劲支撑，这是标准的空中台阶K线形态，它的形成说明股价的上涨并未结束，目前股价所处的位置仅是上涨的中期阶段。

在连续调整的过程中，成交量始终保持着萎缩的状态，股价调而不跌说明背后暗中有资金在做支持，而成交量在股价短线大涨后萎缩，则说明场中的资金持仓心态稳定，如果后期没有操作机会，那些精明的主力资金必然会在此时择机卖出股票，但是见不到资金离场的信号，这说明当前股价的波动依然具有很高的安全性。

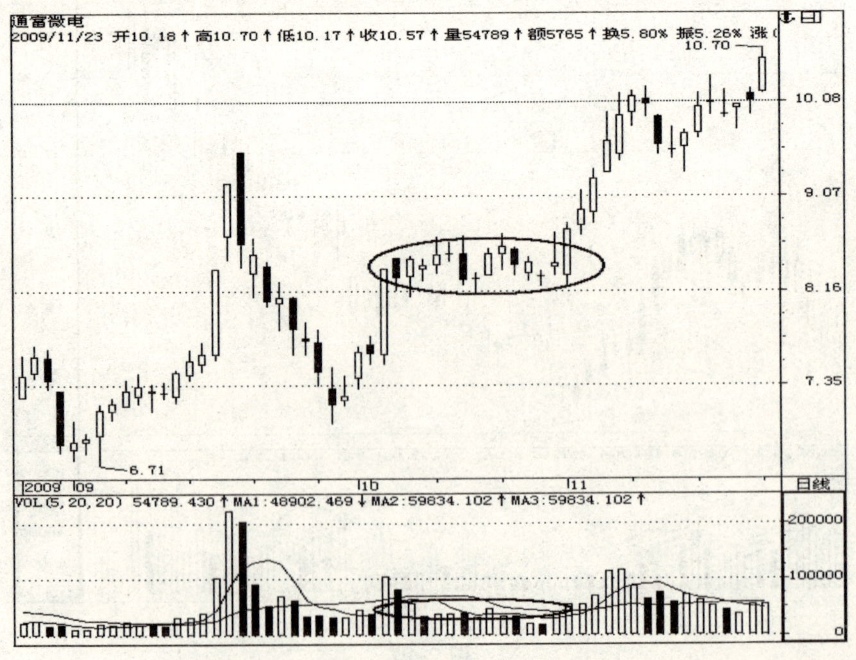

图2-28

国恒铁路(000594)：2009年10月初走势图(图2-29)

国恒铁路(000594)2009年10月初股价形成双底形态后，于第二轮短线回落的低点处收出了一根涨停大阳线，这一根大阳线的出现使股价的底部形态变得非常明确。

在大阳线的带动下，股价见底以后并未马上上涨，而是形成了调整的走势，但此时的调整波动重心却保持着持续向上的态势，这体现了多方力量的强大。同时，在调整区间成交量始终保持着萎缩的状态，量能萎缩说明场中抛盘数量并不多，这对于刚刚形成的上升趋势有极大的好处，只有抛盘较少股价上涨才不会费劲。

如果将涨停大阳线以及后期的无量调整合并成一根K线，那么这根K线将具有钻石大阳线的技术特征，在股价大涨以后萎缩的量能往往是一种股价波动安全性很高的信号。

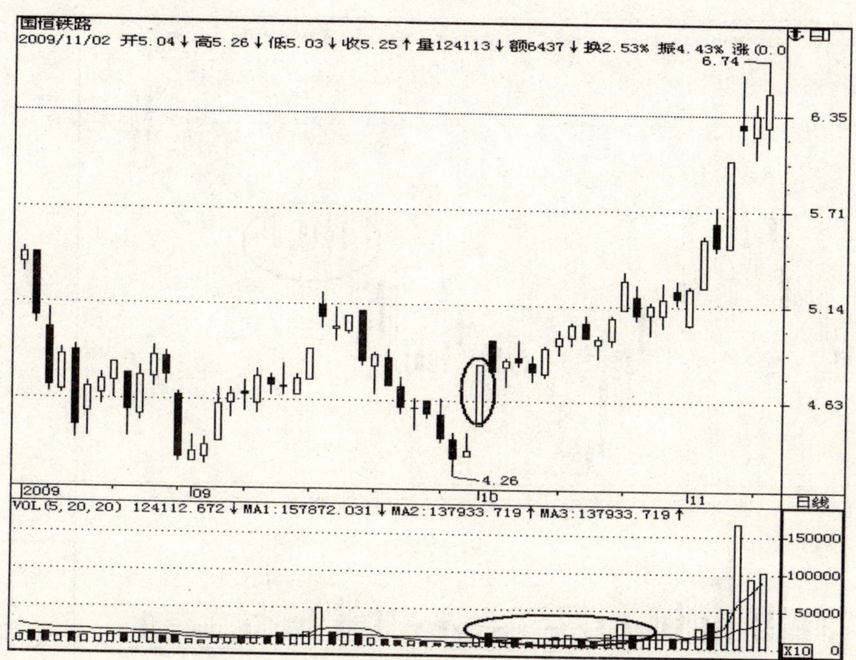

图2-29

黑猫股份(002068)：2009 年 10 月末至 11 月走势图(图 2–30)

黑猫股份(002068)2009 年 10 月在经过一次短线调整后，收出一根涨停大阳线，它的出现使得近期的震荡上涨行情变得更加明确，行情至此有完全扭转趋势的迹象，投资者应当密切关注。

第一根涨停大阳线出现后，股价连续调整两天，在调整过程中成交量明显萎缩，第四天再度收出一根涨停大阳线，此时形成了红双喜 K 线组合，这进一步增加了股价后期上涨的必然性。

第二根涨停大阳线出现后，形成短时间横盘震荡的走势，在调整区间成交量继续保持萎缩状态，连续两天涨停大阳线出现以后，成交量依然稳定，这显示了场中资金做多的坚决态度，不实现较大的盈利不会轻易卖出股票。同时，量能的稳定对投资者来讲也会使操作变得简单，只要不见到异常巨量或是大阴线出现，便可以安心持股。

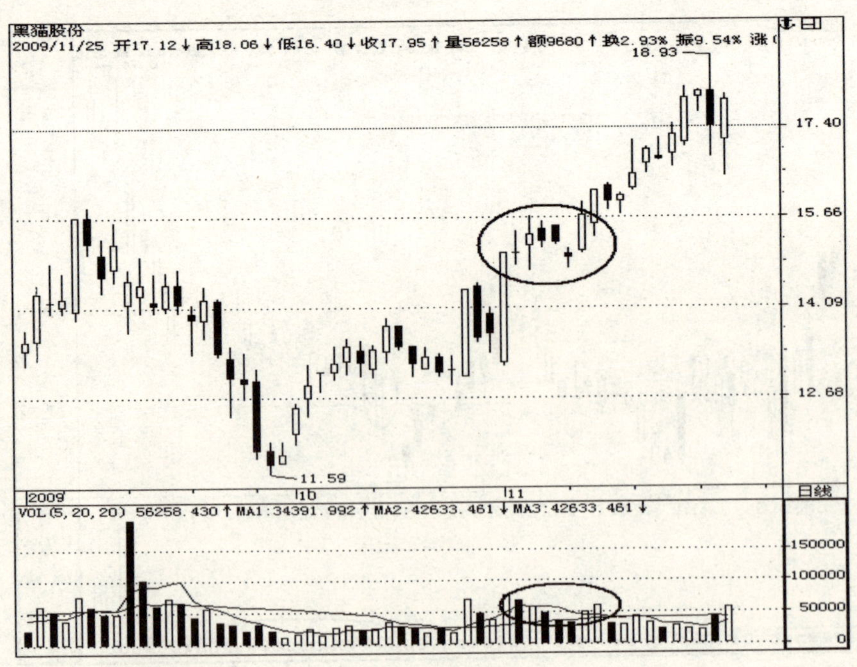

图 2–30

第六节　低吸阴线

股价形成上升趋势以后，总会有一些投资者错过了低点买入的机会，在这种情况下，就需要在上涨途中择机建仓，对于上涨中途的操作方法，本章已有讲解，比如利用红双喜K线组合、空中台阶K线形态、上涨中途出现的钻石大阳线或是涨停后的无量震荡方法进行买入。这些操作方法从某种意义上讲带有追涨性质，不见得符合所有投资者的操作要求。因此，本节内容再为各位投资者讲解一种在上涨途中进行逢低建仓的操作方法。

股价一旦形成明确的上升趋势，投资者一定要意识到：未来上涨过程中将很难出现大实体的阴线，因为在多头强劲的情况下，空方根本无力还击，所以，出现的阴线实体往往会比较小，所谓的低吸只是相对的，并不会有太好的极低的买入机会。如果股价真给了一次极低价位的买入机会，反而不见得是好事。

中泰化学(002092)：2009年11月走势图(图2-31)

中泰化学(002092)2009年11月形成低点抬高的双底形态以后，上升趋势变得越来越明确，同时，成交量的放大也说明了资金的入场，在这种情况下，股价未来上涨的概率将会增大。

在股价上涨的时候，有时会形成一些经典的K线组合或是K线形态，但有时并不会出现这些经典的上涨信号，在这种情况下，投资者就需要想办法利用上涨中途出现的阴线进行买入。

股价在突破10月中旬的小高点后，收出了一根小实体的阴线，阴线出现时，成交量明显萎缩，这说明当天的抛盘数量非常少，量能较小限制了巨资的离场，同时，小实体的阴线又反映了多方力量的强大，因此，这是一个比较合适的介入位。

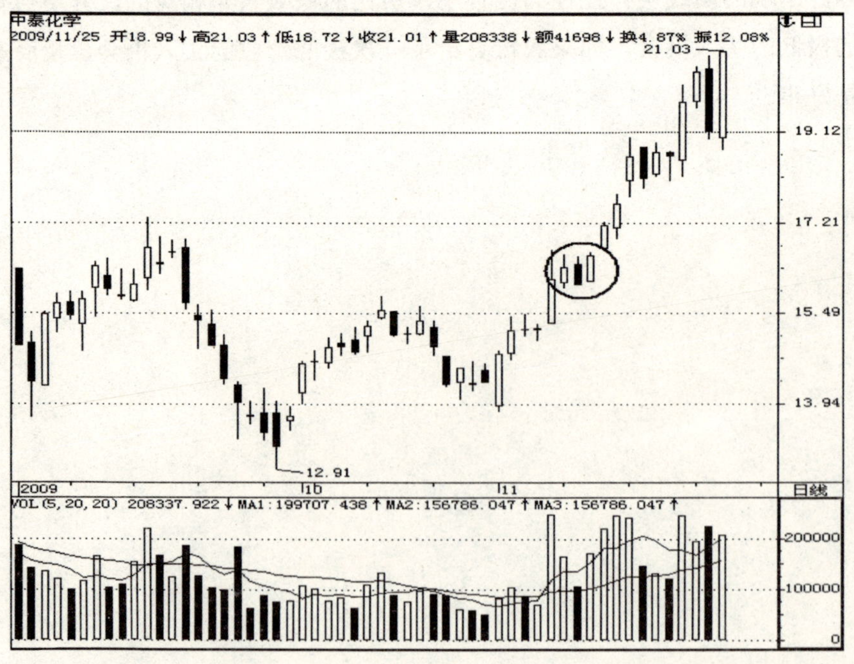

图2-31

好当家(600467)：2009年11月走势图(图2-32)

好当家(600467)2009年11月在上升趋势明确以后，阳线的数量开始不断增多，整个上涨过程中，仅出现了三次阴线，这种K线形态体现了多方的强大。在没有大阴线出现的情况下，小实体的阴线无法逆转整个上升趋势。

从上涨途中的走势来看，的确没有出现什么经典的K线组合或K线形态，这个时候，就需要利用股价上涨中途的调整走势进行建仓操作。第一次和第二次出现的阴线虽然位置不同，但它们却具备两个共性：与上涨的阳线相比，阴线实体极小，同时，成交量均出现了萎缩。量能的萎缩使得盘中获利的资金没有任何机会出局。或者可以说是场中的资金根本没有想在当前位置出局，只要目前股价的波动不具备资金离场的信号，上升趋势便会延续。

在上升趋势明确的情况下，对那些量能稳定的小阴线逢低买入，属于顺势而为的操作，实体较小的阴线无法阻挡大的上升趋势，同时，没有大量抛盘出现的阴线仅是多方的暂时休整。

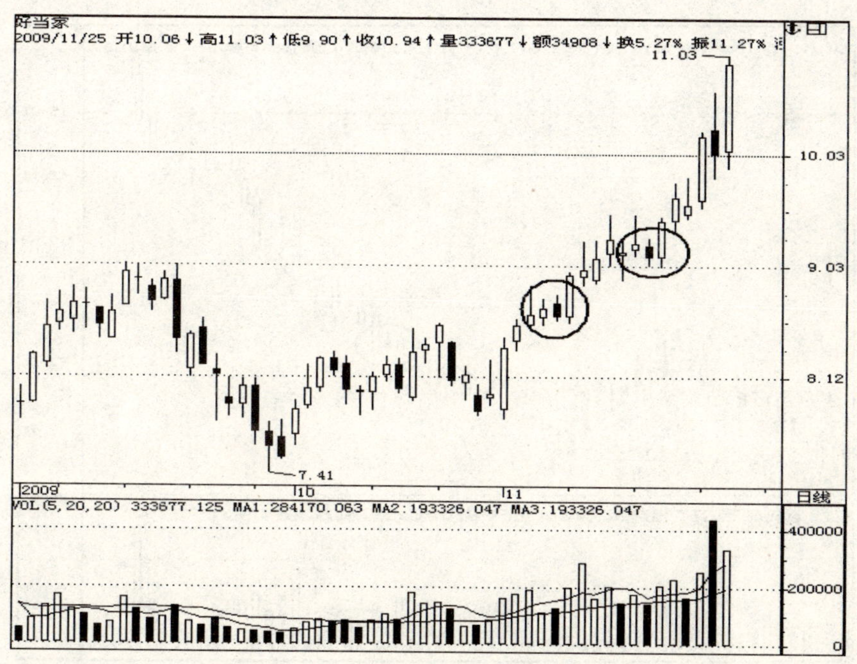

图2-32

三特索道(002159)：2009 年 10 月至 11 月走势图(图 2-33)

三特索道(002159)2009 年 10 月至 11 月上升趋势形成以后，K 线将会具备这样的技术特征：阳线的数量较多，阴线的数量较少，这反映了资金做多的积极性；阳线实体较大，阴线实体较小，这体现了多方力度的强大。

因此，在股价上升趋势已经明确的情况下，虽然可以在阴线出现时进行逢低买进，但不要希望股价会有较大的下跌，上升趋势形成时，真出现大实体阴线的话，虽然买入价较低，但上升趋势的性质却可能产生变化。所以，在股价上涨中途进行的逢低建仓操作，只能针对这些小实体的阴线进行。

在股价上涨初期以及上涨中期阶段，出现了多次小收出的阴线，虽然出现的位置各不相同，但是，这些小阴线都有一个共性：成交量均出现了明显的萎缩。阳线出现时成交量放大说明资金在积极介入，阴线出现时量能萎缩说明没有资金离场，这种量价配合形态是非常安全的，而在股价波动具备较高安全性的时候，投资者入场操作实现盈利的概率将会较大。

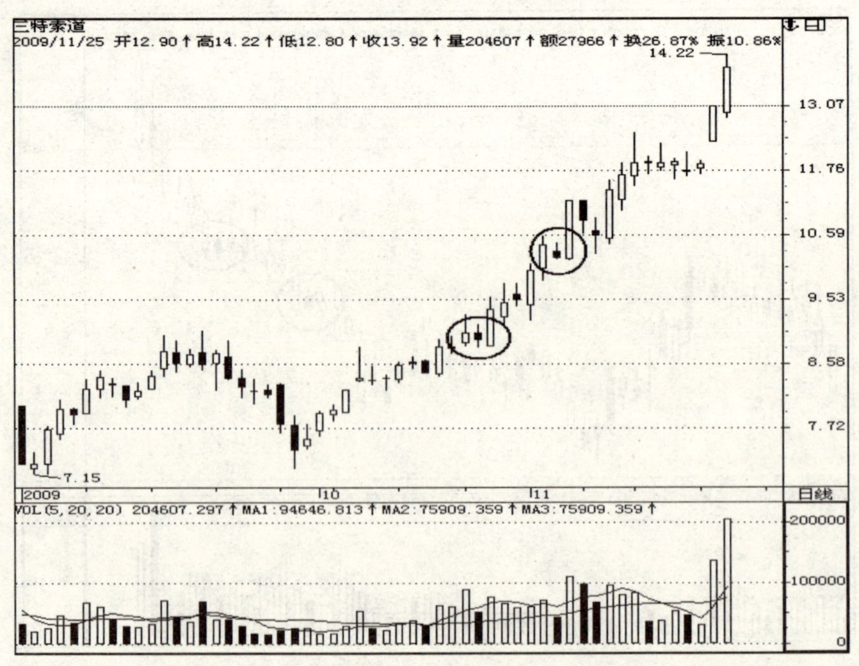

图 2-33

长征电气(600112)：2009 年 11 月走势图(图 2-34)

长征电气(600112)2009 年 11 月上涨中途股价出现了幅度较大的震荡行情，经过一段时间的调整后，股价放量创出新高，这意味着又一轮上涨行情的出现。突破新高的点位对于 11 月期间的行情来讲，就是最理想的介入位。

股价上涨至中途的时候，收出了一根代表下跌的阴线，这一根阴线出现的时候，成交量与调整区间的量能一致，为何场中所有成本的买盘都实现盈利的时候，却没有人愿意卖出股票呢？要么是投资者普遍看涨，惜售心态严重；要么是主力资金持股数量较多，只要主力资金不出局，成交量便不会放大。但无论是哪种原因，对股价当前的上升趋势都是有利的，因此，投资者可以在小阴线出现时考虑买进。

上涨途中并不是所有的阴线都可以逢低买入，投资者还需要适当关注一下股价的整体位置，在出现大幅度上涨以后出现的小阴线最好不要买进，以上涨初期或中期的小阴线为最好。同时，上涨过程中出现的大实体阴线投资者最好也不要轻易介入，因为大阴线往往是空方力度强大的信号，在空方力量增大的时候介入，安全性较差。

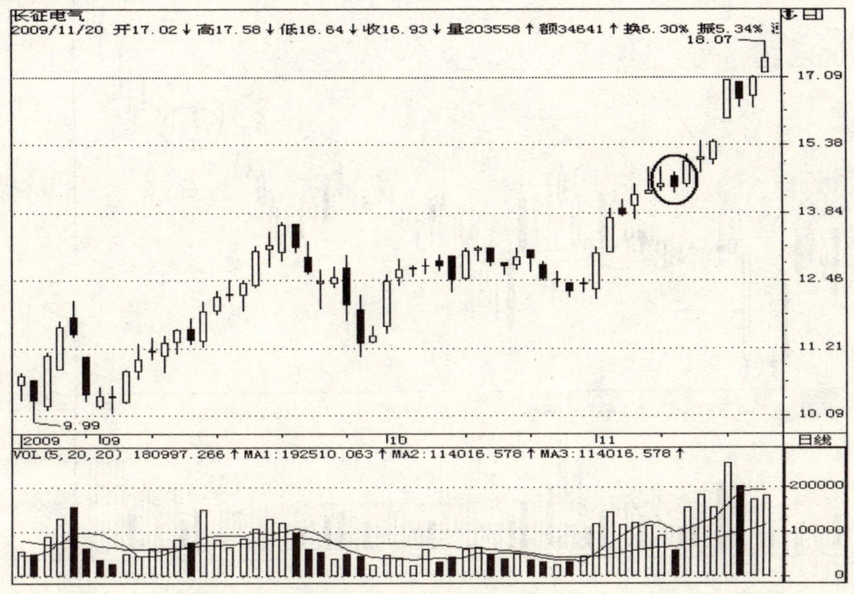

图 2-34

山鹰纸业(600567)：2009 年 11 月走势图(图 2–35)

山鹰纸业(600567)2009 年 11 月在成交量放大的推动下，股价连续上涨突破了前期的高点。由于突破位的量能非常稳定，所以在股价创出新高的时候，就是极好的买入时机。股价突破新高时对量能的要求是要连续且温和放量，异常巨量突破虽然也有涨的可能，但却不如稳定量能来得安全。

在股价上涨的中途，出现了连续两根阴线，这种走势可以进行逢低买入的操作吗？股价收出两根或是更多根阴线这都是次要的，只要阴线实体不大，成交量不萎缩就可以。阴线出现时，资金的进出性质更为重要。如果量能异常，一根阴线也就足以改变上升趋势，如果资金只进不出，就是连续收出十根阴线也没有什么问题。这两根阴线出现的时候，成交量也连续两天萎缩，上涨放量调整缩量预示着股价将会在后期继续上涨，所以，无论是在第一根阴线还是在第二根阴线处都可以逢低进行建仓的操作。再加上股价所处的位置并不高，因此，后期上涨的概率将会是非常大的。

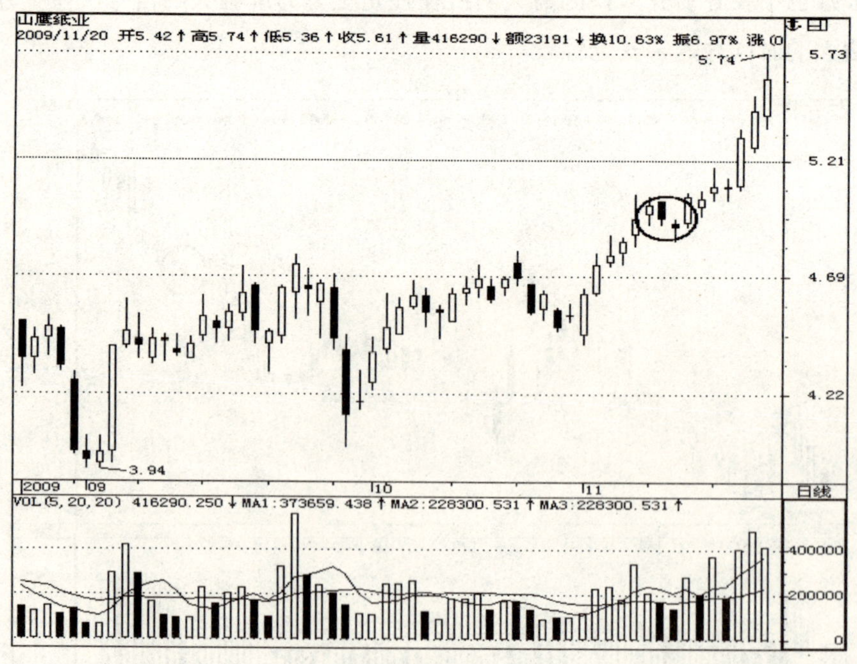

图 2–35

第三章

指标战法

技术指标是很多投资者在实战分析过程中会经常运用到的工具，每一个指标均可以反映一种市场状况，因此，投资者可以利用它们实现自己想要达到的操作目的。

各类指标没有什么好坏之说，因为它们只是客观地向投资者提示一种股价波动状态。在笔者看来，指标就好似一把宝刀，有的人用它纵横武林，有的人则用它切西瓜，会不会用、用得好不好，用全在投资者自己，而不在指标。

使用技术指标应当了解它适合于什么操作，适用于趋势性操作，还是适用于短线高抛低吸操作等，短线的指标不能用于中长线的操作，同时，中长线的指标也不适用于短线。搞清楚了指标的优点与缺点，使用起来才可以如鱼得水。

第一节 快马加鞭

快马加鞭操作方法使用的工具是移动均线，主要是 10 日移动均线，当然，这种方法的核心思路可以适用于任何周期的均线。

快马加鞭是指：股价处于强势上涨过程中出现调整时，调整低点触及 10 日均线便受到强大的支撑，从而结束调整再度上涨的走势。投资者可于低点明确得到支撑，并在盘中有起涨动作时择机介入。

西北化工(000791)：2009 年 11 月走势图(图 3-1)

西北化工(000791)2009 年 11 月期间股价出现了一轮上涨力度较大的行情，上涨过程中阳线连续出现，而阴线仅出现两次，这体现了多方力度的强大。

由于股价整体上涨速度较快，因此，使用快马加鞭方法选择逢低买入的机会较为合适。上涨途中股价出现了一次调整的走势，调整低点回落至 10 日均线处时便止跌回升。在大上升趋势确立的情况下，10 日移动均线将会对股价的调整起到强大的支撑作用。在此进行买入，一方面由于小趋势的回落产生了低点，另一方面顺应大趋势积极做多，因此，实现盈利较为容易。

10 日移动均线就好像是鞭子，抽打一下马背，马儿便可以跑得更快。在获得了 10 日移动均线支撑以后，股价同样也可以涨得更快。

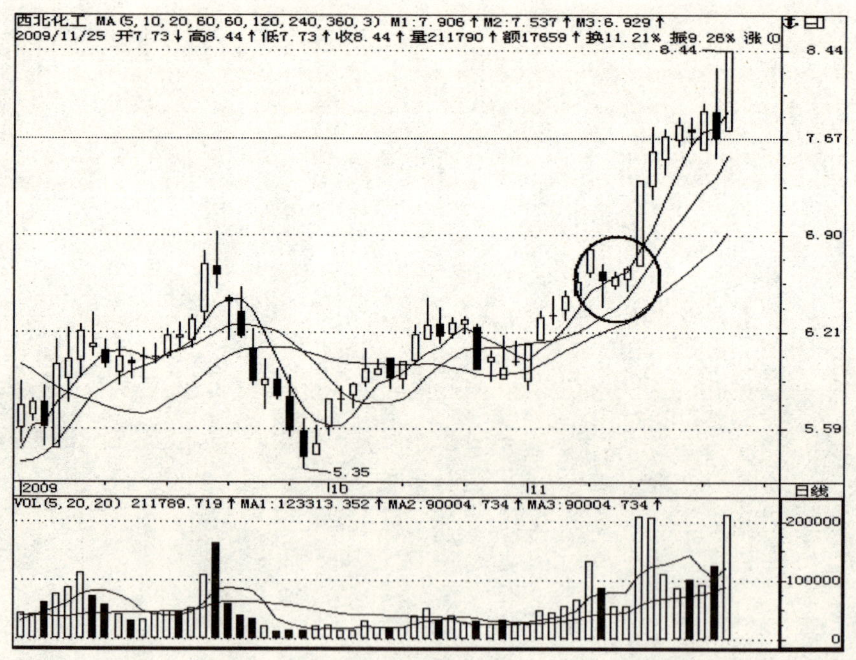

图 3-1

华帝股份(002035)：2009 年 11 月走势图(图 3-2)

华帝股份(002035)2009 年 11 月股价在上涨的过程中，成交量较为活跃，这说明资金在盘中积极地进行操作，这是股价形成强势上涨的根本动力所在。

在上涨途中，形成了两次快马加鞭技术形态。第一次股价跳空低开，但低点受到了 10 日均线的强大支撑，鞭子抽在马儿身上，马儿便快速向前跑，股价受到支撑后也迅速展开上涨。相隔时间不久，股价于盘中小幅调整时，低点再度到达 10 日均线附近，同样又一次受到支撑。

两次抽打以后，股价在后期产生了加速上涨的走势，在快马加鞭形态出现时进行操作，将会在较短的时间里实现较大的收益。

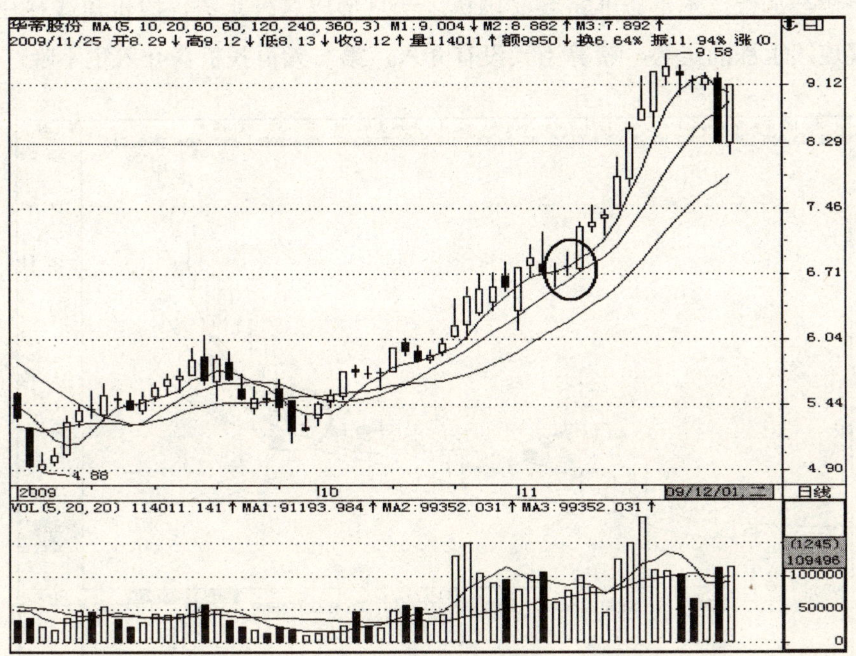

图 3-2

深天健(000090)：2009 年 11 月走势图(图 3–3)

深天健（000090）2009 年 11 月中旬股价于上涨途中形成了盘中调整的走势，调整的低点回落至 10 日移动均线附近时便受到了强大的支撑，从而结束调整，当天收出小阳线。

具体操作的时候，当股价回落至 10 日均线时可以适当地进行建仓，毕竟股价此时的波动性质属于调整，是否还有可能产生震荡是未知的，但因为上升趋势已经形成，因此，可以适当开仓。而一旦在快马加鞭形成以后，股价盘中有发力上攻迹象时，投资者就可以重仓进行操作，一方面股价的起涨证明了支撑的有效性，二来在上升趋势中股价又一次的发力上涨本身就是一种做多的信号。

快马加鞭技术形态非常容易确认，一旦形成这种走势，股价短线往往会出现连续上涨的走势，就算当天没有介入，第二天再找机会介入也不晚。

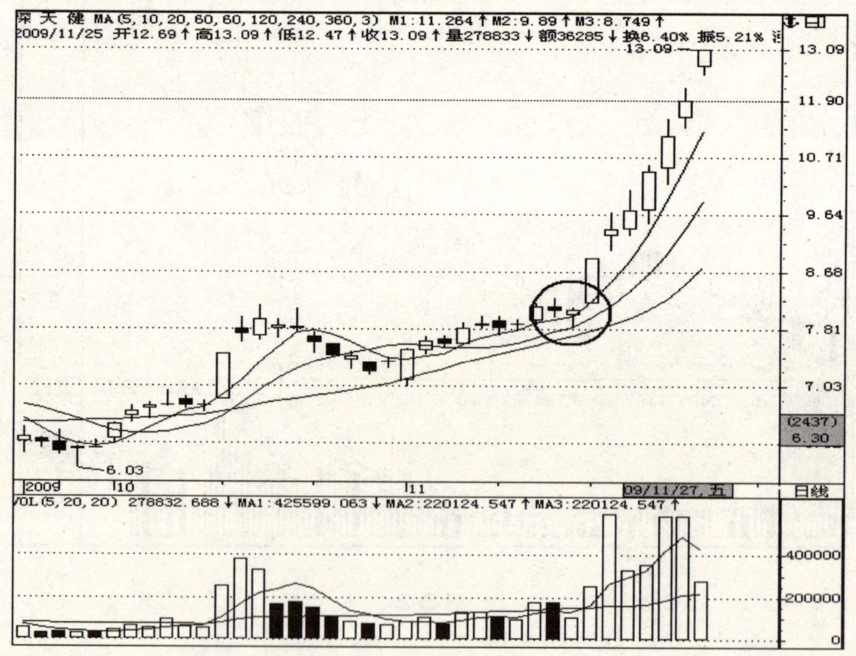

图 3–3

上海辅仁(600781)：2009 年 11 月走势图(图 3-4)

上海辅仁(600781)2009 年 11 月期间股价经过一波上涨以后，出现了调整的走势，这就好像是偷懒的马儿一样，总想着停下来休息，这怎么可以，那么，如何让马儿可以跑得更快呢？

想让马儿跑得快要给它吃的，而食物就是量能，同时，也需要不断地抽打它，只有这样马儿才能越跑越快。在股价上涨的时候，量能较为活跃，马儿不会被饿到，而想偷懒时(调整)，鞭子一扬(低点触及 10 日均线)，马儿又飞奔向前(快速上涨)。

股价大的上升趋势形成，往往会延续一段时间，中途出现的量价配合的正常调整对于投资者来讲，都将会是极好的低吸机会。利用 10 日均线的支撑作用作为买点所在，既可以找到股价调整的低点，又做到了顺势而为，可谓一举二得。

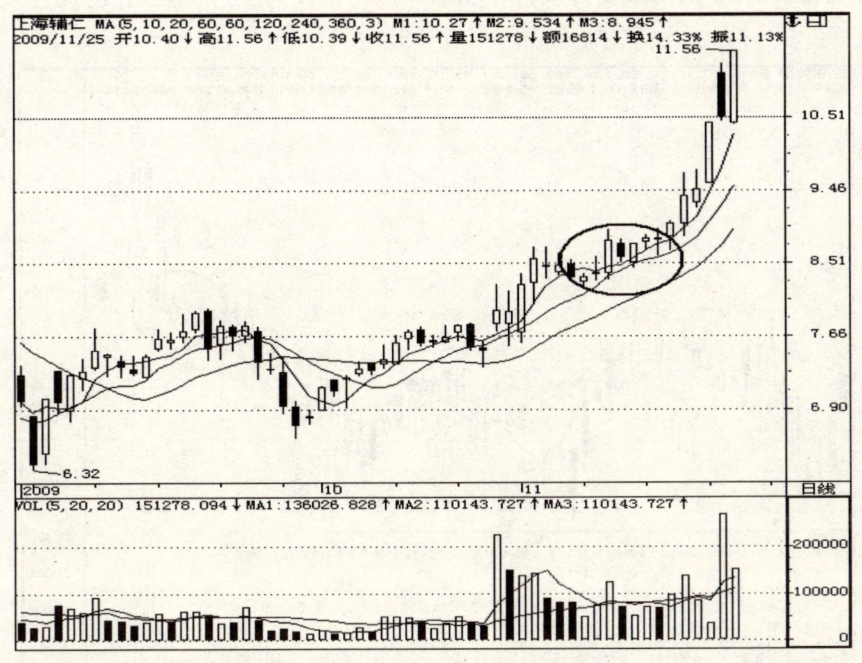

图 3-4

古井贡酒(000596)：2009 年 11 月走势图(图 3-5)

古井贡酒(000596)2009 年 11 月期间股价突破前期高点后，出现了调整的走势。价格上涨时成交量放大，调整区间成交量又连续萎缩，这说明量价配合非常健康，股价未来继续上涨的概率将会较大，投资者应当重点关注这种走势。

在股价调整的过程中，回落的低点均受到了 10 日均线的强大支撑，并且在受到支撑以后股价又马上形成上涨的走势，这种技术形态就是经典的快马加鞭走势。当股价想要停下来休息的时候，10 日移动均线犹如鞭子一样，一抽，这匹大黑马就又得继续向前飞奔。

快马加鞭的操作性质属于标准的短线，并且在形成这种走势以后，股价后期的上涨力度也往往会加快，如果对调整低点的支撑心存犹豫，投资者可以不去操作，但一旦股价后期盘中出现发力上攻走势时，就必须要积极地入场进行操作，10 日均线支撑发挥作用后，股价的发力上涨就是对支撑的回应。

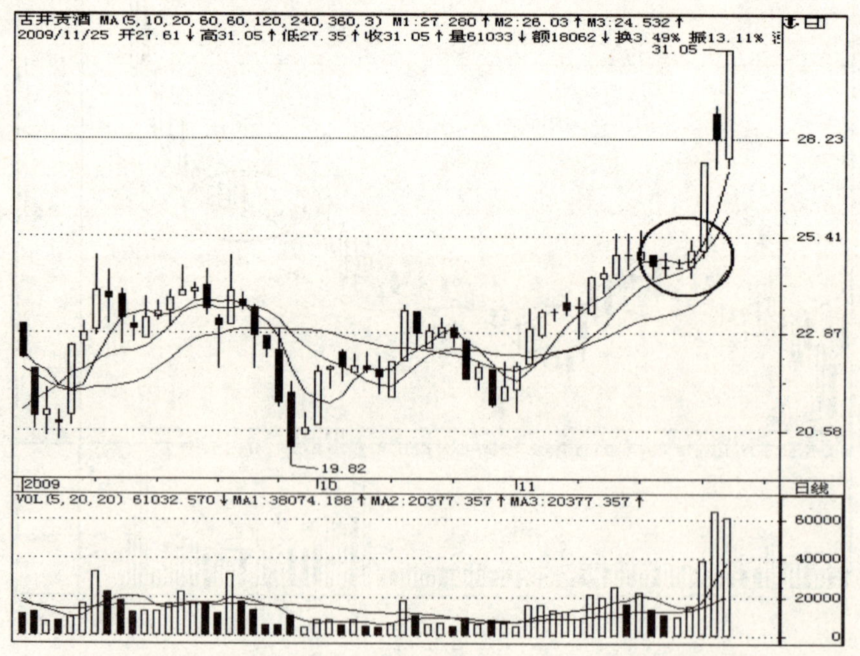

图 3-5

第二节　腾云驾雾

快马加鞭针对的是快速上涨的走势，腾云驾雾则针对震荡上涨行情。震荡上涨行情的特点为：每当股价上涨一定幅度以后便会出现回落，而当回落低点得到支撑以后，又将会再度上涨，而后多次重复上涨回落再上涨的走势。

腾云驾雾是指：股价上涨产生回落时，低点受到10日或20日移动均线的支撑(多见于20日移动均线)，而后再度上涨，经过一定幅度上涨后再次回落，回落低点仍然得到20日移动均线支撑，获得支撑后股价再度上涨。

在受到支撑并且股价有明显起涨动作时，投资者就可以入场进行操作。

华东电脑(600850)：2009 年 10 至 11 月走势图(图 3–6)

华东电脑(600850)2009 年 10 至 11 月期间股价形成了震荡上行的走势，每当上涨一定幅度以后，便会出现调整的走势，并且调整区间成交量连续萎缩，显示场中资金持股心态非常稳定，这有利于股价后期的进一步上行。

从图中的走势来看，股价于上涨途中的两次调整有一个共性，调整低点回落至 10 日均线处时便止跌回升。上涨调整、再上涨再调整，股价的上下起伏非常有动感，并且有规律，投资者只要于 10 日均线处进行操作，便可以把握住上升途中极好的低吸机会。

对于那些震荡上涨的个股来讲，在 10 日均线处受到支撑启稳是比较少见的走势，正常情况下 20 日均线的支撑现象更多一些。不过，如果市场中有依靠 10 日移动均线腾云驾雾的个股时，投资者还是不要操作依靠 20 日移动均线腾云驾雾的个股为好。均线周期越短，股价波动强势越明显。

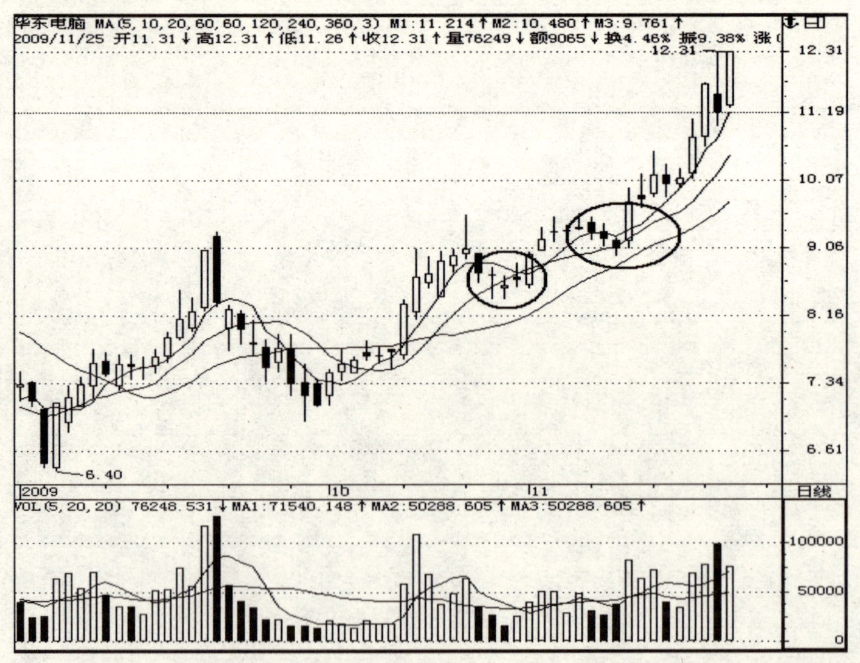

图 3–6

珠江实业(600684)：2009年10至11月走势图(图3–7)

珠江实业(600684)2009年10至11月期间股价整体形成了震荡上涨、而后加速上涨的走势。之所以前期震荡上涨是因为成交量的放大并不充分，而后期形成加速上涨时，成交量则连续放大，可以，量能的放大与否将会直接影响股价的上涨力度。

在震荡上涨的过程中，第一次的调整低点受到了20日移动均线的支撑，而第二次调整低点则受到了10日移动均线的支撑。从支撑效果来看，股价的波动中强势特征开始变得明显。这属于一种波动性质趋强的腾云驾雾技术形态。

20日移动均线就好像是空中的云朵，踩一脚有了动力便可以飞得更高，因此将其称之为腾云驾雾。其实无论是腾云驾雾还是快马加鞭都体现了上升趋势中移动均线有效的支撑作用。

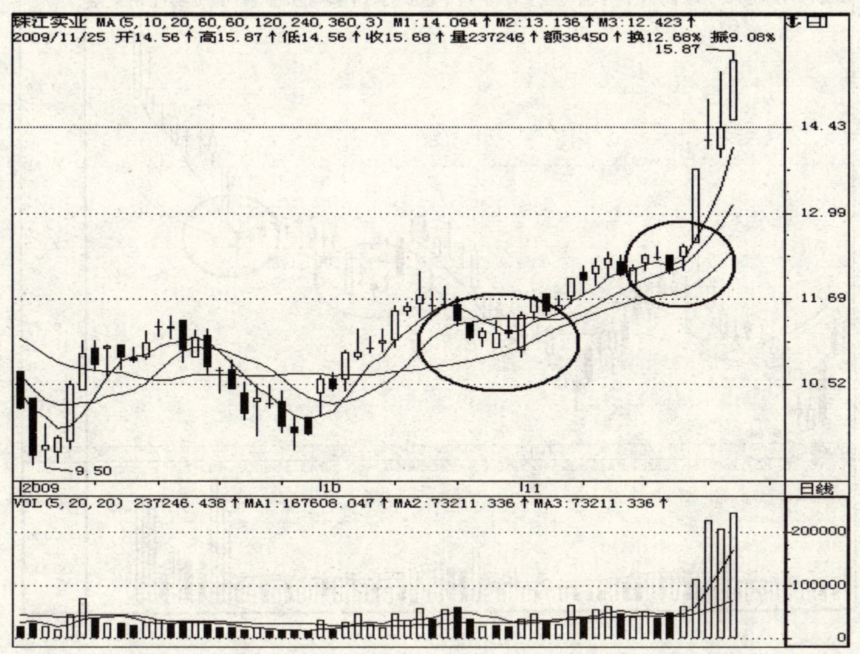

图3–7

苏州高新(600736)：2009 年 10 至 11 月走势图(图 3–8)

苏州高新(600736)2009 年 10 至 11 月期间股价在上涨的初期，由于成交量相对较小，所以，上涨的力度并不算太强，整体形态为震荡式上行。当股价出现震荡上行走势时，使用腾云驾雾方法进行操作将会取得好的效果。

在股价震涨的时候，出现的两次调整均受到了 20 日移动均线的支撑，并且在受到支撑后出现了上涨的走势，这种技术形态就是标准的腾云驾雾。当腾云驾雾形态出现时，激进一些的投资者可以顺应股价大的上升趋势于低点处进行建仓，而稳健的方法是在股价受支撑后盘中有明显起涨动作时入场建仓。

腾云驾雾并不会经常出现，往往只会出现两三次，而后将会形成加速上涨的走势，因此，股价所对应的位置仅是上涨的中期阶段。

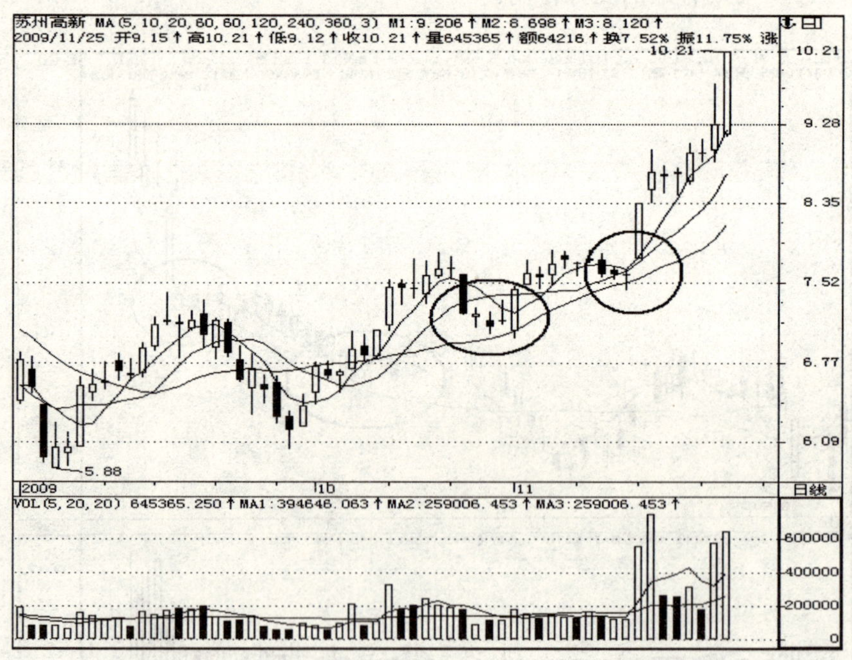

图 3–8

深华发 A(000020)：2009 年 9 至 11 月走势图(图 3–9)

深华发 A(000020)2009 年 9 至 11 月股价见底以后形成了震荡上行的走势，随着波动重心的不断提高，20 日移动均线形成了明确的上升趋势，这意味着股价中长线上涨行情的确立。

整体来看震荡上涨过程中腾云驾雾形态还是比较完美的，只不过这二次低点的走势略有一些变化。股价在此时回落时跌破了 20 日移动均线，但随后又快速上涨回升至 20 日均线上方，这种走势是均线支撑的一种变形，股价短时间的跌破并不要紧，只要后期可以快速起涨，依然可以视为均线发挥了强大的支撑作用。

当支撑形态发生变化时，投资者就不能过于积极地在低点处进行操作，而是应当在股价有回升迹象时进行买入，以此防止股价有可能进一步走弱。

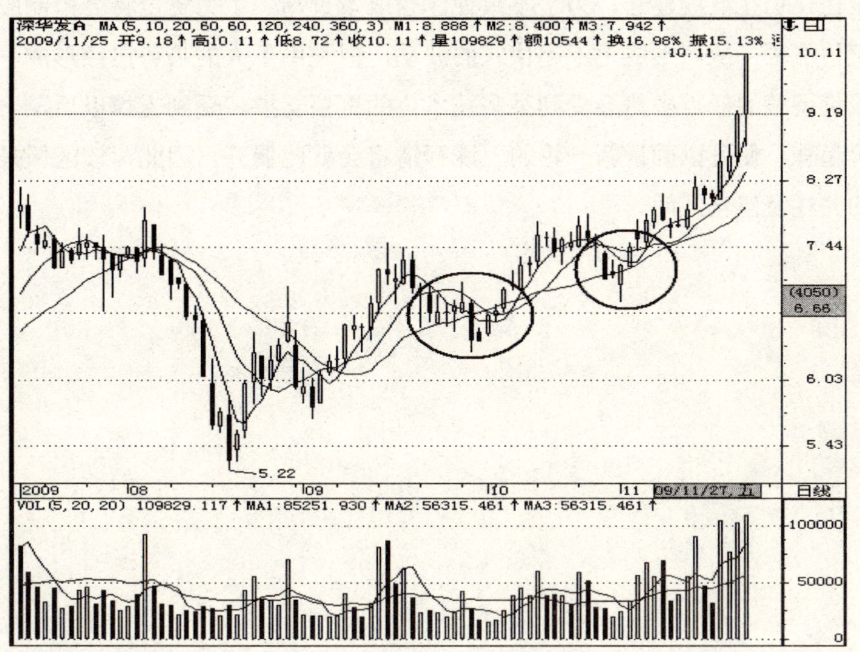

图 3–9

卫士通(002268)：2009 年 9 至 11 月走势图(图 3-10)

卫士通(002268)2009 年 9 至 11 月股价以较大波段的震荡形态展开上涨，无论是小形态的震荡上涨走势还是大波段的震荡上涨走势，腾云驾雾均可以提示出较理想的介入位。

股价见底上涨后第一次调整时，成交量出现了连续萎缩的现象，这说明资金并未在此进行出货操作，量能的变化提高了股价波动的安全性。而第二次调整出现时，成交量也形成了整体萎缩的迹象，这说明股价虽然又达到了一个高度，但资金依然没有大规模离场。在股价调整的过程中，低点均受到了 20 日移动均线的支撑，这符合了腾云驾雾的技术要求。一旦调整结束股价再度起涨时，便可以入场进行操作。

腾云驾雾之所以常出现于股价上涨的初期或是中期，就是因为这个时候资金往往仍在继续建仓，为了不致使建仓成本过高，主力资金将会控制股价的整体涨幅，从而形成上下起伏式的波动，但是由于大的趋势已经形成，所以股价调整的低点必然会受到某些技术位的重要支撑。受到支撑以后，一旦股价起涨，便可以确认新一轮的上涨行情将会就此展开，因此，该区域是较好的关注及建仓区间。

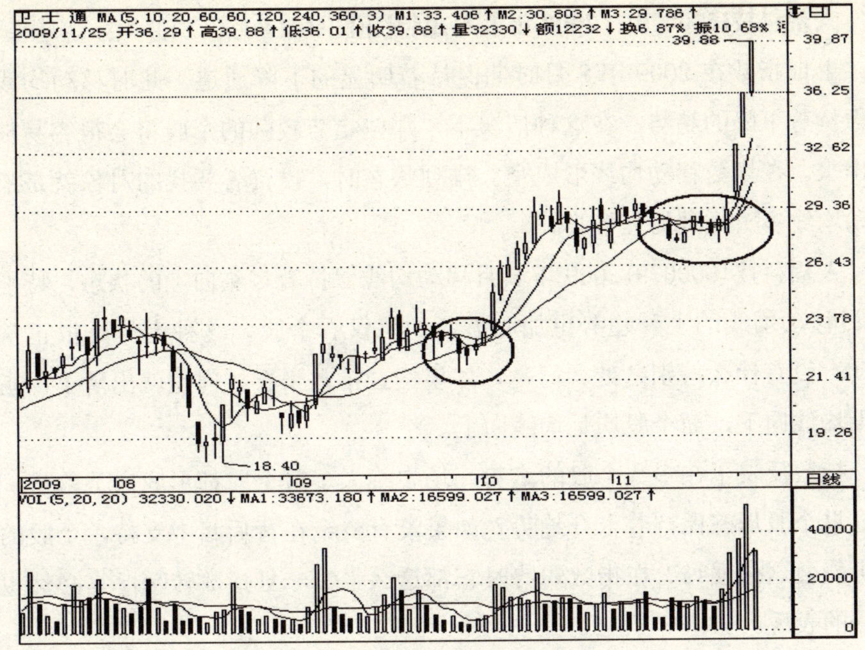

图 3–10

第三节　领跑英雄

强势股除了要具备涨得多、涨得快等特征以外，还需要具备领先性，也就是说要具有先于其他个股上涨的能力。在指数低迷时，那些敢于提前上涨的个股，必然得到了大量资金的支持，指数弱势时表现良好，那么，一旦指数形成上行趋势，这类个股也往往会有不错的表现。

领跑英雄的技术特征为：

(1)指数处于低迷状态，移动均线空头排列；

(2)个股股价率先起涨，移动均线多头排列；

领跑英雄需要将指数同期的走势作为参照，将个股的移动形态与指数的均线形态进行对比，那些先于指数形成上升趋势的个股，投资者都需要在后期行情中进行高度的重视。

人福科技(600079)：2009 年 8 月走势图(图 3-11)

上证指数在 2009 年 8 月时期保持着明显的下降通道，此时移动均线必然保持着下降的趋势，在这种情况下，那些走势较强的个股将会很容易被挑选出来。在指数移动均线形成空头排列状态时，投资者要找的对象就是那些移动均线多头排列的强势股。

人福科技(600079)2009 年 8 月移动均线保持着多头向上的状态，特别是 20 日移动均线的上升趋势更加明显。如果仅看个股，这种走势是很正常的波动，没有什么特别之处。但是，如果结合指数来看，问题就出现了，指数同期均线向下，而个股均是均线向上。

指数反映了在多数个股的走势，场中绝大多数个股都形成向下趋势，为何这只个股形态保持着上升趋势？如果没有资金在背后暗中支持，个股的走势可能会这么强吗？在指数弱势时它都这么强，一旦指数转暖，它必然也会有好的表现。

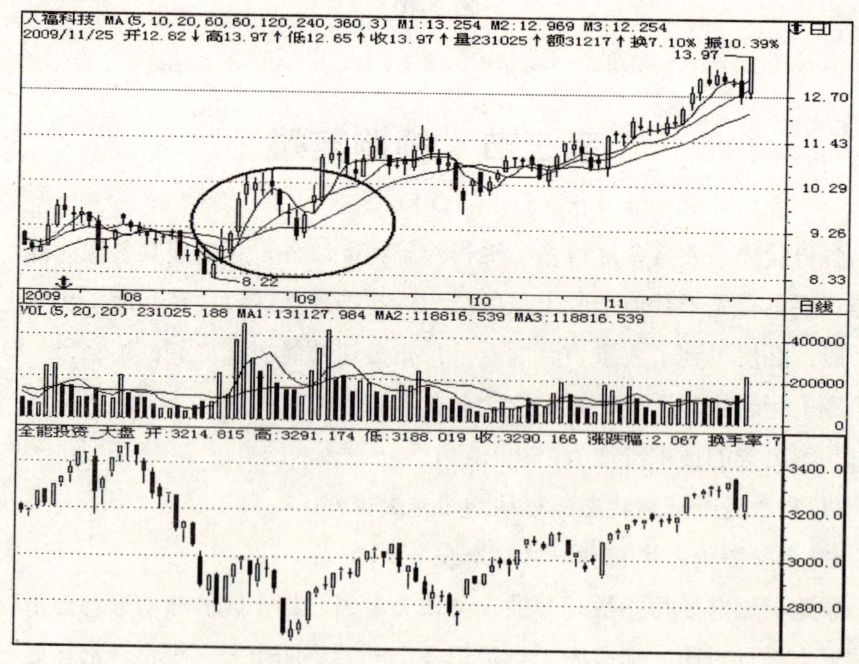

图 3-11

天士力(600535)：2009 年 8 月走势图(图 3–12)

天士力(600535)2009 年 8 月期间由于股价波动重心不断上移，均线整体保持着上升的趋势，特别是反映中长期趋势的 20 日移动均线更是明确向上。均线向上体现了股价大的方向，这本身是正常的走势，但不怕不识货，就怕货比货。

如果将个股的走势与指数的走势进行对比便可以看到，个股的走势真的是太强了。指数连续大跌创新低，但是个股的跌幅却非常小。指数的均线保持着下降的趋势，但个股的均线却是向上的。

从历史走势来看，提前于指数见底的个股，后期往往都会有非常不错的表现。敢于领跑必然有实力。

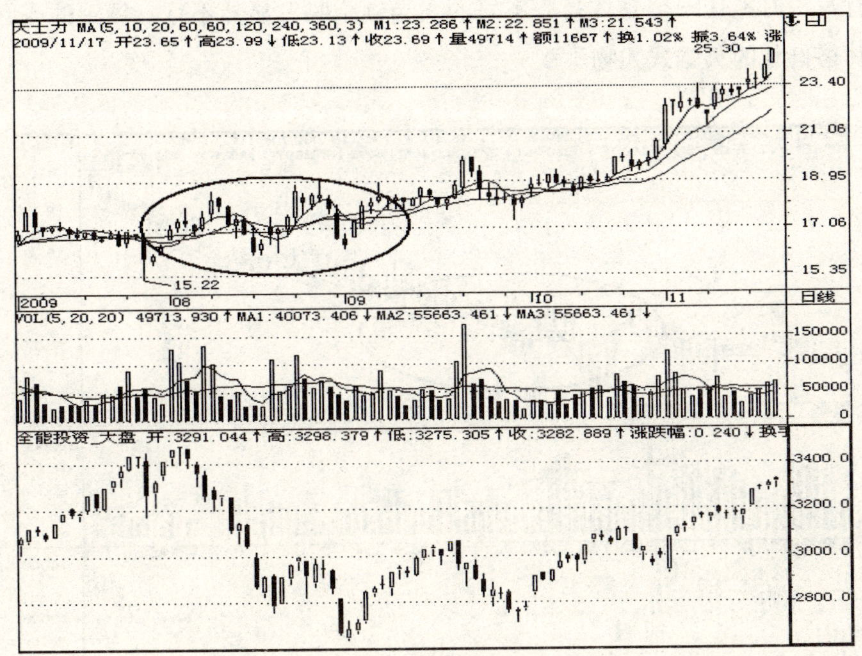

图 3–12

华东医药(000963)：2009 年 8 月走势图(图 3-13)

华东医药(000963)2009 年 8 月期间受到指数连续下跌的影响，个股也形成了短线下跌的走势，但相比指数的跌幅显得非常少。在指数又一次创新低的时候，个股的低点却形成了抬高的迹象。

由于股价的波动重心并未下移，因此，反映中长周期的 20 日移动均线依然保持着上升的趋势，这与指数当前的下降趋势完全相反。为何个股在此时能够抗住指数的下跌而逆水行舟呢？很显然，在盘中操作的主力资金根本不想给投资者留下好的低吸机会，更主要的是场中的主力资金不希望股价的大幅下跌给自己造成背动的局面。

领跑英雄技术特点最明显的就是个股均线先于指数均线形成上升趋势。进行长跑时能让一个身体素质不好的人当领跑吗？显然不行，领跑的人必须是体格健壮的英雄式人物。

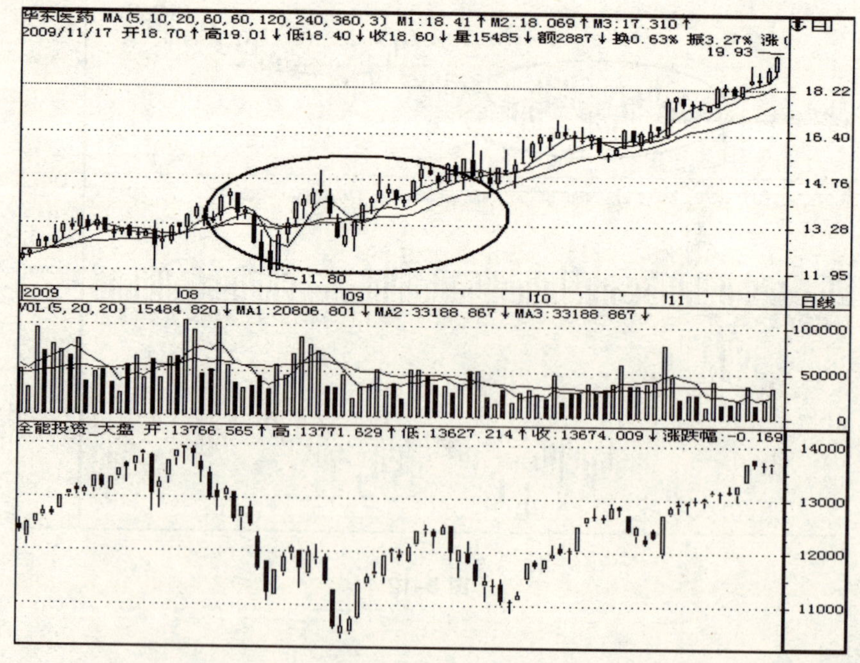

图 3-13

江中药业(600750)：2009 年 8 月走势图(图 3-14)

江中药业(600750)2009 年 8 月期间在指数连续暴跌的情况下，个股却形成了放量上涨的走势，从后期走势来看，这一期间的波动形态是很明显的底部。同时，在指数均线向下的时候，个股的均线却是不断向上的，非常明显的领跑英雄技术形态。

在指数大幅下跌的时候，投资者必然会选择卖出手中的股票，这对主力资金来讲有了非常好的建仓机会，但是，如果主力资金实力较小也是不敢在此时建仓的，没有大量资金作为后盾，股价将很容易产生下跌。敢于在指数暴跌时建仓，一则说明资金实力雄厚，二则说明资金目光高远，确信未来必然会有行情。

对于这样自信的资金，投资者一定要跟随它们进行操作，而找到这些资金最好的方法就是使用领跑英雄技术，在指数均线向下的时候，那些均线向上的个股都会给投资者带来理想的收益。

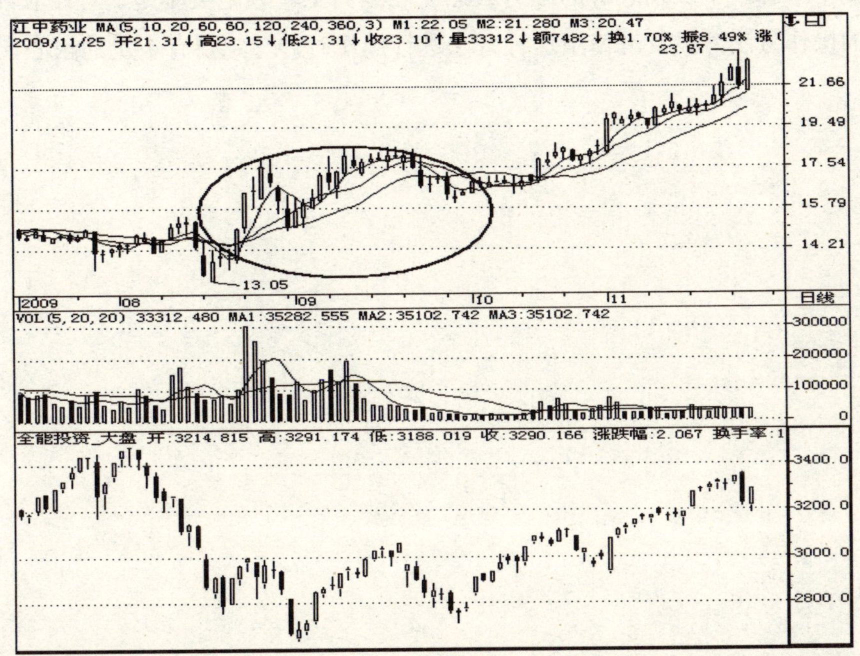

图 3-14

***ST 科苑(000979)：2009 年 8 月走势图(图 3-15)**

在正常情况下，笔者不建议投资者对 ST 类个股进行操作，因为这些个股基本面的确太糟糕，并没有太多的投资价值。但是，如果仅从技术走势来讲，ST 个股之中也将会存在获利的好机会。当然，如果投资者的操作模式属于稳健性质的，无论何时 ST 类个股都不碰为宜。

*ST 科苑(000979)2009 年 8 月期间由于波动重心的不断向上，移动均线形成了多头排列的走势。但是，此时指数的趋势以及均线均保持着下降的形态，对比个股与指数同期均线的方向，英雄领跑技术特征完全满足。

ST 类个股在正常市场中都容易被投资者所抛弃，在指数下跌过程中更是如此，但这只个股却偏偏形成了强势的特征，试想一下，指数暴跌时哪位普通投资者敢买入 ST 类个股？那么好，投资者不要的未必主力资金不要。逆势走强必然背后有资金在暗中支持，虽然是 ST 股也有可能成为香饽饽。

单从技术上而言，无论是 ST 类个股还是正常个股，只要形成了领跑英雄技术形态，中长期股价的趋势必然会连续向上。领跑英雄是一种中长线性质的操作方法，投资者使用这种方法进行操作时，一定要有十足的耐心。

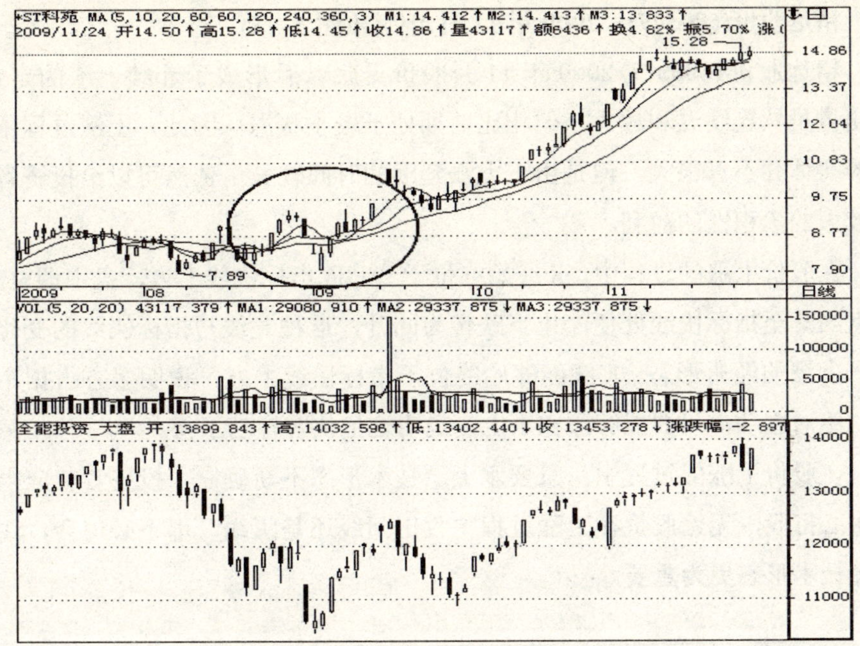

图 3-15

第四节　水上漂

水上漂是股价强劲上涨过程中一种常见的技术形态，所使用的指标为趋势性指标 EXPMA，该指标可以有效地追涨股价的涨跌趋势，非常适合于趋势性投资者使用。

水上漂的技术特征为：股价形成上升趋势以后，K 线始终位于 EXPMA 指标快线上方进行波动，并不会出现跌破 EXPMA 指标快线的现象。这种技术形态向投资者发出了两种信号：一是股价当前的波动强势特征明显，投资者不宜过早卖出；二是当前上升趋势已非常明确，投者应当积极大胆地进行做多操作。

精达股份(600577)：2009 年 11 月走势图(图 3–16)

精达股份(600577)2009 年 11 月股价见底以后形成了连续上涨的走势，成交量虽然连续温和放大，但相比前期处于较小状态，因此，上涨过程中阳线的实体并不算很大，但是由于上涨延续的时间较长，依然可以给投资者带来较大的累积性的盈利。

在股价上涨的过程中，K 线始终位于 EXPMA 指标快线上方，盘中调整时，低点回落至指标快线处便停止下跌转为回升，这种 K 线与指标快线的变化就是水上漂的经典形态。K 线能够始终位于指标快线上方，说明多方占据市场中的绝对主动，只要能够漂在水上，说明这位侠客轻功了得。

在股价上涨的过程中，只要水上漂技术形态不断确立，投资者就应当始终耐心持股，无论股价在上涨过程中收出阳线还是阴线，都不必理会，注重整体技术形态更为重要。

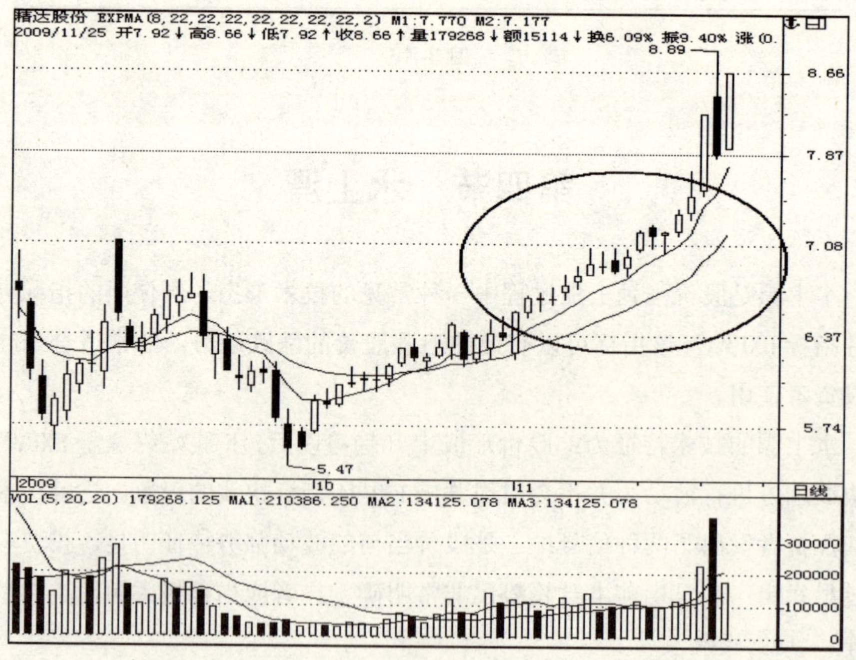

图 3–16

中国嘉陵(600877)：2009 年 11 月走势图(图 3-17)

中国嘉陵(600877)2009 年 11 月股价见底以后，初期上涨的形态为标准的震荡上行走势，经过一段时间温和式的上涨，在成交量放大的推动下，股价开始加快上涨的速度。

在进入主升浪以后，水上漂技术形态始终保持，无论是阴线还是阳线，K 线始终位于 EXPMA 指标快线上方。这种技术形态只会出现在上涨节奏较快、上涨形态较为单一的个股中，如果股价上涨时波动较为剧烈就无法形成水上漂形态。

只要 K 线不断地位于指标快线上方，投资者就需要继续持股，直到结束这种技术形态，或是股价出现放量加速上涨(此时可使用强势卖点方法进行卖出)。

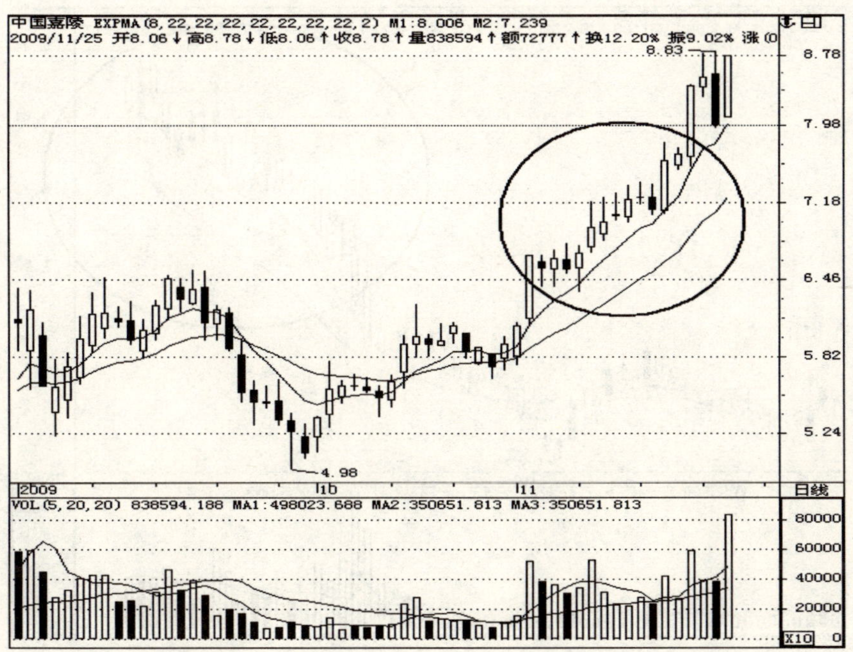

图 3-17

深康佳 A(000016)：2009 年 11 月走势图(图 3-18)

深康佳 A(000016)2009 年 11 月股价见底以后，初期阶段由于成交量相对较小，股价的上涨力度并不是很大。但随着后期成交量连续放大，股价形成了加速上涨的走势。

在股价上涨的过程中，K 线始终位于 EXPMA 指标快线上方，虽然上涨中期出现连续的调整，但是指标快线均对调整的低点起到了强大的支撑作用。这种 K 线长时间位于 EXPMA 指标快线上方，并且回落低点受到指标快线强大支撑的形态，就称之为水上漂。

在股价形成水上漂技术形态时，投资者要坚定地做多，不要因为实现了较大的收益而过早地卖出股票，在强势特征确立的情况下，股价将会一涨再涨。

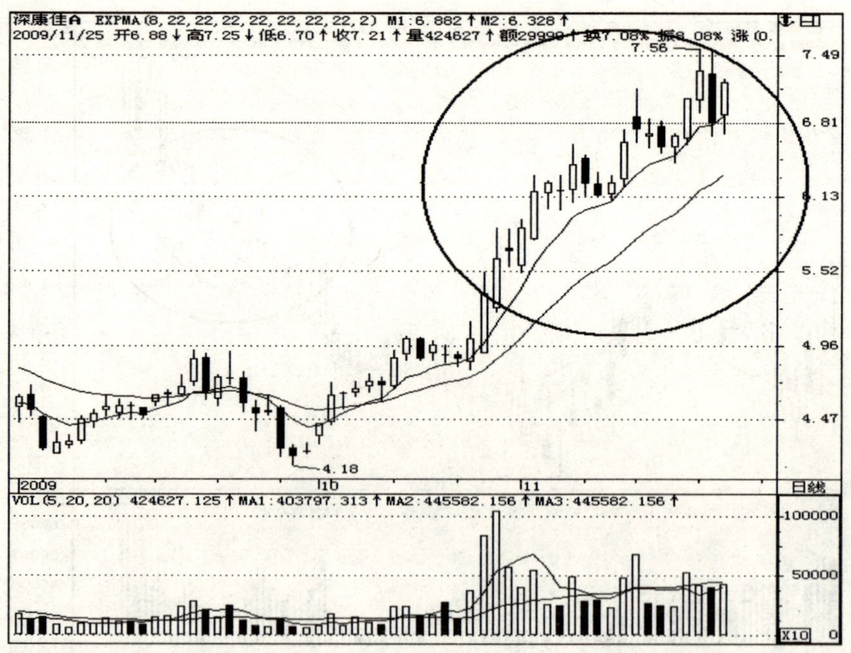

图 3-18

西北轴承(000595)：2009 年 11 月走势图(图 3–19)

西北轴承(000595)2009 年 11 月股价形成了低点抬高的多重底以后，在成交量温和放大的状态下出现连续上涨的走势，成交量放大与否很大程度上将会影响股价的上涨力度。

在突破前期高点以后，主升浪行情随之到来，上涨过程中 K 线始终位于 EXPMA 指标快线上方，并且指标快线对股价盘中的多次调整起到了强大的支撑作用。这使得整个上涨行情中，阳线的数量普遍较多，并且阴线的数量较小。

能够形成水上漂走势的个股，往往是处于强势状态的个股，只有这类个股才会给投资者带来极好的收益。不过，由于 EXPMA 属于趋势性指标，多适合指导中长线的操作，因此，投资者在操作时需要保持耐心。

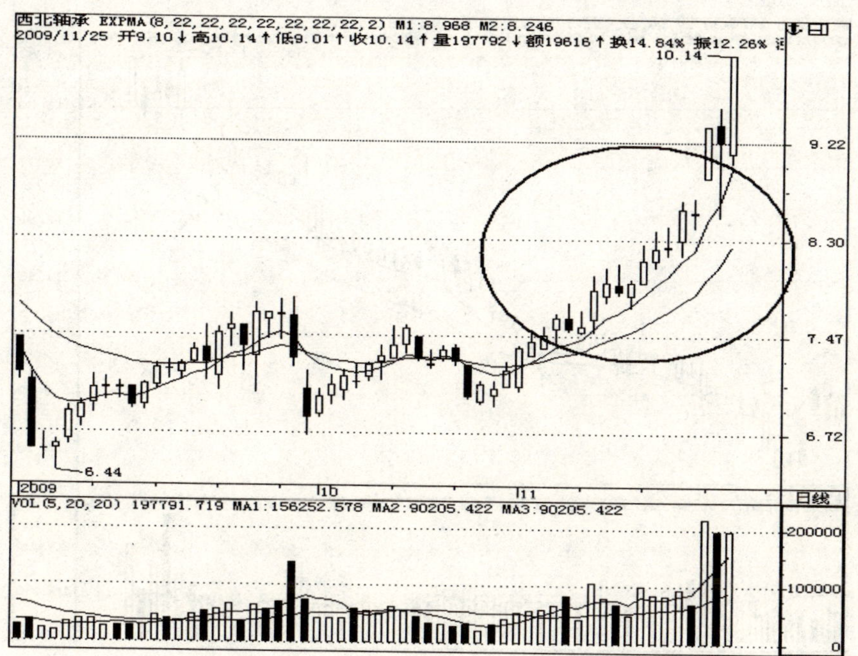

图 3–19

凯迪电力(000939)：2009 年 10 月至 11 月走势图(图 3-20)

凯迪电力(000939)2009 年 10 月至 11 月在图中形成了较长时间的上涨行情，连续两个月的单边上涨将会给投资者带来极好的盈利机会。但是，如果投资者没有一种好的持股方法，将会很容易在上涨途中进行错误卖出。

水上漂不仅可以提示投资者强势区间的所在，还可以提示投资者应当如何进行持股。从图中来看，无论是阴线还是阳线都始终处于 EXPMA 指标快线上方，只要股价没有回落至指标快线下方，便意味着上升趋势还将会继续延续，在这种情况下，投资者就不能进行卖出操作。支撑作用的体现，以及强势特征的确立是持股的理由。

水上漂技术形态非常容易掌握，并且由于多出现于形成强势上涨的个股中，因此很容易给投资者带来极为可观的收益。

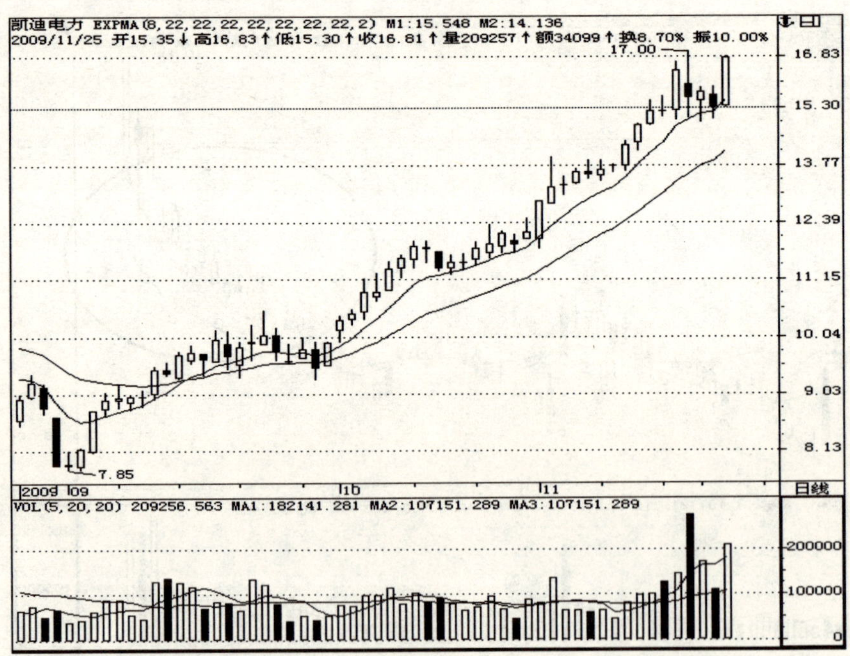

图 3-20

第五节　加油上路

开车跑远路的朋友都会有一个经验，上高速前需要先将油箱加满，如果不加满油就上路，总会担心到某处后油不够而附近又没有加油站。股价在上涨的时候也会出现加油上路的形态，将要起跑时先加满油攒足劲，而后开始步入主升浪。

加油上路的技术形态为：EXPMA 指标形成金叉后不久，股价出现调整走势，调整的低点位于指标慢线处止稳(加油)，并在后期继续上涨(上路)。在加满油的情况下，投资者就应当及时上车，享受旅途的快乐。

珠江实业(600684)：2009 年 10 月走势图(图 3–21)

珠江实业(600684)2009 年 10 月股价形成低点抬高的双底以后，开始连续上行，跟随股价的上升趋势，EXPMA 指标随之形成金叉，这预示着趋势性做多机会的到来。

指标金叉出现以后，股价出现调整的走势，不过在调整过程中，成交量始终保持萎缩状态，量能的显示价格调整时资金并不大规模出货迹象。股价回落的低点位于 EXPMA 指标慢线时(图中指标线位于下方的线体)，便再也无法继续下跌，指标慢线对股价的回落起到了强大的支撑作用。

这种在指标形态金叉后不久出现的回落，并且回落低点受到指标慢线支撑的现象，就称之为加油上路，这是股价上涨之前的下蹲动作，为的是后期更好地起跳。

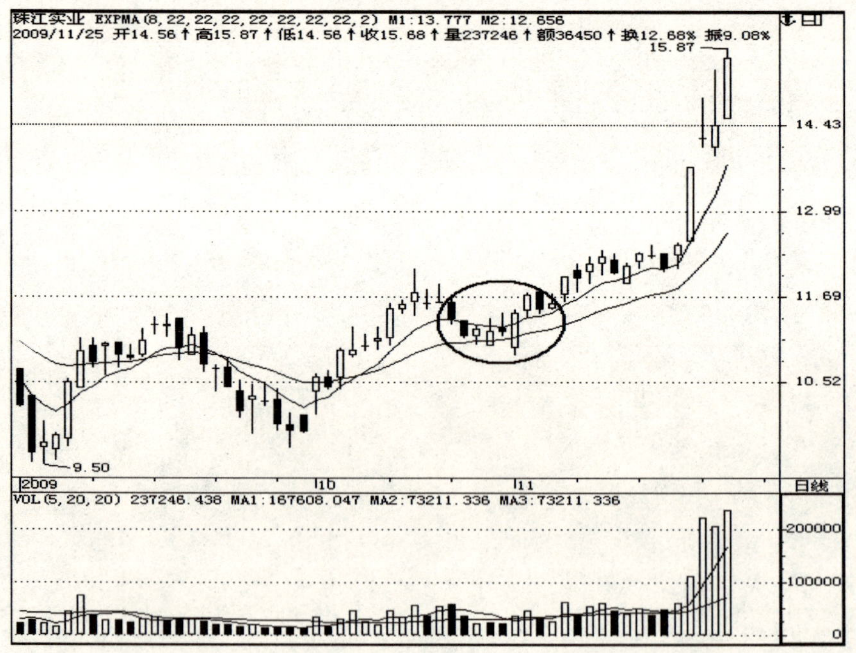

图 3–21

大冶特钢(000708)：2009 年 10 月走势图(图 3–22)

大冶特钢(000708)2009 年 10 月双底形态确立后，股价在量能小幅放大的推动下开始上涨，这使得 EXPMA 指标随之形成金叉，提示投资者趋势性做多时机的到来。

金叉形成以后不久，股价出现调整走势，从调整的位置来看，这是对前期高点支撑的确认，同时，调整区间成交量连续萎缩，这显示此时盘中并无过量的抛盘出现，在量能萎缩状态下主力资金无法顺利脱身。

调整的低点受到 EXPMA 指标慢线的支撑，并且这种支撑发生在指标金叉后不久，这种走势就是加油上路技术形态，它预示着股价受到支撑以后，将会在后期展开连续的上涨行情。加油就是为了可以跑得更远，回踩支撑是为了将底部夯实。

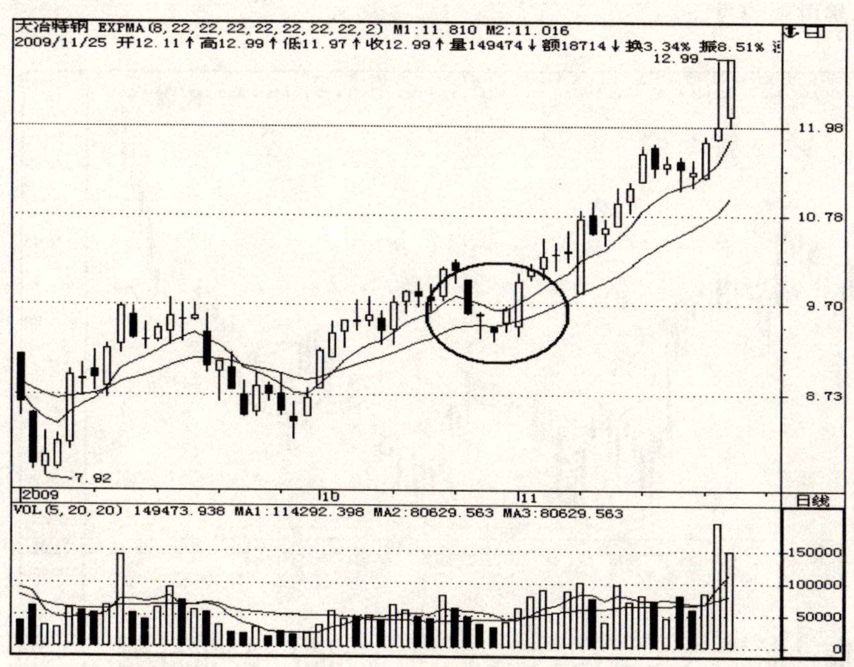

图 3–22

东华实业(600393)：2009 年 10 月走势图(图 3-23)

东华实业(600393)2009 年 10 月股价在低点处形成了《短线炒股就这几招(一)》中讲解的多重底，底部的确立促使股价在后期形成连续上涨的走势，初期上涨时 EXPMA 指标及时地形成金叉，提示投资者买点的到来。

金叉形成以后不久，股价出现调整，调整出现于突破前高点以后，这往往是一种回踩确认前期支撑的回落性质，而并非是上升趋势的结束。股价见底上涨时成交量出现放大，而第一轮调整出现时则量能萎缩，非常完美与标准的量价配合形态，仅从量价分析来看，股价后期继续上涨的概率极大。

而当股价回落的低点到达 EXPMA 指标慢线时，下跌随之停止，在成交量又一次连续放大的情况下股价形成更大幅度的上涨，并且在主升浪阶段又形成水上漂技术形态。在加油上路买点信号出现时进行操作，投资者便可以实现非常可观的收益。

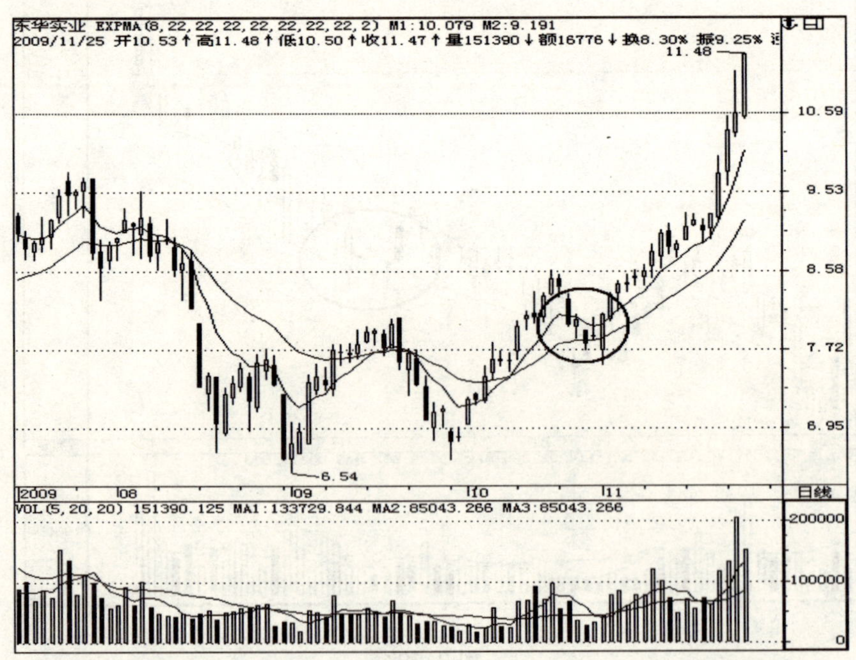

图 3-23

惠泉啤酒(600573)：2009年10月走势图(图3-24)

惠泉啤酒(600573)2009年10月股价见底后出现上涨，在EXPMA指标形成金叉以后，股价短线调整，虽然调整时成交量萎缩，但是由于K线跌破了指标慢线的支撑，因此，是不能轻易进行买进的，股价跌破指标慢线，加油上路技术形态便没有确立。

调整结束后股价再度上涨，这又使得EXPMA指标形成金叉，但很快股价连续出现二次调整，这次调整与前期的调整不同，回落的低点均受到了指标慢线的强大支撑，只有在金叉出现后指标慢线能够发挥明显支撑作用时，加油上路技术形态才会确立。

指标形成金叉后出现的调整，往往是上涨行情确立之后的首次调整，由于股价整体所处位置较低，并且调整区间成交量往往多会萎缩，因此，在这个区间进行买进，资金的安全是很有保障的。车只有加满油才能跑得更远，股价只有获得强大支撑后才可以更稳定地上行。

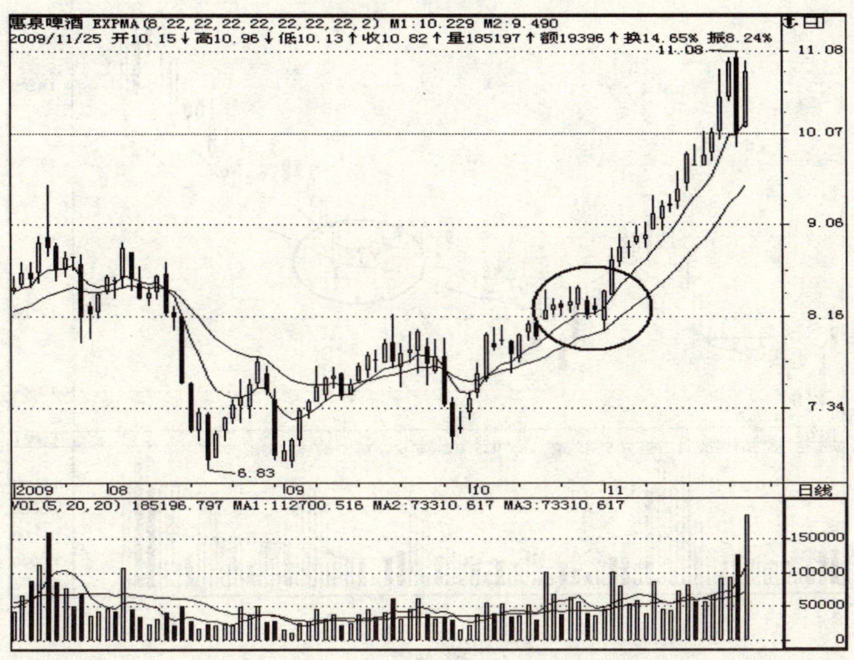

图3-24

远光软件(002063)：2009 年 10 月走势图(图 3-25)

远光软件(002063)2009 年 10 月第一次金叉出现以后，股价产生调整时虽然量能连续萎缩，但由于 K 线快速跌破 EXPMA 指标线，因此，没有买点信号的出现。在破位现象形成时，投资者不宜轻易入场。

股价下跌结束后重新恢复上升趋势，这使得 EXPMA 指标又一次形成金叉，金叉出现后，股价短线回落，在回落过程中，阴线实体较小，并且成交量连续萎缩，这说明多方依然占据盘中的主动。同时，调整的低点受到指标慢线的强大支撑，这使得加油上路技术形态得以确立。

加油上涨是一种在股价初期上涨阶段进行的买入方式，一方面由于股价的调整是上涨行情确立后的首次调整，因此安全性较高，另一方面指标的强大支撑也为股价波动的安全提供了有力的保障，加上整体位置并不高，所以在此进行操作，后期会取得非常不错的效果。

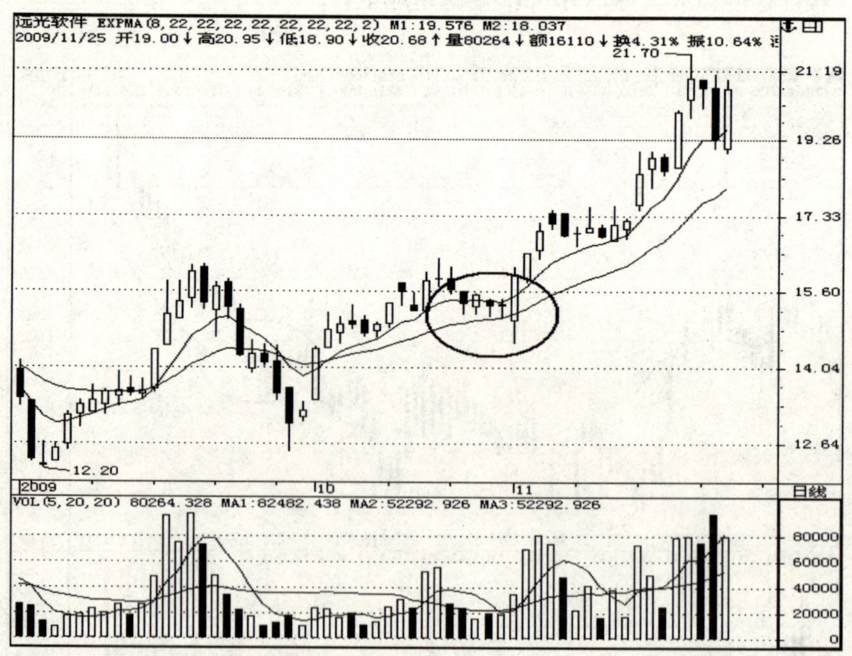

图 3-25

第六节　强势卖出

如何在合适的位置进行卖出其实是一项较为复杂的技术，因为要涉及指数的波动状态、个股的量能状态以及同板块个股的表现等，这也是投资者为何不要总是企图卖在最高点的原因之一。

但是，有一种卖出方法可以不必有这么多的麻烦，只需要使用布林线指标便可以，但是，这种卖出方法仅适用于形成强势上涨的个股之中，对于普通强势的个股则不太适用。同时，所谓的强势也与一般情况下的强势有所差别，这里所说的强势同样是需要结合布林线指标来确认的。

国风塑业(000859)：2009年2月走势图(图3-26)

国风塑业(000859)2009年2月股价在逼近布林线指标上轨的时候，在成交量放大的推动下，形成了强劲的上涨走势，大实体阳体的连续出现给投资者提供了极好的操作机会。

股价上涨过程中，K线始终位于布林线指标上轨之上，这种上涨形态就称之为强势上涨，这是上涨力度不足，弱势个股极难形成的走势。

对于这种强势个股来讲，卖点或减仓点的把握也较为容易，只要K线始终处于布林线上轨之上，便无须考虑卖出，而一旦K线回归至布林线通道之内，则可以减仓或清仓操作。

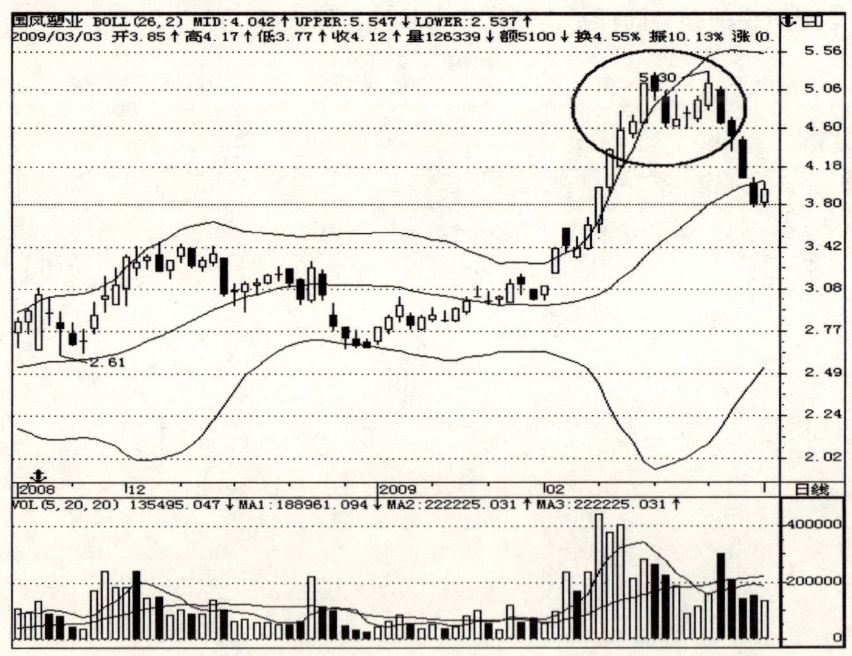

图 3-26

大华股份(002236)：2009 年 7 月走势图(图 3-27)

大华股份(002236)2009 年 7 月经过一段时间的横盘震荡以后，在成交量放大的推动下，股价出现了一轮力度较大的短线上涨行情，上攻力度越大，投资者进行短线操作的机会也就越多。

在股价上涨的过程中，无论什么形态的 K 线均处于布林线指标上轨之上，依据指标的提示，这是一种极为强劲的上涨形态，投资者需要坚决进行做多操作。个股上涨得快，而一旦见顶也有可能跌得较多，对于这种强势上涨的个股应当如何进行卖出呢？

当股价始终位于布林线上轨之上时，投资者应当耐心地进行持股操作，而一旦 K 线向下跌破布林线指标上轨，回归到通道之内时，就需要考虑减仓或是卖出。一旦回归布林线通道之内，意味着原来极强势的上涨力度开始发生转变，为了防止股价随后转弱，此时卖出较为合适。

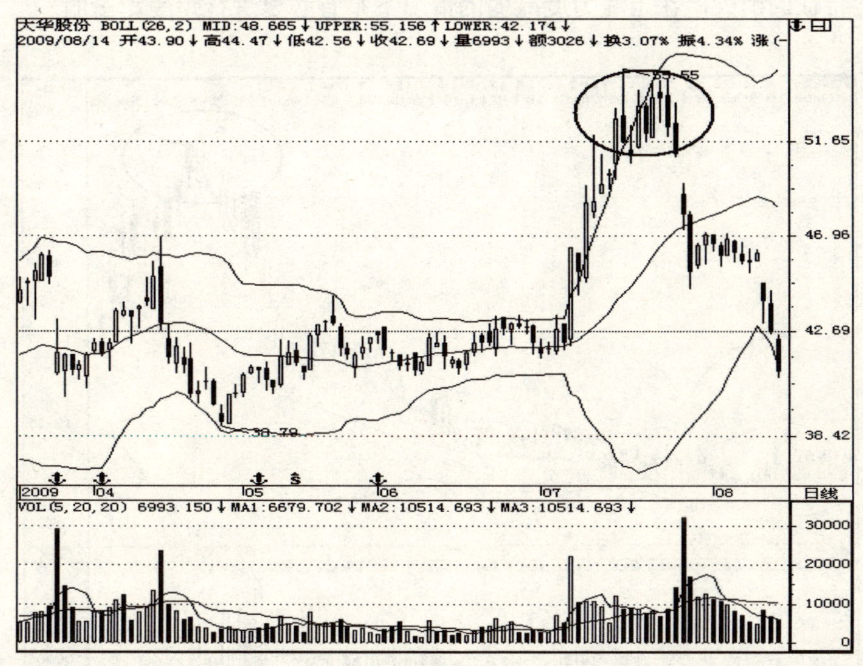

图 3-27

顺鑫农业(000860)：2009 年 7 月走势图(图 3-28)

顺鑫农业(000860)2009 年 7 月股价在上涨初期时 K 线连续三天位于布林线指标之外，通过指标的提示，股价的强势形态成立。如果从传统的分析方法来看，7 月上旬股价收出的阳线实体并不大，但为何又称它是强势上涨呢？

传统分析时，只有股价连续收出实体较大阳线时才可以称之为强势上涨，但如果使用布林线指标进行分析则不对阳线实体的大小进行分析，而是通过 K 线与指标线的位置进行判断。只要 K 线位于布林线上轨之上，便可以称之为强势上涨，这是一种独特的区分股价上涨力度的方法，必须要结合布林线指标进行判断。

股价一旦形成强势上涨的走势，进行卖出的时候方法也非常简单，只要 K 线始终位于布林线上轨之上，便无须考虑卖出。而一旦 K 线回落至布林线上轨之内时，便需要考虑减仓或是卖出。股价回归布林线通道之内，意味着强势特征的消失，在上涨力度减弱的情况下是有必要进行短线卖出的。

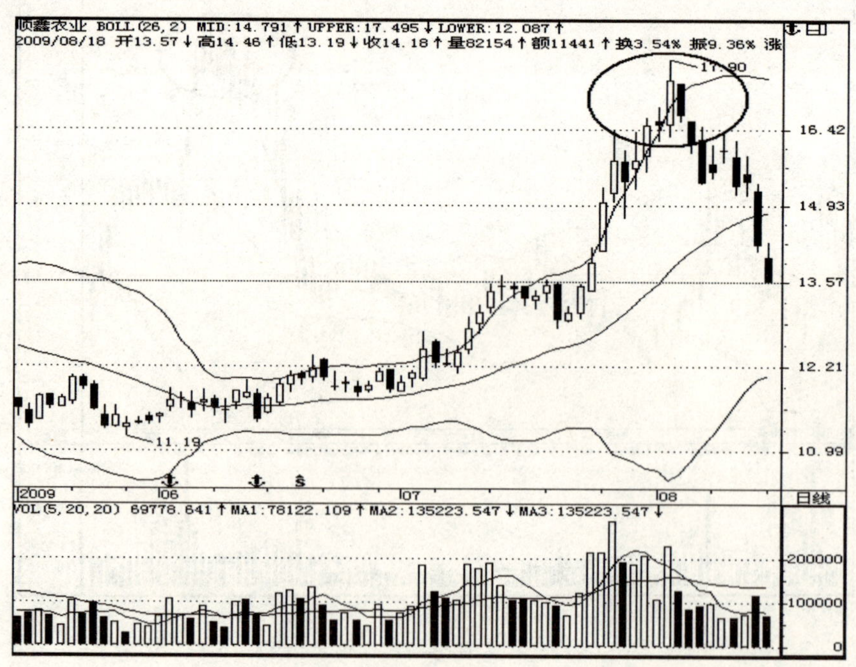

图 3-28

旭飞投资(000526)：2009年8月走势图(图3-29)

旭飞投资(000526)2009年8月股价在强势上涨行情出现之前，形成了较长时间震荡上涨的走势，这一阶段上涨的过程中，K线多位于布林线上轨下方，虽然有出现突破上轨的走势，但很快又回归到布林线上轨之内，无法持续站稳于上轨之上。

而在7月至8月期间股价上涨时，连续出现的阳线始终位于布林线上轨之上，配合成交量的放大，股价的强势上涨特征非常明确。面对这种走势，只要K线不回归到布林线指标通道之中，便不必卖出，而一旦跌破上轨，则需要考虑减仓或清仓。

这种卖出方法并不要求投资者在卖点出现时全部卖出，这是因为股价强势特征已形成，有可能在回归到布林线通道之内时，还保持着上升的趋势。但在股价回归到布林线通道之内时，是需要考虑进行减仓操作的，因为此时股价上涨力度已明显改变，不能再保持强势上涨状态，所以，减仓是有必要的。但由于整体上升趋势的确立，有时把股票全部卖出也并不太适合。

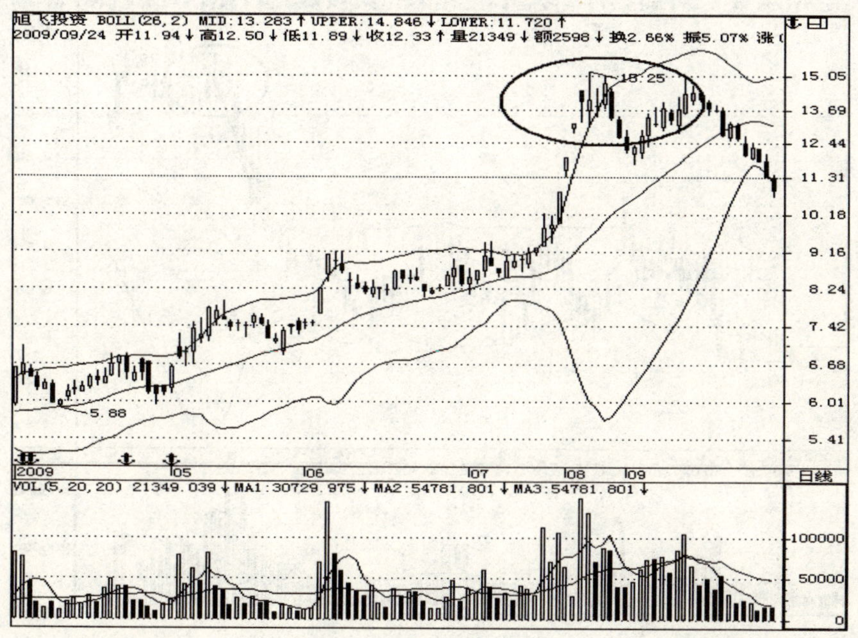

图3-29

斯米克(002162)：2009 年 11 月走势图(图 3–30)

斯米克(002162)2009 年 11 月股价经过宽幅震荡以后，在成交量持续放大推动下，股价形成了强势上涨的走势，K 线始终位于布林线上轨之上，强势特征的出现，利用布林线指标指导卖出，往往可以卖在股价绝对的高位区间。

之所以要在股价回归到布林线通道之内时考虑减仓，这是因为一旦 K 线回到布林线通道之内，意味着上涨力度将开始减弱，上涨力度的减弱虽不是股价下跌的必然理由，但上涨的幅度将会减小，所以，应当考虑减仓，如果股价回归到布林线指标之内时，上升趋势依然确立，不管此时涨得多还是涨得少，依然可以继续持股，而如果产生下跌，则需要进行清仓操作。

利用布林线指标对强势个股进行卖出的最大好处就是，卖点位置很明确，并且基本上可以提前预知，因为布林线指标上轨较股价的波动平缓，只要投资者能够严格遵守纪律，这种卖出方式的卖点将会非常容易把握。

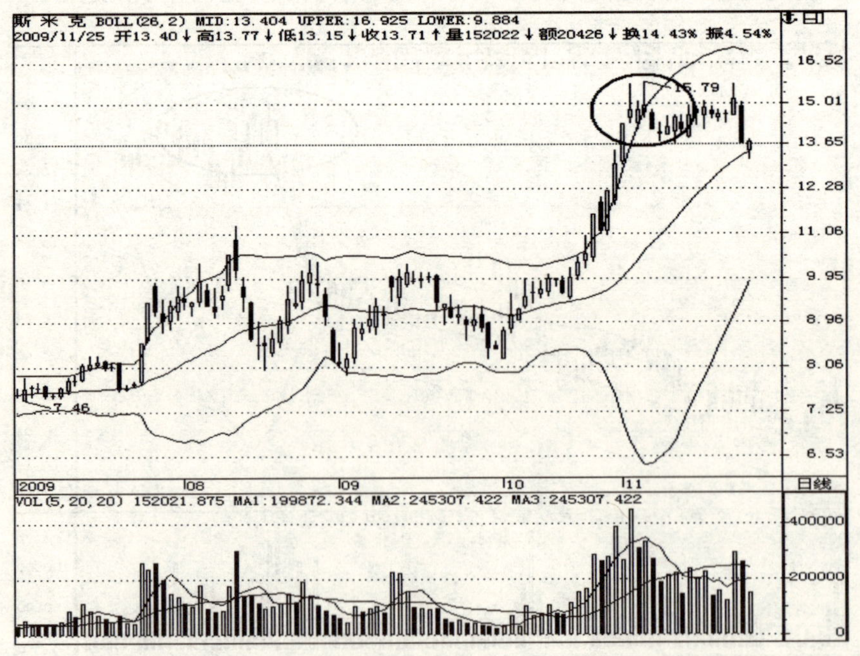

图 3–30

第四章

分时战法

投资者在进行实战分析的时候，除了要对日K线图进行分析以外，对股价在盘中的波动变化也必须要进行跟踪分析，只有不断地从股价波动的细节入场进行分析，制定的分析结论才可能与股价后期真实的波动更贴切。

K线图中的分析方法有很多种，而分时图中的分析方法同样也有很多种，分时图是日K线的基本构成单位，分时图如何在盘中波动，将会决定当天日K线图的形态。特别是对那些喜欢进行短线操作的投资者而言，对分时图的分析就显得更加重要了。

在本章内容中，将为大家介绍几种盘中经常需要使用的看盘方法，不断地学习各种分时技术，你的短线操作水平才会大幅提高。

第一节　大买单实战运用

在股价上涨的过程中，经常可以看到大买单的出现，大买单是指某一价位处有较多数量的委托但未成交的买盘，它的数量是所有卖单平均数量的数倍，甚至比所有卖单的总和还要多。大支撑单的作用多是阻止股价的进一步下跌，起到稳定股价波动的作用。

在股价调整或是下跌的时候，如果当前的波动使主力资金感到有危险时，就会主动进行护盘操作，在某个价位上放上大量的买盘去承接盘中其他投资者的抛盘，由于买盘的数量非常大，所以，往往可以使股价的下跌在当前的位置终止。

对大买单进行分析并不是帮助投资者决策买点所在，而是当股价有走弱迹象时帮助投资者决策卖点，如果股价下方有大买单出现，那么投资者是没有必要急于出局的，因为此时股价必然会在大买单的上方波动，面对大买单最好的方法就是耐心等到支撑作用发挥效果以后出现上涨时再抛出，或是在大买单被主动撤掉、或是被抛盘砸掉时进行短线卖出。

金牛能源(000937)：2009年11月16日走势图(图4–1)

金牛能源(000937)2009年11月16日，一开盘股价出现连续上涨的走势，上冲到高点以后，受到获利抛盘出局的影响，股价出现了正常的调整走势，回落至尾盘期间时，股价又再度出现上涨，除了买盘可能重新入场的原因外，还有什么原因可以引起股价止跌回稳呢？

在39.10元的位置出现了1552手的大买盘，一笔买单的数量是所有卖单总和的数倍，它足以低挡股价的下跌。由于前三个小时股价始终处于强势状态，由此可以看到，主力资金想在这一天积极做多股价，当回落走势出现以后，为了防止股价的继续滑落，因此，在下方放上一笔大买单，以示向盘中的抛盘示威，由于想砸掉这笔买单需要较多的股数，如果空方实力较小则很难让股价继续下跌，这样一来，稳定股价波动的目的也就达到了。

在实战过程中，在股价调整的区间，如果投资者见到下方出现了大买单，就可以松一口气了，因为有这笔大买单做支撑，股价就很难跌下去。

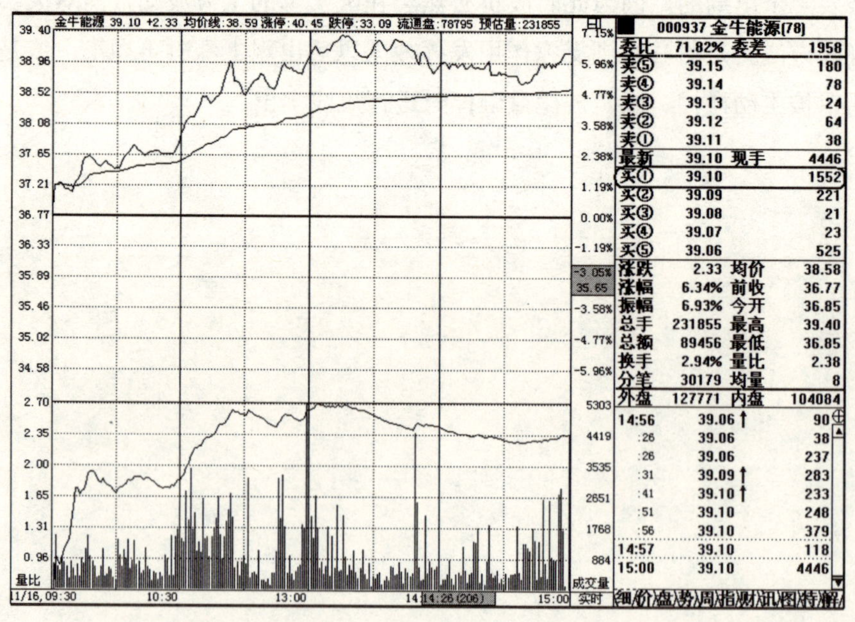

图4–1

弘业股份(600128)：2009 年 11 月 16 日走势图(图 4-2)

弘业股份(600128)2009 年 11 月 16 日，股价于下午出现了连续上涨的走势，股价的强劲上涨说明在这一天主力资金想要积极做高股价，这种走势对于投资者而言，是最理想的短线操作时机。

见到股价上涨以后，总会有一些投资者在获利的情况下卖出手中的股票，如果抛盘数量较少的话倒也无妨，但假如抛盘的数量非常多，主力资金辛辛苦苦拉高上去的股价将会很轻易地回落下来，这是主力资金不愿意见到的事情。为了防止这种突发情况的发生，并且坚守住多方的阵地，主力资金采用了一种非常安全的操作方法去防止股价的下跌，在 17.3 元的位置放上了一笔 1006 手的大买单。虽然上方有一定量的抛盘，但是因为买单的数量极其巨大，所以，它完全可以托住股价，使强势特征继续保持。

在实战过程中，只要下方有大数量的买单存在，投资者就没有必要急于卖出手中的股票，主力资金之所以放上大买单就是不想让股价跌下去，主力资金拒绝股价下跌，我们还怕什么呢？

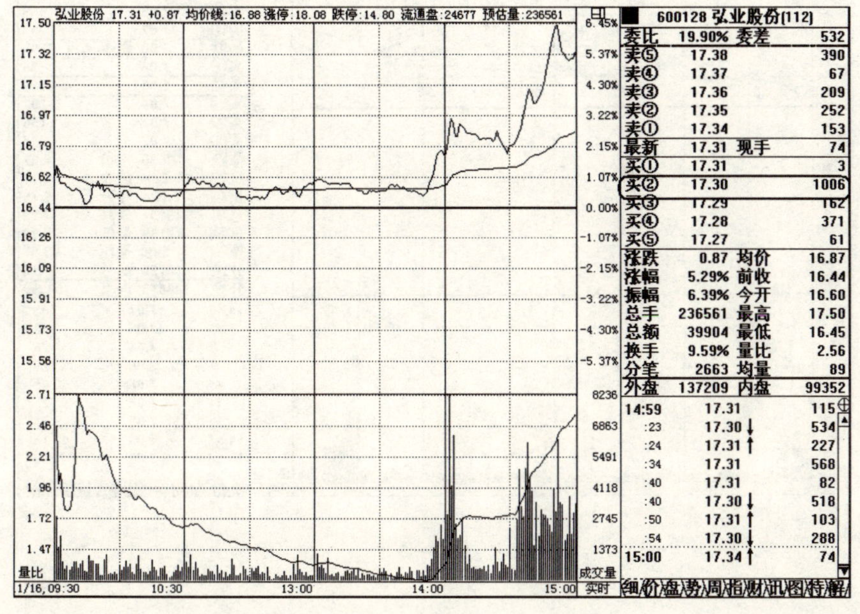

图 4-2

襄阳轴承(000678)：2009 年 11 月 16 日走势图(图 4–3)

襄阳轴承(000678)2009 年 11 月 16 日，在成交量急剧放大的推动下出现了一轮快速的上涨走势，股价上涨到高位以后，正常的调整走势出现，利用股价的调整将低成本的投资者清理出局，这是主力资金经常会进行的操作。

股价一旦形成回落，将很容易使一些投资者选择卖出，要相对地维持股价稳定，又要防止股价大幅下跌，主力资金如何操盘呢？其实方法很简单，只需要在可以接受的低点处放上一笔大买单便可以。在 7.05 元处有一笔 3289 手的买单，这笔买盘的数量非常大，足以低挡股价的下跌。从尾盘期间的走势来看，股价的波动低点也始终位于大买单的上方。

如果股价形成了回落的走势，但是在某个价位处有笔数量巨大的买单，在这个位置便没有必要考虑卖出，因为主力资金已经明确地告诉了投资者不想让股价再跌了，只要继续持有，股价便会提供一个新的高点。

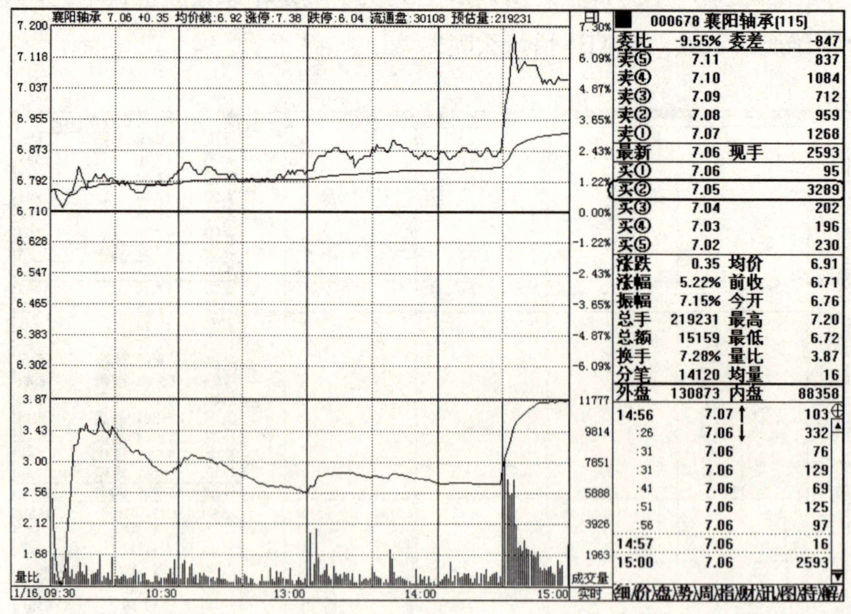

图 4–3

华菱钢铁(000932)：2009 年 11 月 16 日走势图(图 4–4)

华菱钢铁(000932)2009 年 11 月 16 日，开盘后股价便连续震荡上行，上涨的过程中成交量始终保持着放大的迹象，健康的量价配合决定了上涨的必然。

尾盘期间股价快速冲高后出现了回落，快速的上涨比较容易引发快速下跌走势的出现，为了防止万一，主力资金在 7.49 元和 7.5 元处分别放上了数量较大的买单，这两笔买单对于空方来说就是一堵铜墙，想要冲过它非常困难。同时，大买单的出现也告诉了场中的做空者，主力资金开始拒绝再让股价下跌。

在巨量大买单出现的时候，如果投资者没有来得及卖在高位的话，此时也就没有必要再出货了，支撑作用不仅仅是阻止股价的下跌，其背后的真正含义是：受到支撑以后，股价将会在后期出现新的高点。

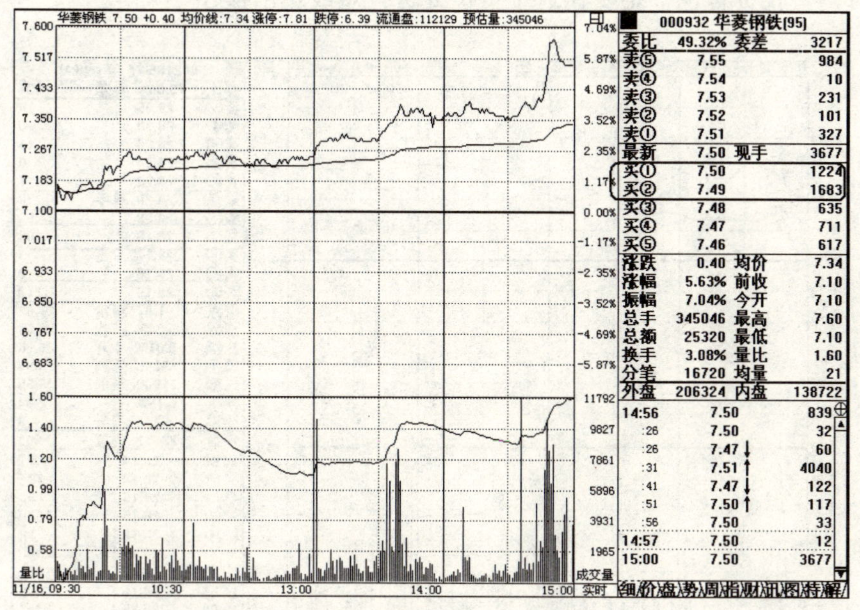

图 4–4

红宝丽(002165)：2009 年 11 月 16 日走势图(图 4–5)

红宝丽(002165)2009 年 11 月 16 日，早上开盘以后股价出现了连续上涨的行情，但是，下午开盘后却又出现了持续的回落，如果没有尾盘的上涨，这一天股价的上涨可能会被空方完全打回原形。是什么原因使得股价尾盘又继续回升呢？

从尾盘的走势来看，在 28.15 元与 28.18 元处分别有两笔数量较大的委托买盘，这两笔买盘起到了阻止股价下跌的作用，这也是尾盘再度恢复上涨的原因之一。在对大买单进行分析的时候，主要采取对比的方式，单纯的买单数量并没有太多的意义。这需要这笔买单数量是所有委托当中最突出的，那么，它就能起到阻止股价下跌的作用。

在实战过程中，只要大买单没有消失，那么，投资者就可以一路持有手中的股票。但是，如果后期盘中有数量较大的抛盘出现，并且坚决地将大买单打落，投资者也一定要在这个价位处进行短线卖出操作。

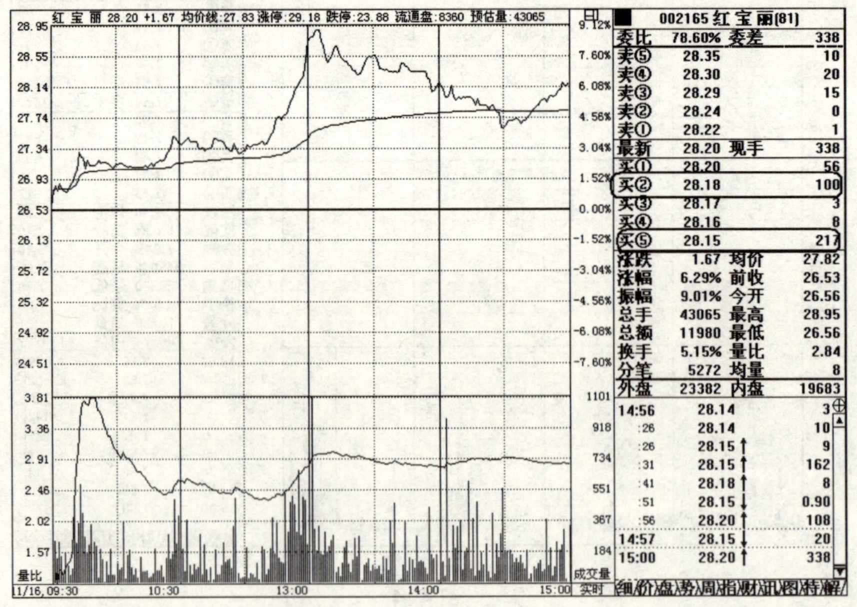

图 4–5

第二节 大卖单实战运用

在实盘操作的时候经常会碰到这样的现象，股价原本涨得好好的，但突然在某一个价位处就停止了上涨，出现了长时间的震荡走势，虽然多次有迹象冲击这个价位，但却始终无力有效地突破上去，这是什么原因造成的呢？这是因为在股价上方出现了大卖单。

主力资金在进行操盘的时候，总会对股价的波动进行有计划的控制，一旦股价超出了允许的波动范围，就会限制住股价的波动。股价超过了主力资金的当天上涨预期，为了保障后期操盘计划的顺利进行，只好采用一些技术手段阻止股价的上涨，使之在一个区间内来回波动。

大卖单对于实战操作的意义为：它是当天盘中股价波动时压力的体现，如果无法冲破压力，则会出现震荡走势或是回落，而一旦冲破压力，股价将会展开新一轮的上涨。

中国国航(601111)：2009 年 11 月 16 日走势图(图 4–6)

中国国航(601111)2009 年 11 月 16 日下午开盘后不久，出现了连续的上涨走势，上涨走势出现时成交量连续放大，按说这一天股价应当继续保持强势形态，但是三波上涨结束后，马上便出现了回落的走势，这是什么原因造成的呢？

出现这种走势往往有两种原因，其一，投资者的跟风盘数量远远超过了主力资金的承受能力；其二，股价的涨幅超过了主力资金这一天的预期，无论哪一种情况出现，都必须要对股价的波动进行控制。那么如何可以控制上涨呢？方法很简单，只要在某个价位放上一笔数量巨大的抛盘就可以了。图中可以看到，在 9 元的位置出现了一笔 24150 手的大卖单，这笔卖单的数量比下方所有买盘的总和还要大，买卖盘的数量极不对等，股价又怎么可能再涨上去呢？

有的投资者可能会问了，假如有人真的买下了这笔抛盘，股价是不是就会上涨呢？并不是的，如果这笔抛盘被某位普通投资者买下来的话，紧接着

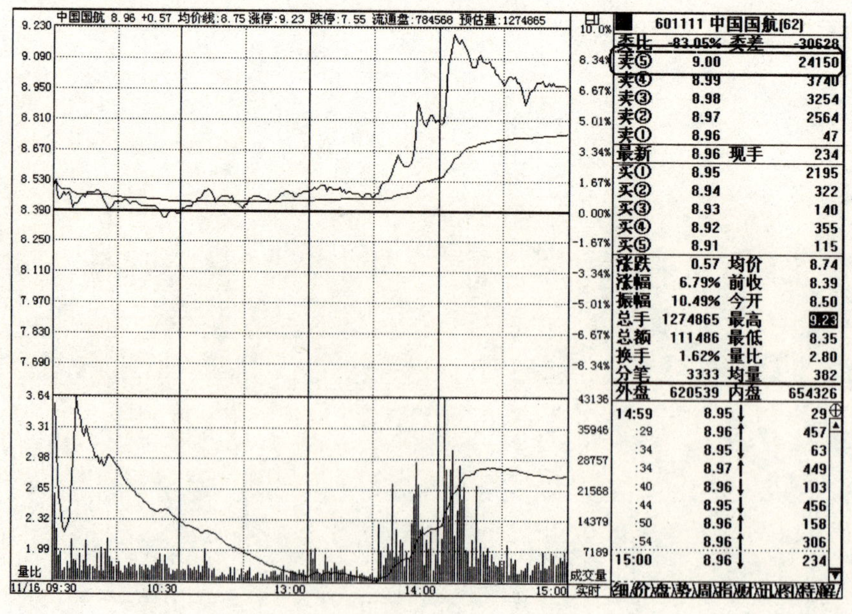

图 4–6

主力资金便又会再放一笔大抛盘。因为股价已经在盘中出现了一定的涨幅，所以假如有大量的投资者敢买入，震仓操作有可能马上就会演变成为减仓操作。所以，当主力不想让股价再上涨的时候，投资者最好还是不要再积极追涨，普通投资者是无力改变股价波动状态的，只能顺势而为。

柳钢股份(601003)：2009 年 11 月 16 日走势图(图 4–7)

柳钢股份(601003)2009 年 11 月 16 日，下午开盘后股价便展开了连续的上涨走势，在上涨的过程中成交量始终保持着放大，这种量能说明有资金在进行建仓操作，只要股价保持着稳定的放量上涨走势，投资者可以积极地在盘中进行建仓。

随着股价的不断上涨，盘中必然会累积较多的获利盘，如果股价始终保持单一的强势上涨形态，这些低成本的获利盘必然不会轻易出局，一旦到了真正的高位，当主力资金想要出货的时候，它们将会与之争抢买盘，从而为主力资金的出货操作制造极大的障碍。因此，在股价上涨的过程中，需要采用一些方法，尽量将一些低成本的获利盘清理出去。于是，在 9 元的价位处，出现了一

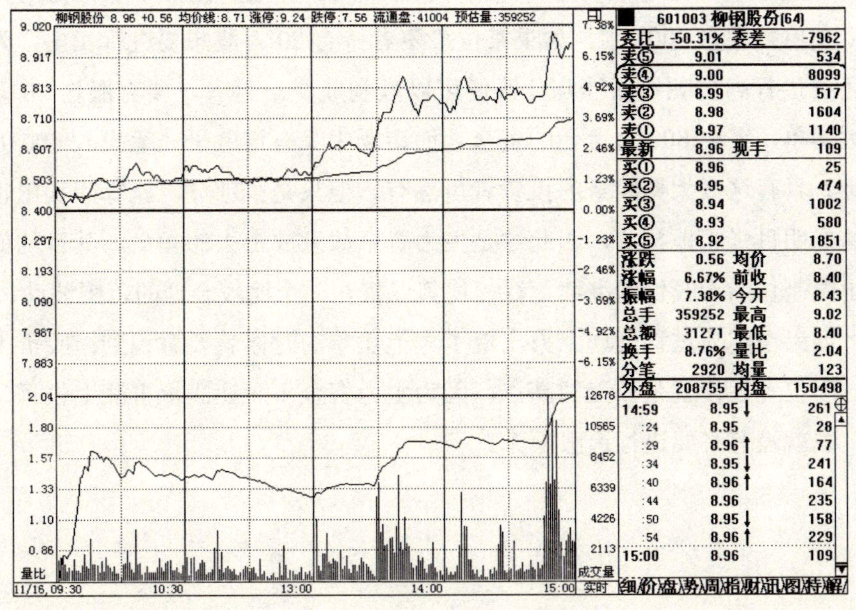

图 4–7

笔8099手的大卖单，这笔大卖单的出现使得股价尾盘的上涨停顿下来。

大卖单盘在盘中具有两个作用，一个是对股价的上涨起到压制的作用，使一些获利盘看到股价受到压力而出局；另一个作用就是用这笔大卖单去看看盘中到底是谁在买入。如果盘中有其他的机构在坚定地建仓，面对这么大的卖盘，一定会毫不犹豫地买入，这样一来，主力资金也好重新制定新的操盘策略。无论大卖单是何性质，都说明在当前阶段，主力资金希望股价出现一些震荡，停止连续的上涨，大卖单不消失，投资者最好也顺势短线逢高卖出，待形势明朗以后再重新做操作打算。

盘江股份(600395)：2009年11月16日走势图(图4-8)

盘江股份(600395)2009年11月16日开盘后略经震荡，便在成交量放大的推动下展开了一轮有力度的上涨走势。对于主力资金来讲，上涨走势固然是好的，可以增加利润，并且可以进一步吸引人气，但是却不能允许股价随意上涨，上涨必须要在一个合理的范围内进行才行。

在股价上涨到高点以后，便出现了回落的走势，虽然尾盘再度放量上涨，但并未创下盘中新高。在30.2元处出现了一笔委托但未成交量的大卖单，卖单数量为2007手，如果某位投资者持有20万股想要进行卖出，为什么还要进行高挂呢？低挂几分钱便可以顺利成交。再者，要克服这20万股的大卖单，需要600余万元的资金。而市场中又有谁敢于一笔投入600万的资金？具有这么大持股量的投资者虽然有，但只是少部分，就算想卖出也不会这样明目张胆地挂单，因此这是主力资金故意放上去的卖盘，其目的就是为了限制住当天股价的继续上行，使其保持在一个比较合理的范围波动。

如果在实战过程发现上方出现了大笔卖单的时候就要意识到：股价上涨到这个位置往往就是今天的高点，因为主力资金不想让股价再涨上去了，因此，也就没有必要进行追涨操作。

盘江股份 30.18 +1.82 均价线:29.71 涨停:31.20 跌停:25.52 流通盘:26631 预估量:221184
600395 盘江股份[76]
委比 -32.18% 委差 -1306
卖⑤ 30.23 41
卖④ 30.22 73
卖③ 30.21 216
卖② 30.20 2007
卖① 30.19 345
最新 30.18 现手 90
买① 30.17 417
买② 30.16 241
买③ 30.15 563
买④ 30.14 71
买⑤ 30.13 85
涨跌 1.82 均价 29.70
涨幅 6.42% 前收 28.36
振幅 6.42% 今开 28.50
总手 221184 最高 30.32
总额 65689 最低 28.50
换手 8.31% 量比 2.88
分笔 3005 均量 74
外盘 120494 内盘 100690
14:59 30.19 158
:29 30.18 110
:34 30.19 12
:34 30.18 166
:40 30.18 106
:44 30.18 107
:50 30.18 93
:54 30.18 38
15:00 30.19 90
11/16,09:30
10:30
13:00
14:00
15:00
量比
成交量
实时

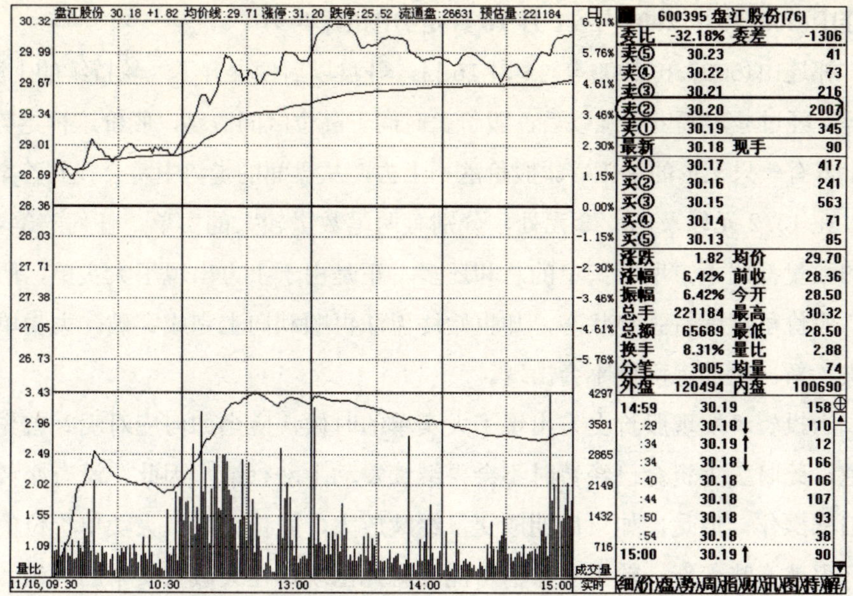

图 4–8

祁连山(600720)：2009年11月16日走势图(图4-9)

祁连山(600720)2009年11月16日，开盘以后便展开了一轮持续的上涨走势，经过一定幅度上涨以后，股价长时间于高位区间震荡，股价这种走势好像上方有一只无形的手压着。股价涨不上去，从盘面的走势中将会找到答案。

在15.2元以及15.22元处，分别有两笔数量较大的卖单，任何一笔卖单的数量都比下方所有买单的总和还多。正是由于上方出现了大卖单，所以，股价虽然保持强势状态，却也始终无法再顺利向上完成突破。大卖单不消失，新一轮的上涨便不会出现。

当投资者发现股价上方出现了大卖单的时候，应当如何应对呢？首先要知道，此时主力资金已经暂时不会再继续发动上涨行情，因此，没有必要进行追涨操作。但是，如果后期成交量继续放大，股价突破了大卖单价位的时候，那就意味着新一轮上涨行情可能会就此出现，在突破大卖单的时候，投资者才可以再度短线入场进行操作。当然，如果股价当天已经出现较大的涨幅，还是小心为妙，如果整体涨幅并不大，则还会有短线盈利的机会。

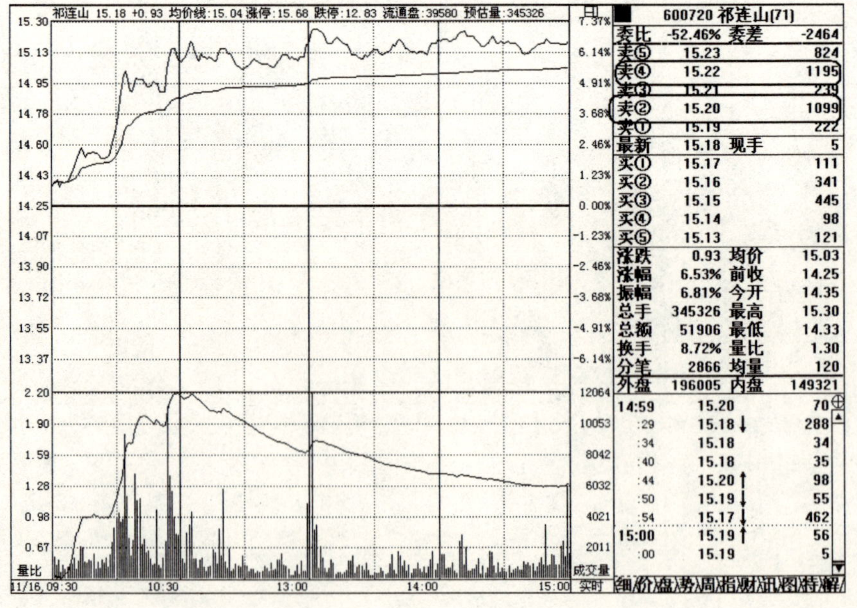

图4-9

大华股份(002236)：2009 年 11 月 16 日走势图(图 4–10)

大华股份(002236)2009 年 11 月 16 日，开盘以后略做震荡便展开了一轮大力度的上涨走势，股价冲高到高点以后，出现了调整的走势，并在尾盘期间连续回落，强势上涨行情没有一直延续，这说明资金的操作态度发生了一些转变。

在 51.36 元处有一笔 106 手的大卖单，它的数量超过了下方委托买盘的总和，因此，它可以起到压制股价继续上涨的作用。大卖单的出现说明主力资金在当前还并不想过快拉升股价，而是希望在上涨过程中，通过一些人为的震荡，让低成本的投资者卖出股票，一步步提升市场投资者的持仓成本，从而不断地占据主动。

大卖单一旦出现，不仅会使股价的上涨停止，还会由于它的出现引出投资者的抛盘，从而使当前的股价很容易出现回落的走势，如果投资者想要进行短线操作的话，这个位置并不是理想的买点。什么时候这笔大卖单被主动撤掉，或是有资金主动地将它们全部买下来的时候，股价又一轮的上涨行情才会开始。

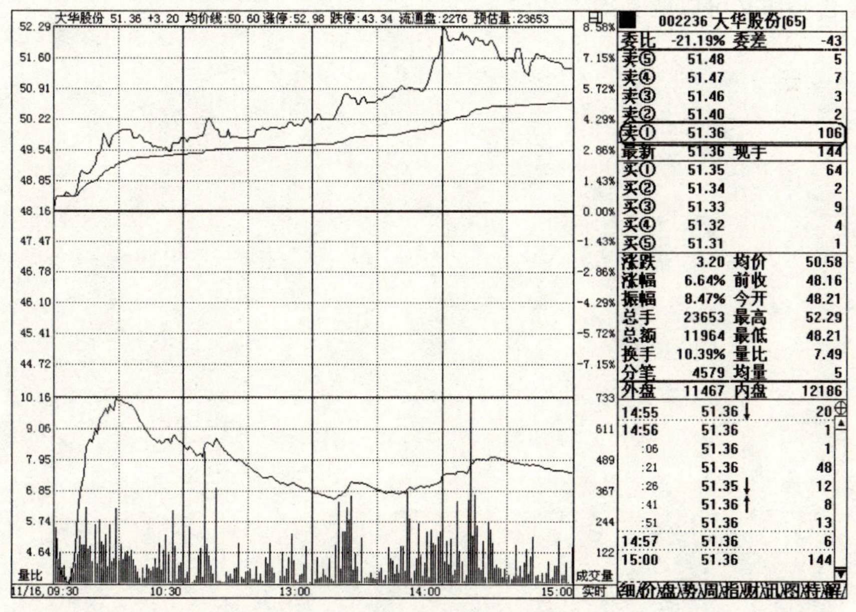

图 4–10

第三节 上下夹单

有的时候股价在波动过程中，主力资金为了让股价按照预定的计划在一个小的箱体之内震荡，便会分别在上方与下方都放上一笔大单，这种上下都有的大单称之为上下夹单。它的技术含义为：大的卖盘压制着股价上涨，大的买盘防止股价下跌。为什么主力资金要这样进行操作呢？这么做是什么目的呢？

这种情况经常在主力资金进行横向洗盘的时候出现，同时也比较容易在主力资金建仓区间出现。主力资金通过上下两条封锁线，牢牢地控制住股价的波动，使其在一个非常小的区间内震荡，如果投资者没有耐心，往往会选择离场，这样一来主力资金的震仓就达到了目的。如果主力资金是在进行建仓操作，那么，由于股价始终涨不起来，并且总在一个比较小的范围内震荡的话，总会有很多没有耐心的投资者抛出手中的股票，这样一来，主力资金的建仓操作又可以顺利地完成了。

西宁特钢(600117)：2009 年 11 月 16 日走势图(图 4–11)

西宁特钢(600117)2009 年 11 月 16 日，开盘以后便出现了上涨的走势，在股价上冲到高点以后，出现了正常的回落现象，并且后期在一个较为狭小的空间内保持着上下的震荡走势。为什么此时股价涨也涨不上去，跌也跌不下来呢？

只要看一下委托单的变化就可以找到答案。在股价的上方出现了数量较大的卖盘，而在股价的下方则出现了数量也较大的买盘，大卖单与大买盘仅仅相差 8 分钱，这 8 分钱其实就是主力资金允许股价在当前时刻波动的范围。在上涨途中这样进行操作，往往是主力资金的一种洗盘操作，利用股价小幅的上下震荡，把那些低成本的获利盘全部清理出去。

在实战过程中，如果投资者遇见这种走势，是应当感到高兴的，虽然股价并没有上涨，但是由于下方有很大的支撑，同样也跌不下来。并且上下夹单现象还说明盘中有主力资金在不断地对股价进行控制，只要这些具有控制能力的资金没有离场，股价在后期继续上涨的概率就很大。

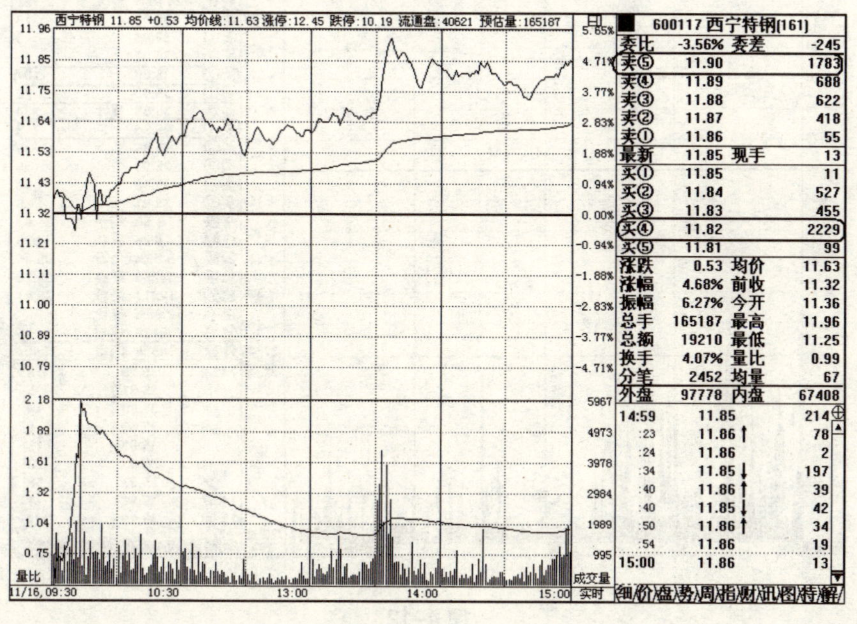

图 4–11

罗莱家纺(002293)：2009 年 11 月 16 日走势图(图 4–12)

罗莱家纺(002293)2009 年 11 月 16 日，开盘后在成交量放大的推动下展开了一轮快速的上涨走势。上涨到高点以后，股价随之出现了回落，在尾盘期间出现窄幅震荡的走势。股价于尾盘波动的时候形成了经典的上下夹单走势。

股价于 36 元处有一笔数量较大的卖单(通过对比)，而 35.98 元处则有一笔数量较大的买盘，这种挂单形态使得股价难以形成上涨，因为上方有压力。同时，也难以形成下跌，因为下方有支撑。股价被夹在两个单子中间进行窄幅上下震荡。

这种挂单方法出现在股价上涨的途中，往往意味着在当前时刻主力资金既不想让股票下跌，也不想让股票上涨，只是想通过横盘震荡逼出低成本投资者。所以，投资者在操作的时候一定要有耐心，因为只要主力资金洗盘完毕，必然还要继续推高股价，否则主力资金这么做又有什么意义呢？

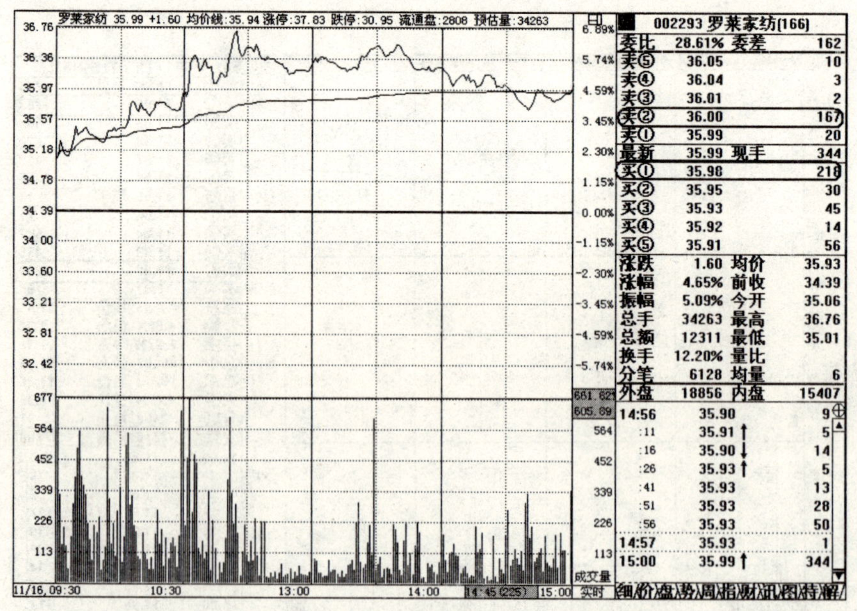

图 4–12

友好集团(600778)：2009 年 11 月 16 日走势图(图 4-13)

友好集团(600778)2009 年 11 月 16 日，股价出现了连续上行的走势，上涨中途出现了连续横盘的走势。现在做一个假设：图中右侧委托买卖单显示正是股价窄幅横盘时的交易情况，然后就这种走势进行分析。

股价上方有一笔大卖单，意味着该价格是当前股价波动时的重要压力，一旦股价上涨至该价位，如果没有大量资金入场，将很难形成上涨。而下方的大买单则说明这是股价波动过程中的重要支撑，如果下跌至此没有大量的抛盘出现，下跌行情也将很难继续。上下夹单将股价控制在较小的范围内进行波动，从而形成了标准的横盘走势。

当投资者发现盘中出现了这种挂单走势的时候要明白，大幅上涨走势不会出现，除非上方的大卖单消失，同时下跌也不会出现，除非下方的大买单消失。如果投资者手中持有这样的股票，并且股价的整体涨幅并不高，便可以继续耐心地持有，只要主力资金在盘中进行的是震仓操作，那就意味着当前的波动并不是顶部。

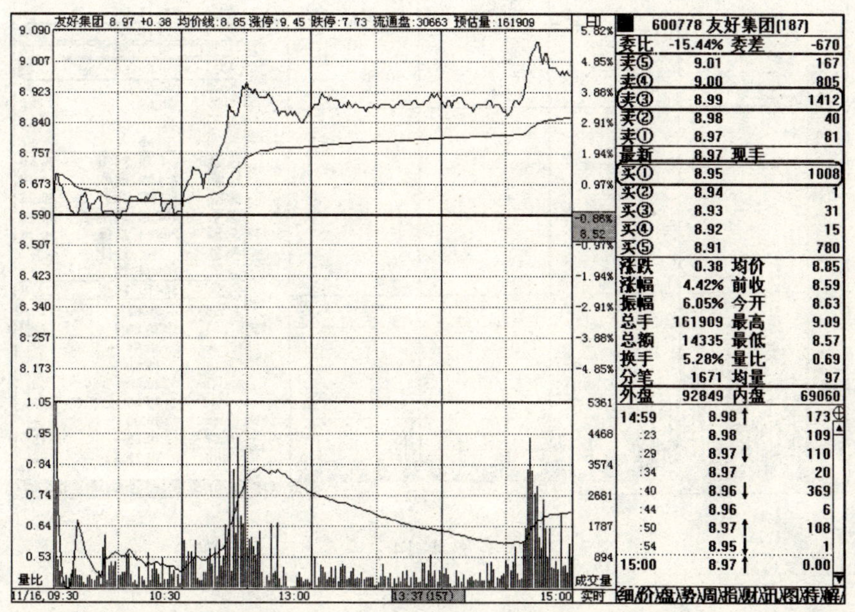

图 4-13

西部建设(002302)：2009 年 11 月 16 日走势图(图 4–14)

西部建设(002302)2009 年 11 月 16 日，股价开盘后不久便快速上冲，但经过约半小时的上涨便出现了持续性的回落，尾盘期间股价更是形成了窄幅波动的形态。股价形成某种波动必然会有明显的信号出现，掌握了这些技术信号，投资者就可以准确地预测出未来股价将会如何变化。

在股价尾盘窄幅震荡的时候，上方有一笔数量较大的卖单，下方有一笔数量较大的买单，这种挂单现象就是上下夹单，股价就好像受夹板气一样，向上有压力，向下又有支撑，只好在狭缝里波动。只要上下夹单不消失，股价便会一直保持窄幅震荡形态，投资者在此时不宜买入，同时也不宜卖出。

如果上方的大卖单消失或被买盘吃掉，则可以考虑短线介入，一旦突破股价将会产生上涨。而一旦下方的大买单消失或被卖盘吃掉，则应考虑离场，支撑失败后股价很容易回落。

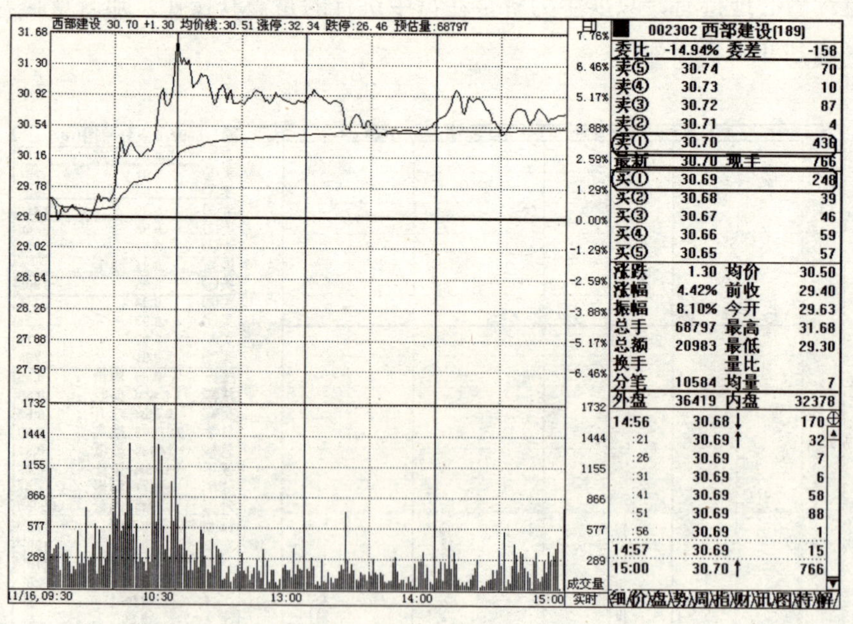

图 4–14

紫光古汉(000590)：2009年11月16日走势图(图4-15)

上下夹单会在股价波动的各个环节出现。在上涨过程中出现，说明主力资金想在维持股价稳定的同时，逼迫低成本投资者出局。在下跌过程中出现，则往往是为了延缓下跌，也有可能是利用这种走势悄然出货。在高位出现则可能是借这种形态出货，在低位出现则可能是借这种技术走势进行建仓。所以，股价所处位置不同，同样的走势分析出来的结论也是各不相同的。

紫光古汉(000590)2009年11月16日，在尾盘期间形成了上下夹单的技术形态，股价涨高以后，资金的进出必然会较多，这将会使股价形成较大的震荡，为了维持股价形成的强势，使用上下夹单可以起到非常好的效果。由于数量较大，所以这些委托单并不见得会全部成交，这有利于主力资金减少维持股价的成本。同时，想让股价产生多大的震荡，空间完全可以人为控制。

在面对夹板单的时候，投资者应当做好两手准备，一是如果股价向上放量突破了大卖盘对应的价格，或是主力资金主动撤掉了大卖盘，那就表示股价将要上涨，投资者应当做好建仓的准备；二是如果股价向下跌破了大买单支撑，那么投资者就需要及时止损，一旦下方的买盘被抛盘打掉，或是主力资金主动撤掉了买盘，往往股价后期便会展开下跌的走势。不过，如果夹板单始终存在，那么，股价将会长时间地保持在一个极小的范围内波动，这种波动虽然得到了主力资金的人为控制，但却不会给投资者带来任何盈利的机会，股价后期波动的方向取决于一方的妥协。

紫光古汉 7.98 +0.37 均价线:7.76 涨停:8.37 跌停:6.85 流通盘:17075 预估量:126776
8.070
7.993
7.917
7.840
7.763
7.687
7.610
7.533
7.457
7.380
7.303
7.227
6.04%
5.04%
4.03%
3.02%
2.01%
1.01%
0.00%
-1.01%
-2.01%
-3.02%
-4.03%
-5.04%
2.32
2.09
1.85
1.62
1.39
1.15
量比
7011
5843
4674
3506
2337
1169
成交量
1/16,09:30
10:30
13:00
14:00
15:00
实时
000590 紫光古汉(151)
委比 41.84% 委差 3600
卖⑤ 8.03 258
卖④ 8.02 369
卖③ 8.01 330
卖② 8.00 1144
卖① 7.99 401
最新 7.98 现手 4108
买① 7.98 2950
买② 7.97 2739
买③ 7.96 142
买④ 7.95 126
买⑤ 7.94 145
涨跌 0.37 均价 7.76
涨幅 4.86% 前收 7.61
振幅 6.83% 今开 7.57
总手 126776 最高 8.07
总额 9833 最低 7.55
换手 7.42% 量比 2.12
分笔 7949 均量 16
外盘 65676 内盘 61100
14:56 8.00 92
:21 8.00 50
:26 7.99 27
:31 7.99 536
:41 7.99 174
:51 7.97 513
:56 7.98 427
14:57 7.98 14
15:00 7.98 4108
细 价 盘 势 周 指 财 讯 图 特 解

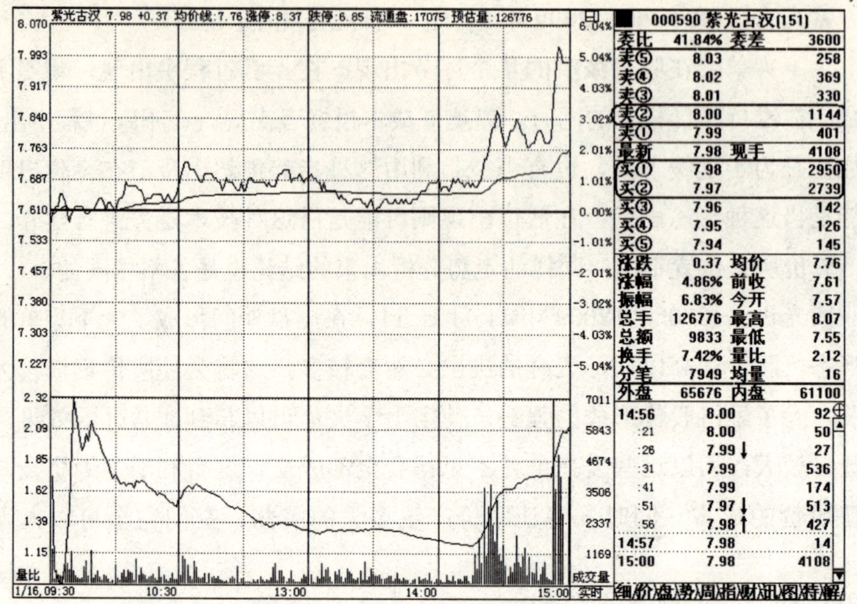

图 4-15

第四节　上穿线买点

均价线除了具有支撑、压力、促涨和促跌的作用以外，它还可以向投资者提示盘中的短线买点所在，投资者依据分时线与均价线的波动变化，可以很轻松地确立当天股价起涨的位置所在。

因为均价线反映了市场投资者的持仓成本，只要股价从均价线的下方向上突破均价线的时候，便意味着市场的多空力量发生了明显的改变。股价的上涨是因为资金入场的积极推动，资金不断推动股价上涨并向上突破均价线，说明当天处于亏损的资金全部处于盈利的状态，为什么主力资金会这么好心去让其他投资者解套呢？因为主力资金也想实现盈利，所以需要让股价向上突破均价线。

上穿线买点的含义是指：股价的波动低点始终位于昨日收盘价之上(为了突出整体强势)，而后由下向上突破均价线的压力，一旦突破均价线，买点也就此到来，投资者可以在这个时候入场进行积极操作。在上穿线买点形成的时候，成交量越大越好，在买点处成交量越大，说明主力资金的介入力度越大，因此股价在后期才有可能会出现较有力度的上涨。

美尔雅(600107)：2009 年 11 月 16 日走势图(图 4–16)

美尔雅(600107)2009 年 11 月 16 日，股价开盘后形成了弱势震荡的形态，波动重心始终位于均价线的下方，波动过程中的高点都受到了均价线的强大压力，虽然股价走势比较弱，但由于涨幅依然为正，并且股价的低点始终没有再创新低，所以投资者还是应当对这样走势的个股进行重点关注。

下午开盘又经过一段时间的震荡后，成交量出现了密集的放大，这说明资金开始了积极的入场，受到买盘的推动，股价向上突破了均价线的压力。股价之所以又涨了上去，让前期的投资者都实现了盈利，就是因为入场的主力资金想要获得更多的收益，因此只能推高股价。毕竟投资者获得的收益与主力资金获得的收益相比是微乎其微的。

在后期成交量不断放大的推动下，股价当天收出了一根大实体的阳线，而起涨的点位就在股价向上突破均价线处，投资者在突破点买入便可以轻松地实现盈利。

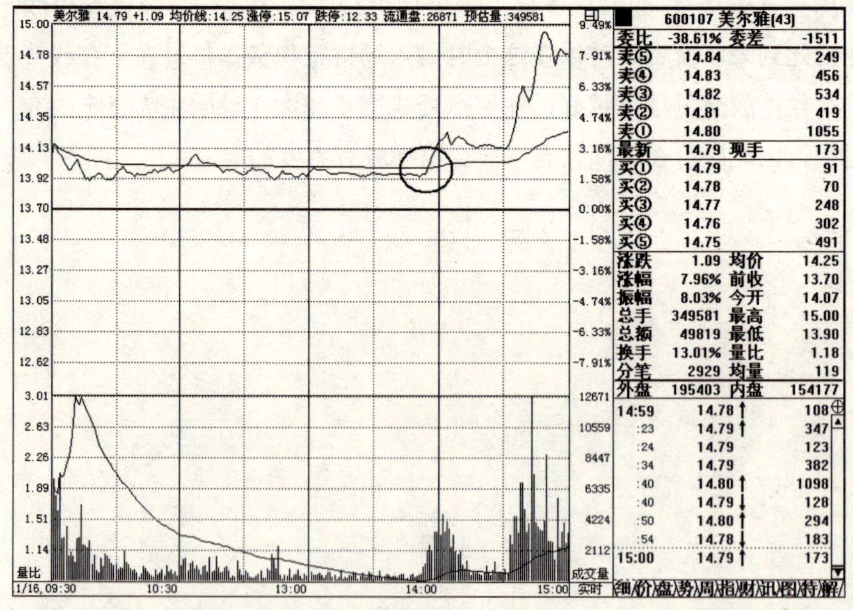

图 4–16

南方航空(600029)：2009 年 11 月 16 日走势图(图 4–17)

南方航空(600029)2009 年 11 月 16 日早开盘后，股价连续出现震荡下行的走势，同时，均价线也形成了下降的趋势，均价线的走势对股价的波动起到了强大的压力作用。虽然从均价线与股价的走势来看，弱势特征比较明显，但由于股价的低点依然位于昨日收盘价之上，所以在后期只要有资金再度入场，股价还是有机会出现上涨走势的。

下午开盘经过半个多小时的震荡以后，成交量出现了密集的放大，这说明资金有备而来，受到大量资金入场的推动，股价顺利地向上突破了均价线的压力。突破的形成，将会使均价线的压力作用转变为支撑作用，这将会对后期的上涨起到强大的支持，因此投资者可以在突破的时候及时入场进行操作。

由于均价线的压力往往比较沉重，所以在股价向上穿过均价线的时候，往往需要成交量的配合，资金的介入，一是增加了买盘，二是消化了抛盘对股价的影响，所以一旦放量突破形成，只要及时地买入便可以把握住后期的盈利机会。

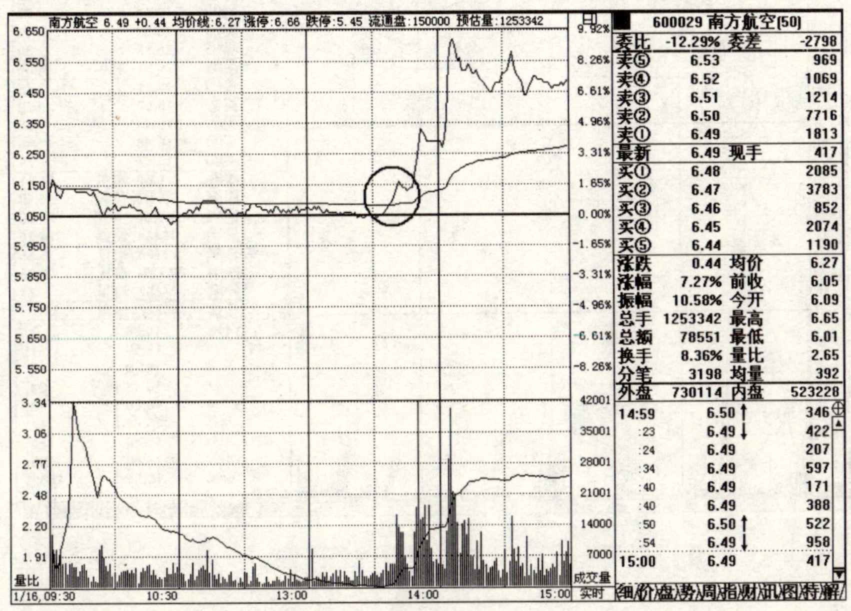

图 4–17

安妮股份(002235)：2009 年 11 月 16 日走势图(图 4–18)

安妮股份(002235)2009 年 11 月 16 日，股价在开盘以后出现震荡下行的走势，但低点并没有向下跌破昨天收盘价，如果日 K 线形态处于上升趋势，这种走势往往是一种震仓行为，主力资金利用开盘走弱吓出来一些昨日的短线获利盘。

因为当天还要继续上涨，所以股价短时间的下探结束以后，便快速地向上突破了均价线的压力，在股价上穿均价线的时候，成交量也配合着出现了放大的迹象，成交量的放大说明资金在积极地入场操作，这将会对上涨起到极大的推动作用。

在股价突破均价线的时候，投资者一定要及时地入场操作，压力一旦被突破，将会在后期转变为支撑，会促使股价不断上涨。从后期走势来看，股价由弱转强的点位，就是分时线向上放量突破均价线的位置。

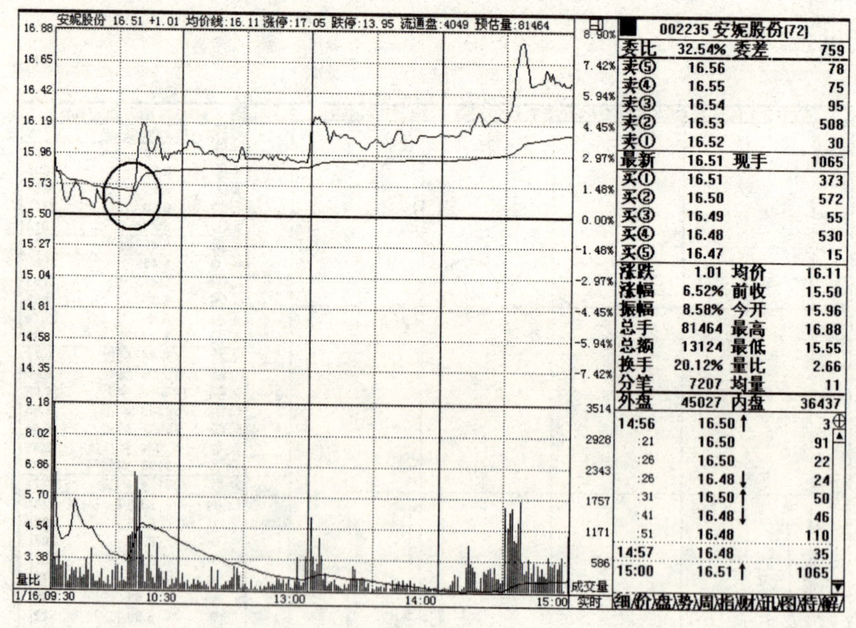

图 4–18

青海明胶(000606)：2009 年 11 月 16 日走势图(图 4-19)

青海明胶(000606)2009 年 11 月 16 日，股价开盘以后便出现了下跌的走势，虽然形成近两个小时的持续回落，但是回落的低点却依然位于昨日收盘价上方，看来股价并不是想真正的下跌。

随后，在成交量放大的情况下，股价成功地向上突破了均价线的压力。此时成交量的放大对应着股价的上涨，这说明资金的流动方向是在向场内流入，这是股价持续上涨的根本动力所在。在股价突破了均价线的压力以后，均价线便由压力转变成为了支撑的作用。

在上穿线买点出现以后，股价后期无论如何波动都没有再出现这样好的买入机会。如果股价同期日 K 线也处于上升趋势，那么，这种盘中的买点完全做到了顺势而为，在股价上涨的初期提示投资者做多，取得赢利也就是非常简单的事情了。

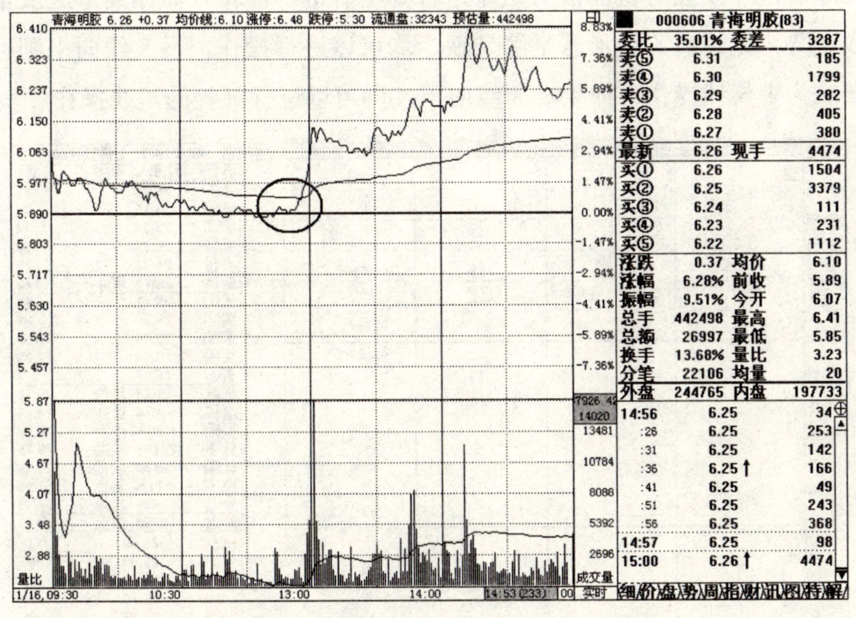

图 4-19

大立科技(002214)：2009年11月16日走势图(图4–20)

大立科技(002214)2009年11月16日，股价开盘以后略做上冲，波动重心便始终位于均价线的下方，并且受到均价线的明显压力。股价虽然连续震荡下行了两个多小时，但却始终并未翻绿，涨幅依然为正，这种现象非常值得投资者重视。如果站在主力资金的角度看待这种走势就很好理解了，为了清理掉短线获利的投资者，因此在股价开盘以后故意出现弱势的走势，股价始终位于均价线的下方，必然会让一些没有信心的投资者出局，这样主力资金的盘中洗盘操作就达到了目的。经过较长时间的震荡以后，股价终于向上突破了均价线的压力，突破点的到来意味着主力资金洗盘操作的结束，同时也意味着上涨行情的开始，投资者应当在上穿线买点形成的时候及时入场进行建仓。股价在形成上穿线走势时，成交量配合放大，这是非常完美的量价配合。

有一些个股在上穿线时并没有放量，对于这类个股，投资者最好谨慎对待，除非日K线强势特征极为明显，否则不宜进行操作。而如果形成放量上穿线走势，无论日K线形态是涨是跌，均可以进行操作，日K线向上则可能演变成为中长线操作，如果日K线向下，则可以进行纯粹的短线操作。

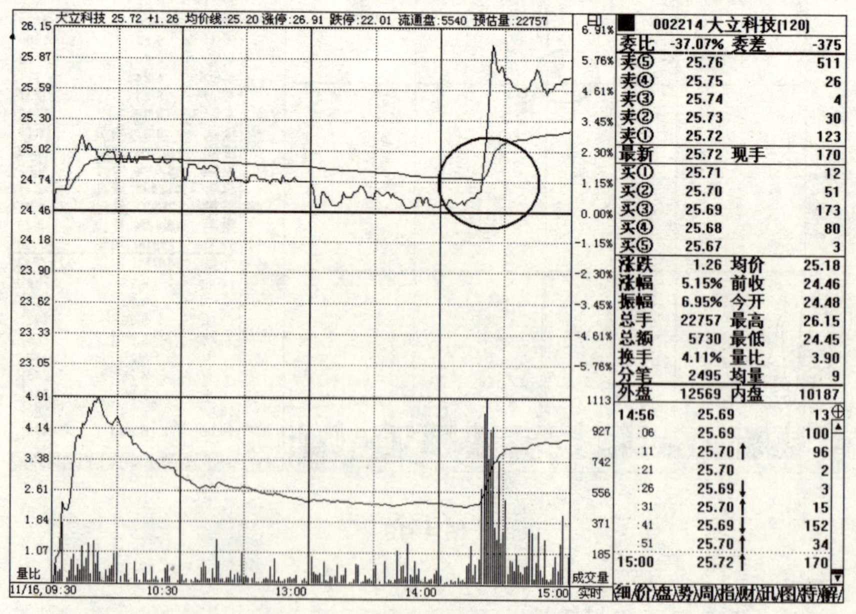

图 4–20

第五节　下破线卖点

在进行实战操作的时候，谁都想在一个比较理想的价位买到一只好股票，同时也想在较高的价格区间卖掉手中的股票，如果使用的方法正确，这两种完美的操作都是可以成功地实现的。当然，高与低只是区间性的概念，绝对的低点与高点是不能用技术进行判断的，这只能靠运气。

在分时卖点之中，有多种卖点形式，比如，笔者经过长时间的实战总结出来的：第一卖点、第二卖点、背离卖点、衰竭卖点和共振卖点等，这些分时卖点将会在以后的《短线炒股就这几招》系列书籍中做详细的介绍。

在本节内容中，将为大家着重介绍下破线卖点的使用方法。破线卖点是指：股价在盘中的高位向下跌破均价线的支撑，一旦均价线对股价无法起到支撑的作用，那下跌的走势将会就此形成，投资者应当在股价跌破均价线的时候及时离场回避风险。与上穿线买点相比，下破线卖点形成时，可以以放量下跌的形式出现，同时，也可以以无量下跌的形式出现，量能不作为主要的技术要求。

开创国际(600097)：2009 年 11 月 17 日走势图(图 4–21)

开创国际(600097)2009 年 11 月 17 日，开盘以后出现了快速上涨的走势，股价上涨到高位时，成交量出现了密集的放大，这往往意味着盘中的资金在高位进行了大规模的出货操作。

一旦主力资金展开出货操作，那么股价的上涨便会停止。图中可以看到，在股价上涨到高位以后，出现了连续弱势震荡走势，波动的重心变得越来越低，并且最终向下跌破了均价线的支撑。均价线的支撑作用失效，意味着股价下跌行情的开始，因为均价线代表了当天介入资金的持仓成本，所以股价跌破均价线意味着资金将会出现套牢现象，如果主力资金真的在盘中进行积极的运作，又怎么可能会让已介入的资金亏损？

所以，在股价上涨以后向下跌破均价线说明了主力资金的离场。下破线卖点形成以后，再也没有出现较高的卖出机会。

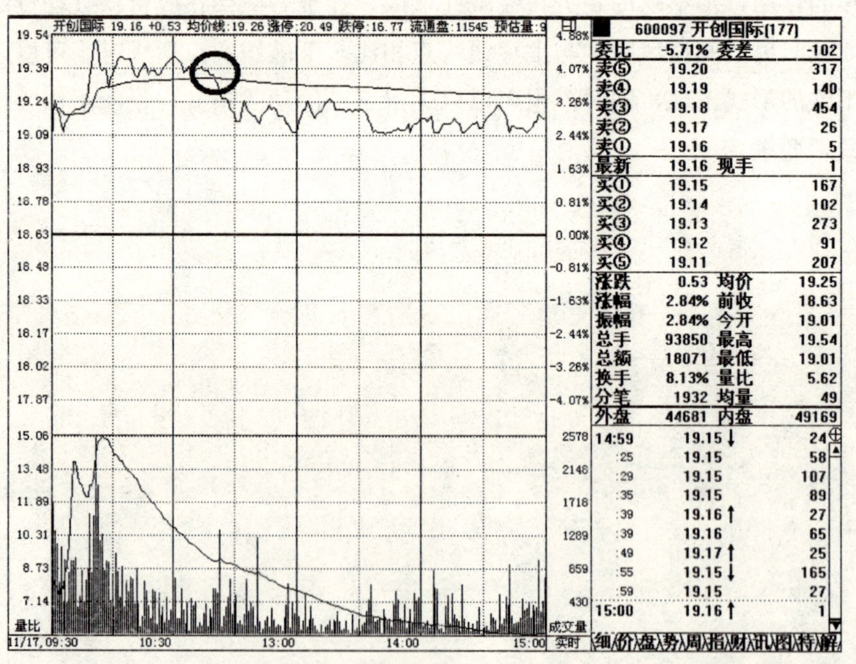

图 4–21

海陆重工(002255)：2009 年 11 月 17 日走势图(图 4–22)

海陆重工(002255)2009 年 11 月 17 日，股价开盘以后快速上冲，但是上涨没有延续多久便出现了回落，面对冲高回落的走势，投资者一定要做好卖出的准备，并且此时需要盯紧均价线这一重要支撑位。

均价线由于代表了场中资金介入的成本，所以它的支撑作用是非常强大的，如果股价于盘中要展开连续上涨，必然不会轻易跌破均价线的支撑，而如果股价冲高回落，或是形成弱势波动形态，必然会回落到均价线的下方，因此，将均线价是否破位视为卖点、视为多空分界线是非常合适的。

经过小幅上下震荡后，股价快速地向下形成破位走势，由于均价线的波动比较稳定，因此，卖点可以提前计算出来，一旦破位现象出现，一定要及时按照预定计划进行卖出，任何犹豫都有可能错失高位的卖出机会。

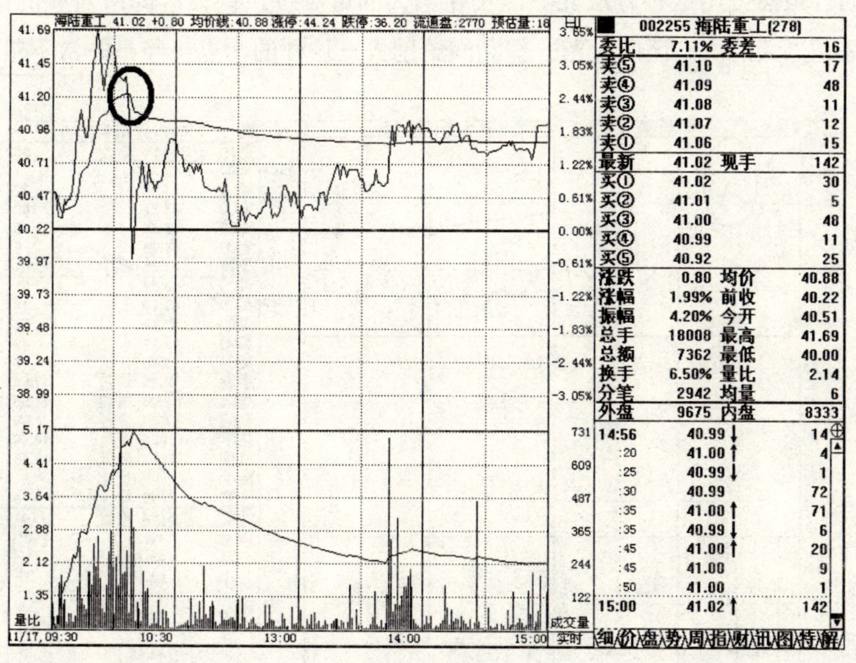

图 4–22

探路者(300005)：2009 年 11 月 17 日走势图(图 4-23)

探路者(300005)2009 年 11 月 17 日，股价开盘以后在成交量持续放大的推动下，出现了快速上涨的走势，股价的上涨是主力资金运作的结果，如果在这一天想要积极做多，那么股价必然会持续上涨并会以当天最高价收盘。但如果主力资金做多的决心不坚定的话，那么后期出现冲高回落的可能也会很大。

股价在上涨到高位以后，并没有继续保持上攻的态势，而是出现了明显的下跌走势。分时线强有力地向下，跌破了均价线的支撑。股价位于分时线之上，意味着当前波动形态多头占据主动，而一旦回落至均价线下方，则说明空方占据盘中主动。因此，在分时线向下跌破均价线的时候，投资者一定要及时地卖出手中的股票。在下破线卖点出现以后，股价于后期一路回落，下破线卖点位置成为了当天绝对的高位区间，从卖出的效果来看也是非常理想的。虽然使用这种方法并不能卖在当天的最高位，但该区间所对应的位置往往是当天的次高区间，留一些利润给别人，这样的卖点已经是非常不错的。

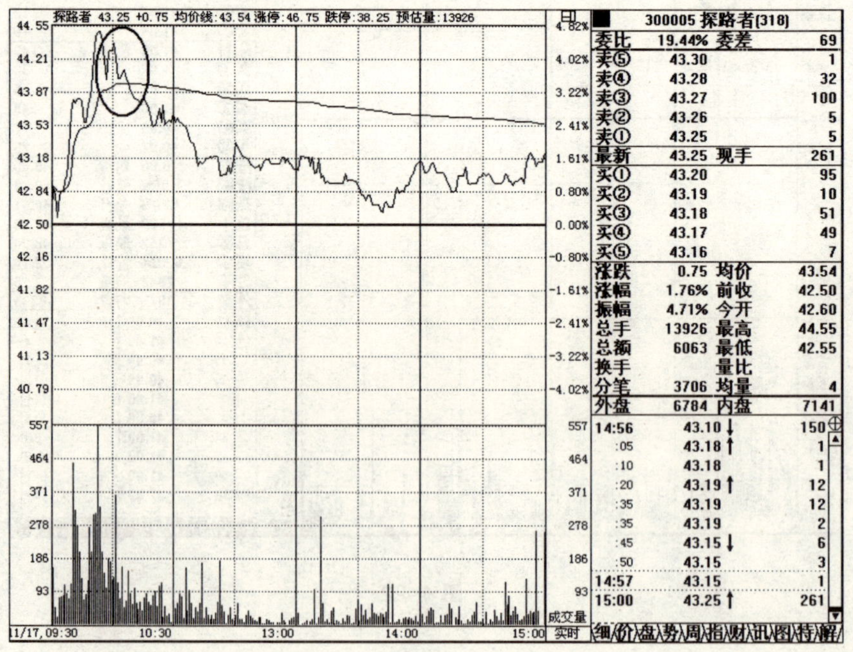

图 4-23

旭飞投资(000526)：2009 年 11 月 17 日走势图(图 4-24)

旭飞投资(000526)2009 年 11 月 17 日，股价开盘以后成交量出现了密集的放大，这些量是主力资金在进行积极建仓，还是在进行大规模的出货呢？在盘中的时候很难准确地判断出量能背后的性质。不过可以通过股价后期的走势进行判断。如果放量过后股价出现了大幅上涨，那就表示资金在盘中进行了积极的建仓，如果股价向下跌去，那就表示当前的放量是主力资金借高点在进行出货操作。在股价涨到当天的高位后，波动的重心开始变得越来越低，并且分时线快速地向下跌破了均价线的支撑。一旦股价向下跌破均价线，便意味着上涨走势到此结束，股价后期将会在均价线压力与促跌作用双重影响下不断地下跌，投资者在这个时候应当及时离场回避风险。

在下破线卖点出现以后，股价便出现了长时间的滑落走势，虽然这个卖点并不能帮助投资者卖在高点位，但依然可以帮助投资者回避股价后期大幅回落的风险。将其视为股价下跌前最后一个高位区间的卖点更为合适。

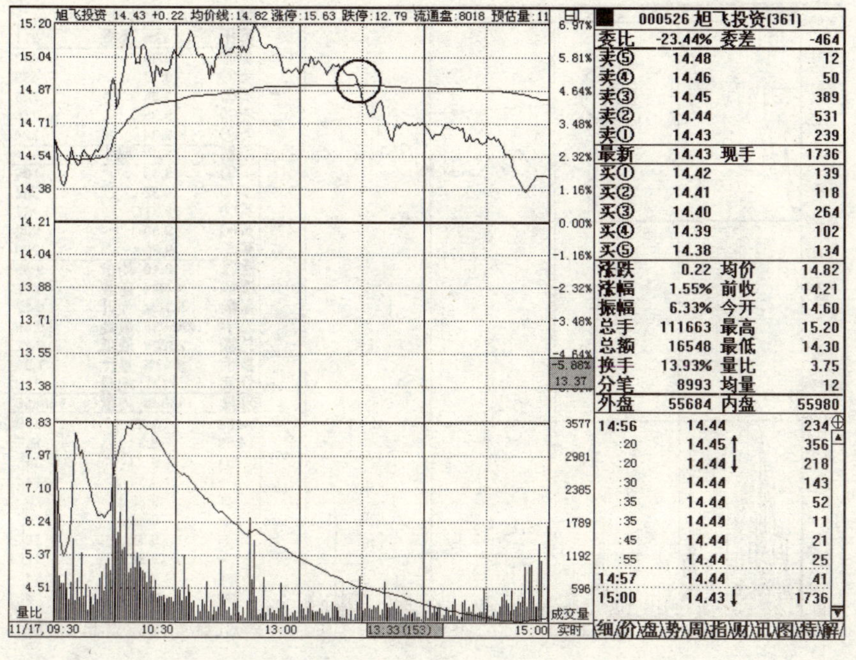

图 4-24

湖南海利(600731)：2009年11月17日走势图(图4-25)

湖南海利(600731)2009年11月17日，当股票上涨到高位以后，股价的波动由原来的强势特征转变成为弱势特征，最直接的体现就是在成交量低迷的情况下，分时线变得非常曲折。

在股价下跌的初期，由于分时线依然位于均价线上方，投资者此时还不必进行卖出操作，均价线的支撑不失效，经过调整后还有可能继续上行。但是，随着弱势特征的进一步明确，分时线快速地向下跌破了均价线的支撑，至此，下破线卖点形成。

从股价后期的走势来看，下跌线卖点处于相对的高位区间，这个位置恰是股价强弱的最终分界线。在股价由强转弱时进行卖出自然是一种正确的操作方法，顺势而为的操作并不主张卖在最高点，而是卖在股价强弱的分界处。同时，由于这种卖出方法可以提前预知具体的卖点价位，所以使用起来非常简便(因为均线价波动较为平缓，价格变化幅度不大)。

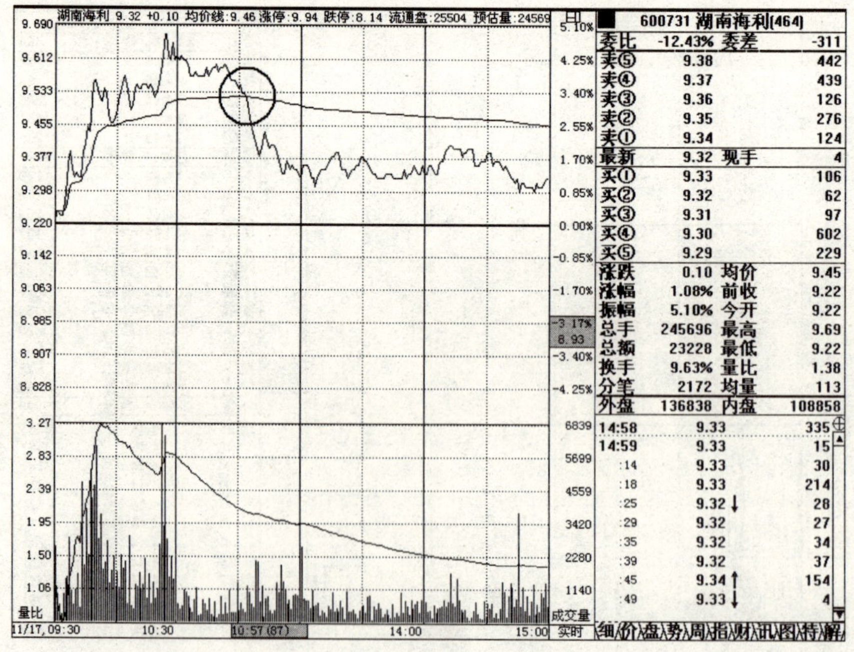

图4-25

第六节　双线均向上

投资者在进行实战分析的时候，股价的变化是一定要重视的，因为通过股价的变化可以判断出未来的趋势运行方向。但又不能只注重股价的变化，成交量的形态对于进行实战分析来讲也是相当重要的。

成交量的变化其实反映的是资金的流动方向，投资者结合股价所处的位置便可以轻松地判断出资金是在介入还是在撤出。在盘中进行分析的时候，投资者可以使用量比指标进行辅助分析，量比指标的数值可以帮助投资者了解股价波动时成交量是在放大，还是在萎缩。

一般而言，在进行短线操作的时候，要求股价的上涨一定要与成交量的放大形成完美的配合，只有这样上涨才会具有持续性，并且才可以验证成交量的放大是主力资金在入场进行建仓。因此，可以利用双线向上——股价分时线与量比指标线保持一致向上的操作方法寻找那些短线具有上攻潜力的个股。

天山股份(000877)：2009 年 11 月 16 日走势图(图 4–26)

天山股份(000877)2009 年 11 月 16 日，股价开盘以后出现了快速上涨的走势，分时线的形态非常强势，但进行分析不能仅注重价格变化，成交量的变化也是需要进行关注的。

在股价上涨的时候，量比指标线也随之形成了上升的趋势，同一时间，分时线与量比指标保持了一致的方向，这种现象就称之为双线向上。

量比指标线的向上意味着成交量出现了放大，量能放大股价上涨，这是经典的完美量价配合，因此，在双线向上时投资者可以入场积极地进行短线操作。

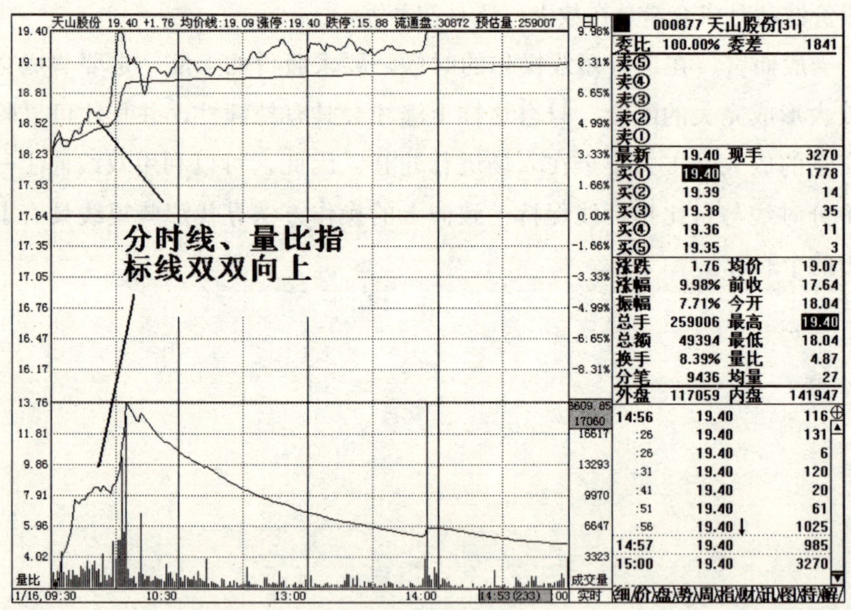

图 4–26

山西焦化(600740)：2009 年 11 月 16 日走势图(图 4–27)

山西焦化(600740)2009 年 11 月 16 日，股价开盘后便出现了震荡上行的走势，从分时线来看，线条非常流畅，只有那些资金积极操作的个股才会形成如此优美的分时曲线。

在股价上涨的过程中，量比指标线也同步形成了上升的趋势，它提示投资者成交量出现了放大的迹象。从量比指标的变化中，投资者也可以看到股价上涨的动力所在，如果没有量能放大作为支撑，股价又怎么会形成强劲的上涨？

在上涨途中出现了一次调整走势，而此时量比指标也同步形成了下降趋势，调整结束以后股价再次上涨，量比指标此时也再度形成上升趋势，量比指标线始终与股价的波动保持一致，这就提供了极好的短线操作机会。双线向上对于短线投资者来说，是最安全的操作时机。

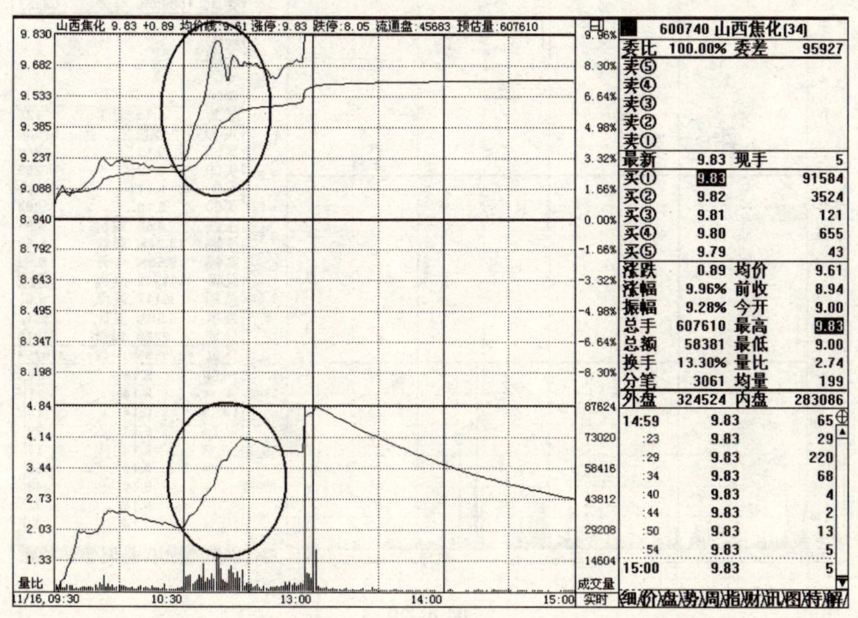

图 4–27

南钢股份(600282)：2009 年 11 月 16 日走势图(图 4–28)

南钢股份(600282)2009 年 11 月 16 日，股价开盘后出现了震荡上行的走势，由于上涨形态较为曲折，所以量比指标并没有形成高度配合的状态。

在股价经历了小幅度的调整以后，成交量再次放大，同时量比指标也由下降趋势转变成为了上升趋势，成交量的放大对应着股价的上涨，这说明资金仍在真实地介入，投资者在这个时候应当及时地入场操作。较早发现双线向上现象的形成，投资者便可以更多地把握住盈利的机会。

形成双线向上的股票其量价配合都是非常健康的，所有短线有良好表现的个股，都会具备这样的技术特征。双线向上技术形态较为简单，很容易理解，只要投资者坚持只在双线向上时进行短线操作，必然会取得很好的战绩。

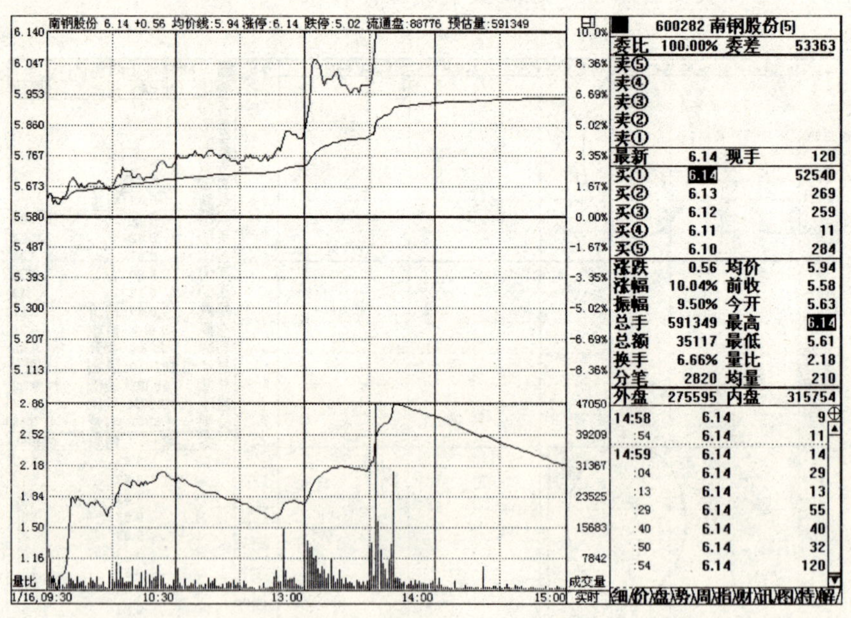

图 4–28

爱使股份(600652)：2009 年 11 月 16 日走势图(图 4–29)

爱使股份(600652)2009 年 11 月 16 日，股价开盘以后，量比指标便形成了区间震荡的形态，同时，分时线也在此时无序震荡，双线没有达成共识，这意味着投资者此时不宜进行短线操作。

经过了约一个小时的震荡以后，量比指标线的上升趋势变得非常明确，受到资金持续入场的推动，股价也同步形成了上升的趋势，分时线与量比指标线的方向终于一致，这种走势意味着一轮短线上涨行情将要就此展开。

双线向上走势发现的时间越早、介入的时间越提前，那么后期可实现的盈利就越高，因为成交量的放大一旦形成，后期必然会有持续放量现象的出现，成交量的放大将会促使股价持续性上涨走势的出现。

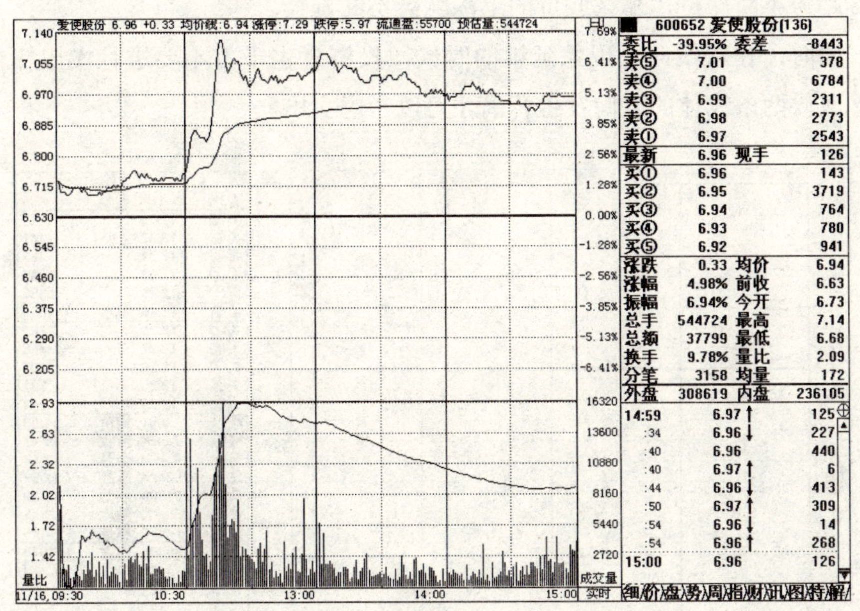

图 4–29

富龙热电(000426)：2009 年 11 月 16 日走势图(图 4–30)

富龙热电(000426)2009 年 11 月 16 日，股价开盘后，股价保持小幅震荡的形态，而量比指标此时也没有明显的连续上升形态出现，双线未达成共识的走势，投资者在这个时候是不能入场进行操作的。

股价经过一个多小时的震荡以后，在成交量放大的推动下，终于展开了上涨的走势，因为成交量已经开始放大，所以量比指标也随之形成了上升的趋势。同一时间分时线与量比指标线形成了一致的上升趋势，这意味着短线做多机会的到来。

成交量放大股价上涨，这说明量能的放大性质是真实的买盘，买盘越多，则股价上涨的空间也就会越大。只要分时线的上升趋势与量比指标线的上升趋势不断保持，那么股价的上涨就会不断延续。

同时，在双线向上现象延续的时候，投资者也千万不要进行卖出操作，什么时候两条线体的方向发生背离才可以考虑卖出。

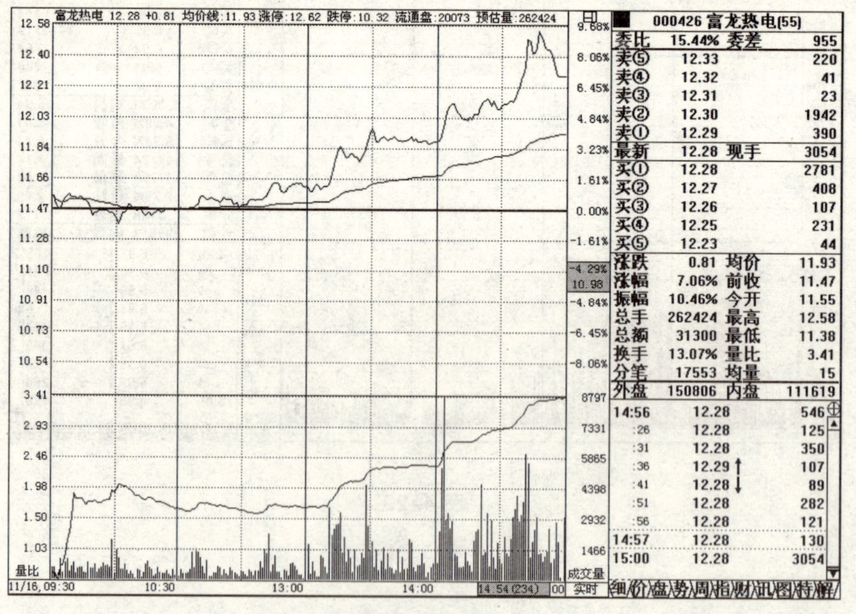

图 4–30

第七节　双线均向下

量比指标不仅可以向投资者提示盈利机会的到来，同时，它还可以帮助投资者回避风险。如果量比指标线由高位向下形成下降趋势时，表示成交量出现了萎缩，或是资金入场数量开始减少，这是资金不作为的信号，资金一旦停止做多或是离场股价将会出现下跌的走势。

所以，当量比指标线形成下降趋势特别是在高位形成下降趋势，同时分时线也随之出现了拐头向下的走势时，投资者就需要及时离场回避风险，一旦双线向下的技术特征被满足，股价后期持续下跌的概率将会很大。

恩华药业(002262)：2009 年 11 月 17 日走势图(图 4–31)

恩华药业(002262)2009 年 11 月 17 日，股价开盘以后便出现了强劲的上涨走势，同时量比指标也出现了整体向上的形态，在这个时候已经买入的投资者就需要耐心地持股。

股价上涨到高位以后，主力资金开始大规模出货，随着抛盘的不断增加，分时线由上升趋势转变成为了下降趋势，同时随着资金持续地离场，成交量开始变得越来越小，这使得量比指标线由高位开始向下回落。一旦分时线与量比指标线同时形成了下降趋势，那将意味着股价的上涨行情已经结束，投资者应当考虑进行卖出。

双线向下仅能提示投资者做空的区间，具体的卖点并不能直接提示，因此，在进行卖出的时候，还需要结合分时线的特点使用一些适合于短线卖出的方法。在股价后期波动的时候，量比指标线始终保持着下降趋势，而分时线则有涨有跌，两条线有分歧的区间，是不能轻易入场操作的。

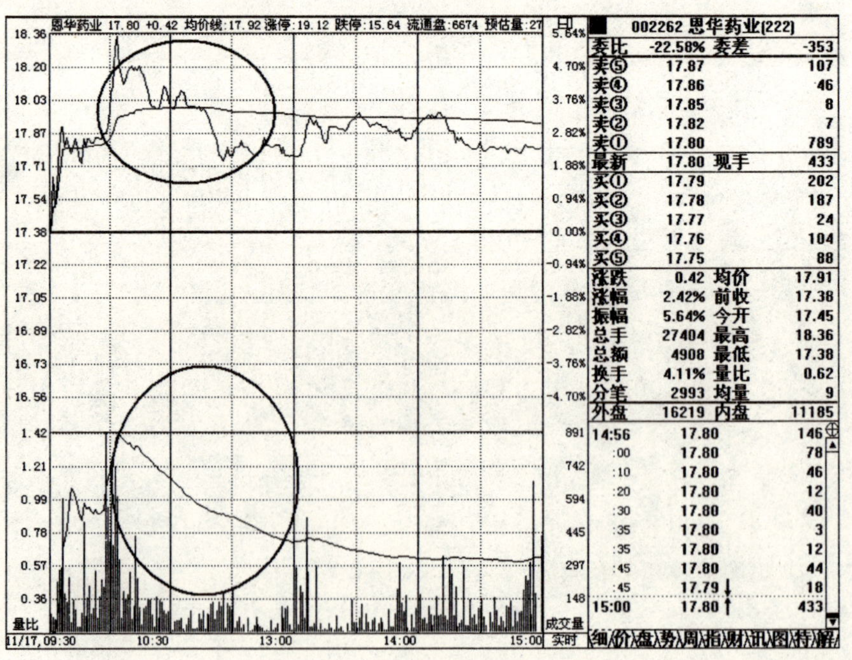

图 4–31

太原刚玉(000795)：2009 年 11 月 17 日走势图(图 4-32)

太原刚玉(000795)2009 年 11 月 17 日，开盘以后股价形成了放量上涨的走势，此时的波动形态满足了双线向上做多的要求。在分时线与均价线均连续向上的时候，投资者不能进行卖出操作。

在股价形成第一个高点以后，量比指标线率先形成了下降趋势，虽然股价后期形成放量上冲走势，但量比指标线并未改变下行趋势。经过一段时间的震荡，分时线终于向均价线妥协形成下降趋势，至此，双线同步向下，意味着风险区间的到来。

量在价先，没有成交量的支持，股价的上涨都不会真实。进行短线操作时，如果量比指标已形成下降趋势，而股价却还有上冲的高点，那么，这些高点只能作为卖点来对待，而不能在两条线有分歧的时候依然进行做多操作。

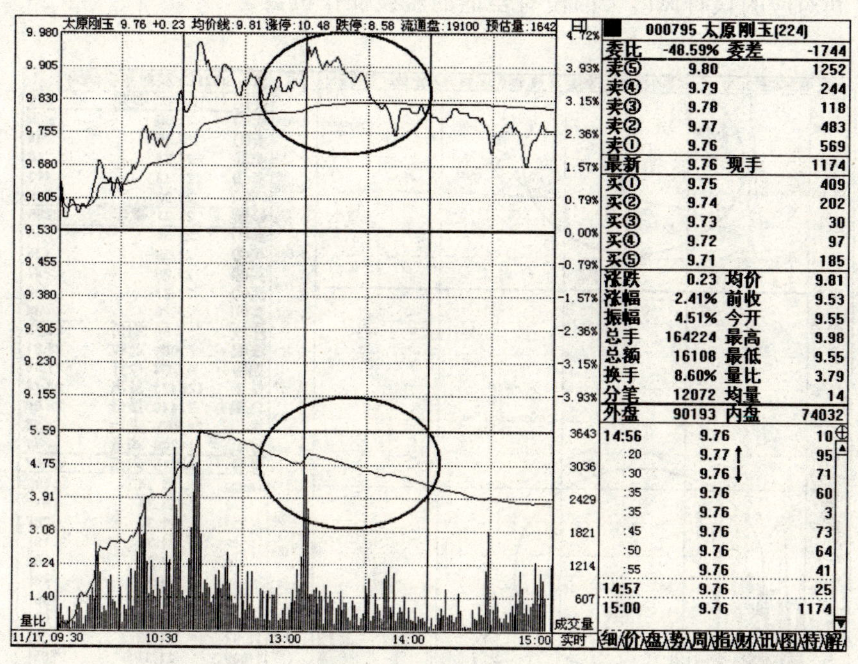

图 4-32

深圳惠程(002168)：2009 年 11 月 17 日走势图(图 4–33)

深圳惠程(002168)2009 年 11 月 17 日，股价形成第一个高点以后，受到成交量萎缩的影响，量比指标线先于分时线形成了下降的趋势，量比指标线下行趋势的确立是在提示投资者目前场中做多资金已减少，后期股价的上涨存在风险。

虽然量比指标线已形成下降趋势，但分时线却依然保持着上升的趋势，面对这种双线背离现象，应当如何进行操作呢？此时应当顺从于分时线的趋势继续持股，只要分时线的趋势没有改变便没有必要卖出。而一旦分时线拐头向上与量比指标线形成双线向下形态时，投资者就必须要及时地离场回避风险。

在量能不足的情况下，股价的回落也将会持续地进行。没有成交量放大作为支持，股价也将很难有效地展开真正意义上的上涨行情。因此，双线向下区间对应的只有风险，而没有合适的短线操作机会。

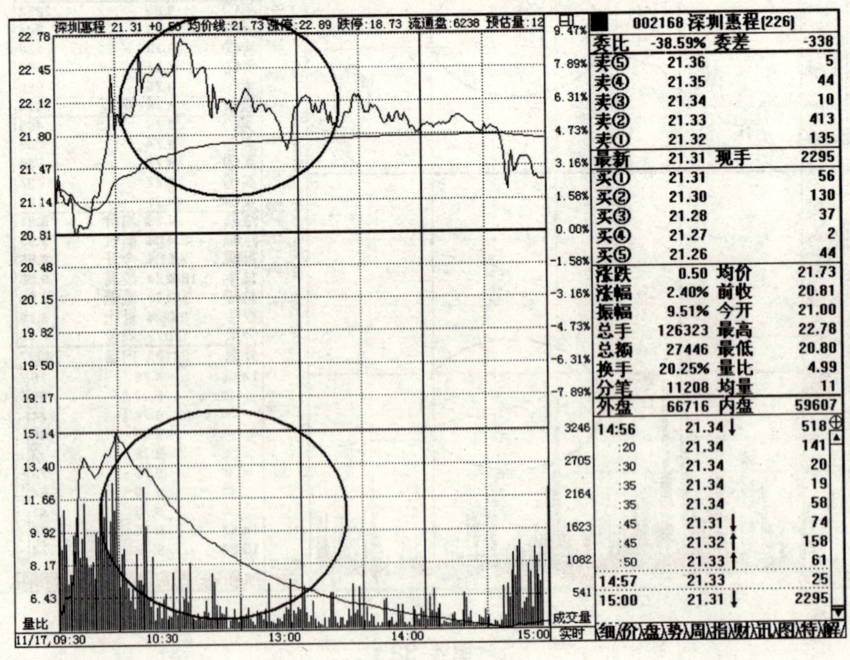

图 4–33

远望谷(002161)：2009 年 11 月 17 日走势图(图 4–34)

远望谷(002161)2009 年 11 月 17 日，股价开盘后经过一个小时的回落，出现了上涨的走势，随着股价的上涨，量比指标线也形成了上升的趋势，在双线向上的时候，已经买入的投资者一定要进行坚定的持股操作，只要这种技术形态没有改变，股价的上涨便不会停止。

上涨到高位以后，分时线出现了向下拐头的现象，同时量比指标线也随之形成了下降的趋势，这表示场中的资金已在股价的高点进行了出货操作，量能的性质将要发生改变。当双线向上转变成为双线向下以后，股价的下跌行情就会由此展开。资金的入场会推动上涨行情的出现，同时，资金的离场也将会导致下跌的形成。

双线同步向下形成的位置构成了盘中的高点，投资者在这个区间进行卖出，并始终在双线向下时停止操作才可以完全回避盘中股价短线波动的风险。

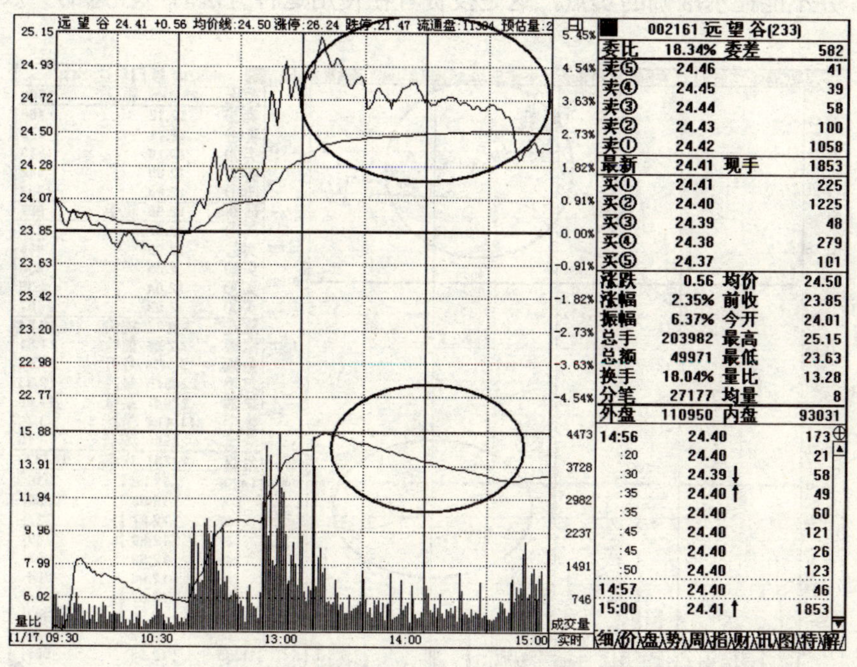

图 4–34

厦门信达(000701)：2009 年 11 月 17 日走势图(图 4–35)

厦门信达(000701)2009 年 11 月 17 日开盘后不久在成交量持续放大的推动下，股价出现了上涨的走势，在分时线与量比指标线都形成上升趋势的时候，投资者应当耐心地持股顺势而为。

当股价上涨至盘中高位以后，由于成交量不能再有效放大，分时线出现了向下拐头的走势，同时，量比指标线也随之逆转趋势向下。双线基本上在同一时间向下，量比指标线的下行意味着做多资金数量的减少，分时线的下降说明盘中抛盘数量大于买盘数量。无论是分时线形态还是量比指标线形态，都提示了投资者短线风险的到来。

双线向下是股价下跌以及上涨到高点以后经常出现的走势，只要双线没有重新形成向上形态，股价的整体趋势将会继续向下，因此，对于短线投资者来说，这是必须要回避的风险。双线向下仅能提示投资者风险区间的所在，并不能提示准确的卖点，这是投资者在使用这种方法时应注意的一点。

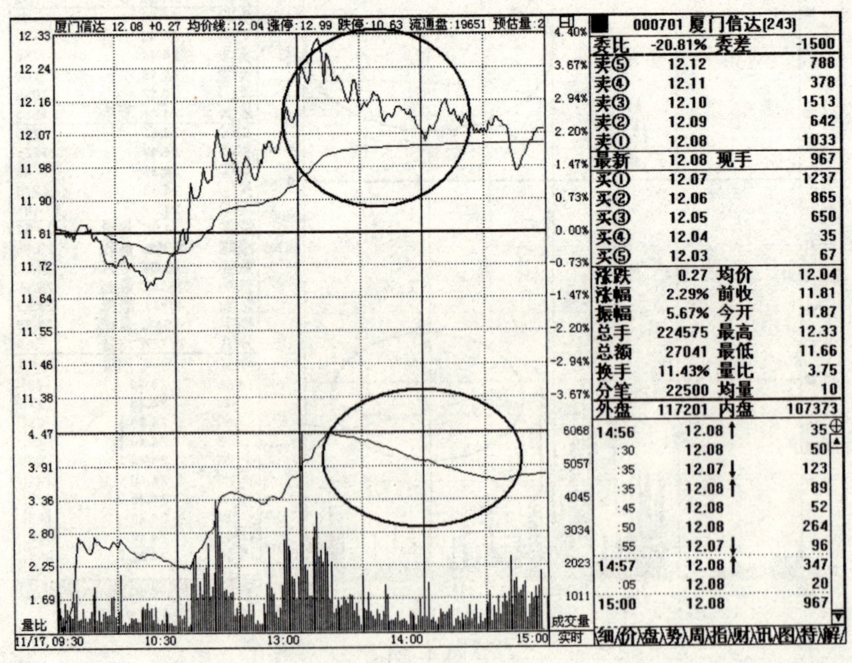

图 4–35

第五章

综合实战

前几章内容为大家讲解了一些实战操作的方法，为了方便讲解个股案例均针对局部走势进行，本章内容将为各位读者结合一些个股案例，进行全面性的讲解，从而可以更灵活地运用本书中所讲解的技巧进行操作。

只有将所学的知识运用到实战操作中去，才可以真正地领会这种操作方法的意义，仅是学习而不进行实战操作，则不能有效地理解。最初使用一种方法操作时，可以先少量买入进行尝试，随着实战经验的增多，则可以加大仓位进行操作。

第一节　华兰生物实战图解

华兰生物自 2009 年 8 月开始形成了一轮大幅上涨的行情，股价单一的上涨必然会提供多次介入的机会，对每一个波动的细节进行分析，就算不能在最低点处进行操作，也依然可以获得丰厚的利润。

进行实战操作，任何买卖点的设置都不能任意地进行，都应当有技术上的理由，哪怕只有一个理由，当然买入的依据越多，股价未来上涨的概率也会越大，卖出也是如此。

华兰生物(002007)：2009 年 8 月走势图(图 5–1)

华兰生物(002007)2009 年 8 月股价连续下跌到低点以后，收出了一根涨停大阳线，这预示着股价有很大可能将会结束下跌。

这一根涨停大阳线出现时，成交量并未放大，它符合了钻石大阳线的技术要求，除了起到促使底部形成的作用以外，无量大幅上涨还意味着股价后期还会有进一步的上涨空间。

底部出现的钻石大阳线都会提示两个信号，一是底部的到来，二是上涨的延续。因此，连续下跌后出现钻石大阳线时，投资者可以于盘中追涨建仓。特别是当指数同期也有明确底部迹象时，钻石大阳线的出现更体现着机会的到来。

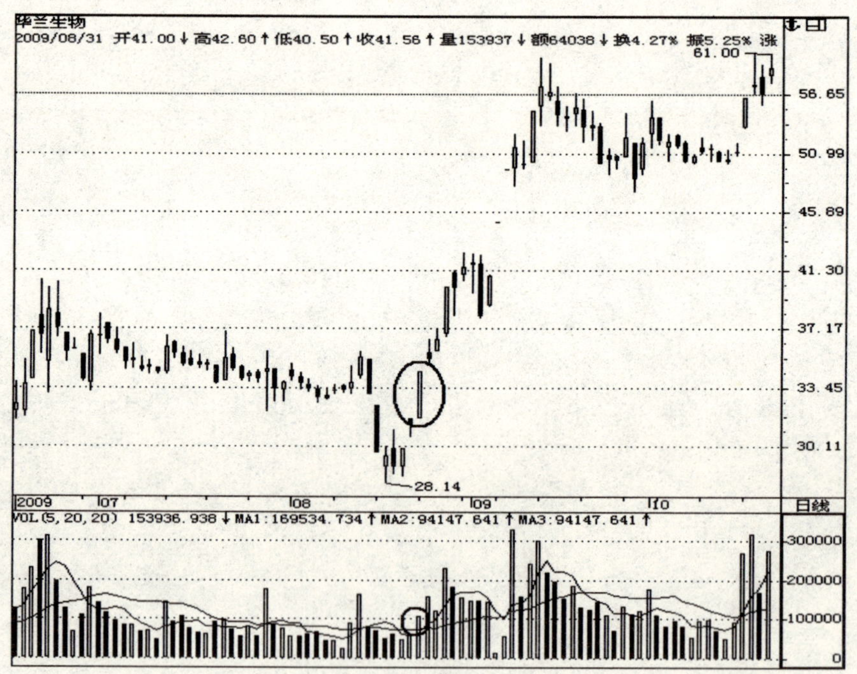

图 5–1

华兰生物(002007)：2009 年 9 月走势图(图 5-2)

华兰生物(002007)2009 年 9 月低点区间的钻石大阳线出现以后，股价便在后期形成了连续上涨的走势，没有再给投资者留下好的低点买入机会。如果错过了底部的建仓机会，投资者一定要对上升过程中的变化形态进行细致分析，只要有经典的买点形态出现，便可以于中途做多。

在股价上涨的中途形成了快马加鞭的技术形态。股价调整的低点位于 10 日移动均线时受到了强大的支撑，那些量能并不是很大的阴线，只是主力资金的一种震仓行为，而并非顶部。如果是顶部大阴线，别说 10 日移动均线，就是 20 日移动均线也无法起到支撑的作用。

由于股价的上涨形态非常单一，如果投资者又错过了快马加鞭的中途买点，便只能眼睁睁地错过这只大牛股。股市中的机会虽然很多，但对于强势个股来讲，可能机会只有那么一两次。

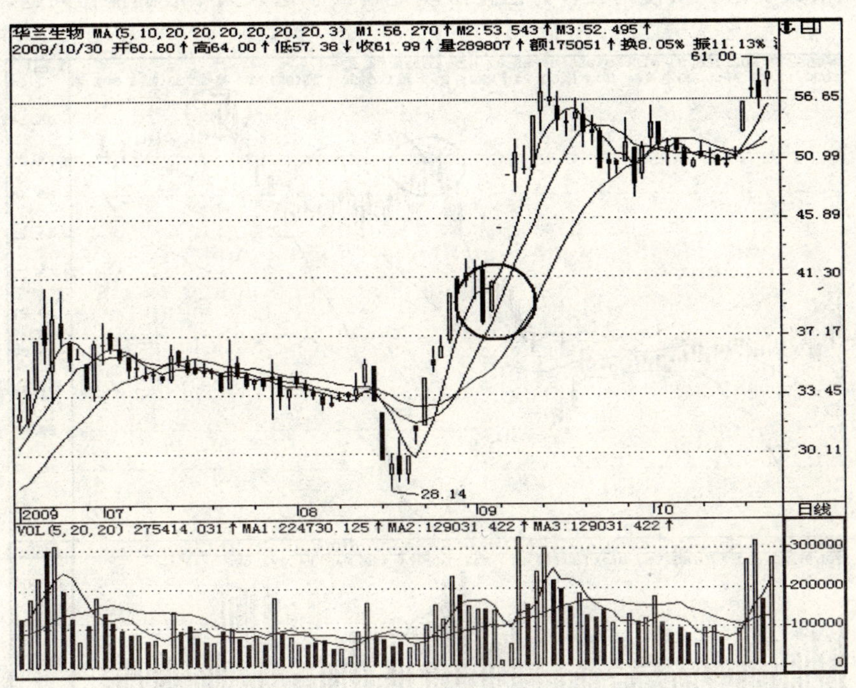

图 5-2

华兰生物(002007)：2009年9月及11月走势图(图5-3)

华兰生物(002007)2009年9月及11月由于股价上涨时的K线形态较为强劲，所以，投资者可以使用布林线指标进一步衡量股价的波动状态。

在股价第二阶段的上涨过程中，K线始终位于布林线上轨之上，从指标的角度来讲，股价的强势上涨特征是非常明确的。因此，完全可以再继续使用布林线指标判断卖点的所在。

上涨到高点以后，K线回落到了布林线通道之内，由于上涨力度的改变，导致股价形成了调整的走势，在K线向下跌破布林线上轨时进行卖出，卖点位置还是非常理想的。在11月初又一次出现了强势卖点，在K线回归到布林线通道之内以后，股价同样因为上涨力度的转变而连续回落。

在本案例中，利用钻石大阳线判断股价底部的形成，以及推论未来上涨的可能性。运用快马加鞭在上涨中途进行买进。利用强势卖点在股价的高位区间决策卖出。只使用三种方法便成功地解决了这只大牛股的操作问题。

图5-3

第二节　中航重机实战图解

中航重机的整体上涨形态较为单一，虽然上涨途中多次出现调整，但是调整的幅度却是非常小的，这些小幅度的调整都将会提供极好的中途买入机会，投资者应当予以重视。

中航重机(600765)：2009 年 11 月走势图(图 5–4)

中航重机(600765)2009 年 11 月股价见底以后形成了连续的上涨，并且在量能放大的推动下突破了前期高点。上涨的初期由于量能较小，同时，阳线实体也较小，所以没有过于明显的买入信号。

在股价突破前期高点以后，出现了调整的形态，调整区间成交量明显萎缩，调整时大阳线、均线对调整低点起到了支撑的作用，并且调整形态为标准的横盘。这满足了空中台阶的技术形态。

空中台阶的出现往往意味着股价当前仅上涨了一半，后期还将会有延续性上涨行情的出现。因此该区间为上涨中途最理想的加仓或建仓时机，股价一旦向上突破横盘区间的高点，便是新一轮上涨行情的开始。

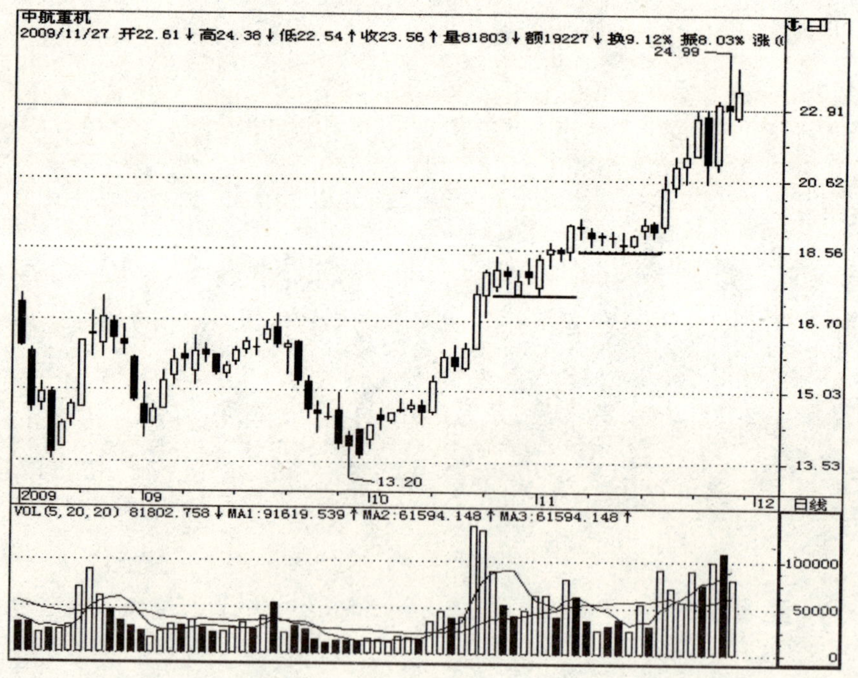

图 5–4

中航重机(600765)：2009 年 10 月至 11 月走势图(图 5–5)

中航重机(600765)2009 年 10 月至 11 月除了利用空中台阶技术形态进行分析以外，还应当对上涨过程中的阴线进行分析，从而找到合适的低吸买点机会。

在股价上涨过程中出现的阴线都有一个共性：阴线实体非常小，这说明空方的力度非常虚弱，空方无力，上升趋势依然会不断延续。在对阴线进行分析时，还需要结合成交量的变化综合判断。在阴线出现的时候，成交量都是萎缩的，这说明股价盘中下跌时并没有过量的抛盘，阴线仅是多方的短暂休整。

第二次横盘调整的过程中，连续五天收出阴线，虽然阴线数量较多，但实体却都非常小，并且量能也持续萎缩，如果空方真的有实力，连续五天为何却不能将股价打落下来呢？很显然，这是主力资金的一种震仓手段，投资者都不喜欢阴线，因此，连续收出五连阴线，把一些没有信心的投资者清理出去，如果对量价的变化进行深入的分析，主力资金的这种小把戏则可以轻松地识别出来。

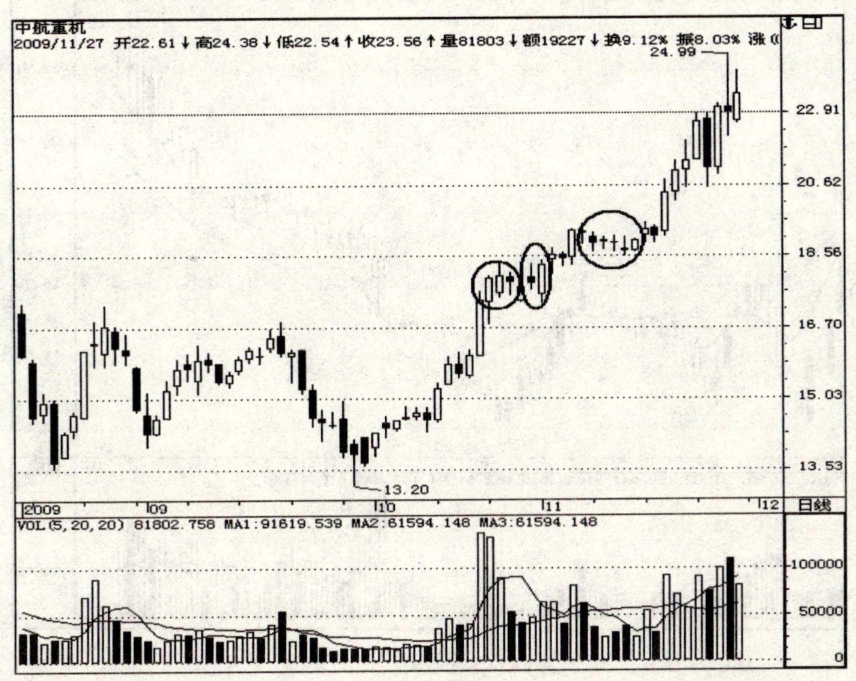

图 5–5

中航重机(600765)：2009 年 10 月至 11 月走势图(图 5-6)

中航重机(600765)2009 年 10 月至 11 月从局部走势来看，投资者需要对上涨途中的阴线以及调整形态进行分析。但如果从整体走势来看，EXPMA 指标则向投资者发出了很明确的做多提示。

在股价上涨的过程中，K 线始终位于 EXPMA 指标快线上方，形成了水上漂的走势，这种走势只有强势个股才会形成，这也是为何在上涨途中阴线实体非常小的原因。多方强大自然不允许空方的阻拦。并且中途出现的调整低点也均受到了指标快线的强大支撑。这就要求投资者一定要在水上漂形态没有改变时坚定地进行持股操作。

在本案例中主要解决的是上涨中途买入的方法，在股价上涨中途进行操作时，必须要对阴线的形态以及量能的变化进行分析，在空方力量较小的情况下可以积极做多，而如果空方力量较大，则不能急于操作。

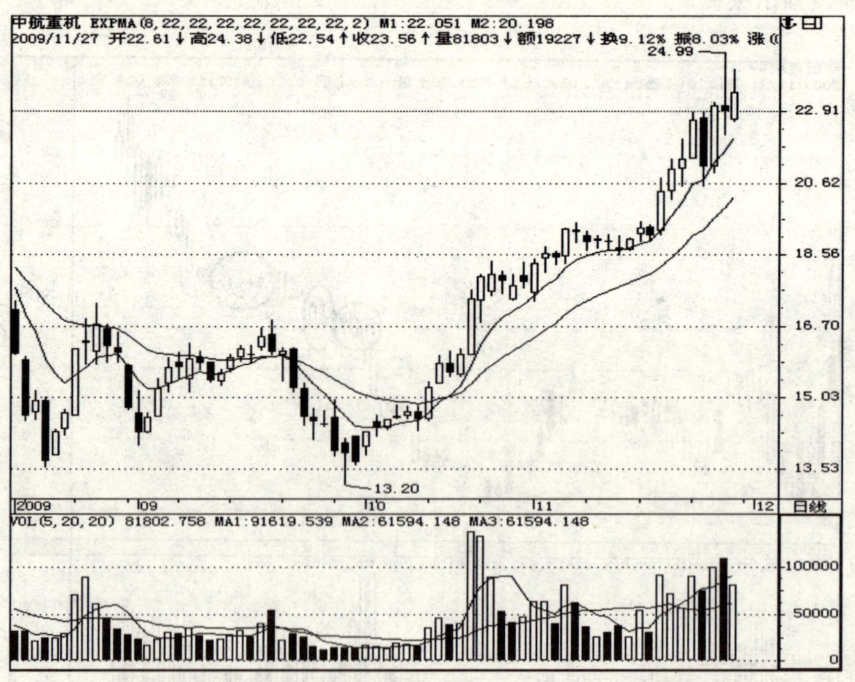

图 5-6

第三节　海王生物实战图解

海王生物在2009年8月至11月期间形成了一轮大幅上涨的走势，成为了当时市场中绝对的王者，如果投资者对这类个股进行了操作，必然可以实现极大的收益。

那么，有什么方法解决这类个股的买点、持股方法以及卖点的所在呢？其实都很简单，低点的买入方法、中途的持股方法以及顶部卖出方法都在本书中有详细的介绍。

海王生物(000078)：2009 年 8 月走势图(图 5–7)

海王生物(000078)2009 年 8 月股价经过两天短线暴跌以后，形成了小幅上行的走势，由于此时大实体的阳线并未出现，同时，成交量也没有明确放大，因此，投资者不能轻易进行抄底操作。

经过几天的小幅上行，一根涨停大阳线随之出现，大阳线的出现意味着多方力量此时变得非常强大，而空方由于连续下跌，力量变得越来越小。在涨停大阳线出现时，成交量也并未出现放大，而是保持着较小的量能形态，符合了钻石大阳线的技术特征。这将意味着股价后期还会有进一步的上涨。

底部区间收出的放量大阳线说明有资金在进行建仓的操作，资金的介入将会促使股价进一步上涨，而底部出现的钻石大阳线也同样重要，虽然成交量并未放大，但股价在后期继续上涨的概率却更大。

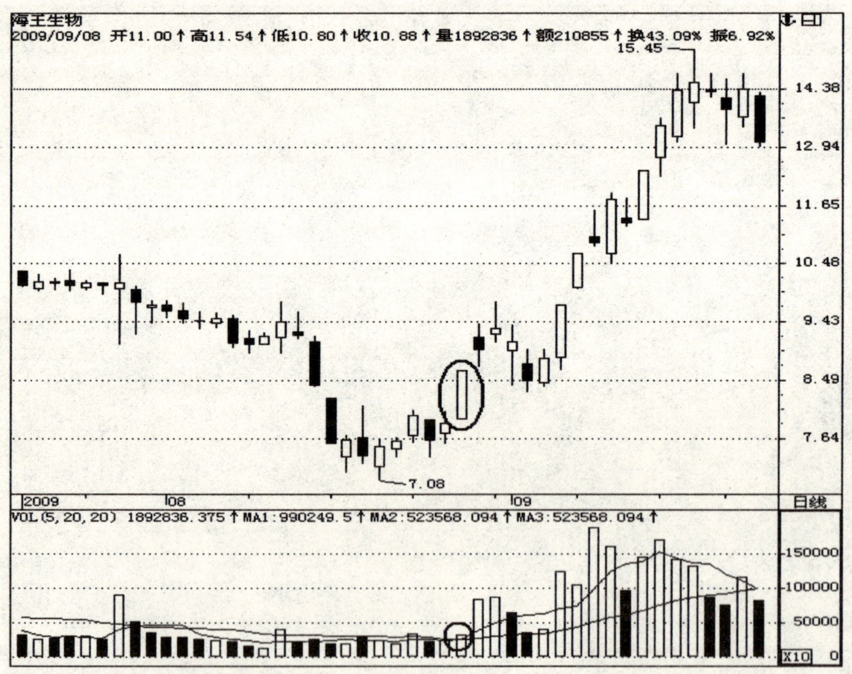

图 5–7

海王生物(000078)：2009 年 9 月至 11 月走势图(图 5-8)

海王生物(000078)2009 年 9 月至 11 月低点进行买入以后，股价在后期连续收出大阳线，一根根的大阳线使得投资者的资金迅速膨胀。虽然股价涨得非常迅猛，但总是会有投资者在上涨中途进行了错误的卖出，这个时候就需要采取一些技术方法来避免这种现象的出现。

由于 EXPMA 指标可以有效地追踪股价的趋势，因此用它来指导如何持股会有非常不错的效果。在股价上涨的过程中，K 线始终位于指标快线上方，形成了非常标准的水上漂形态。在水上漂技术形态不断延续的时候，不管其间收出阳线还是阴线，投资者都需要耐心地进行持股操作。

从图中的走势可以看到，虽然 EXPMA 不能提示较好的卖点，但使用它来指导持股操作则不会错过股价连续暴涨的获利机会。

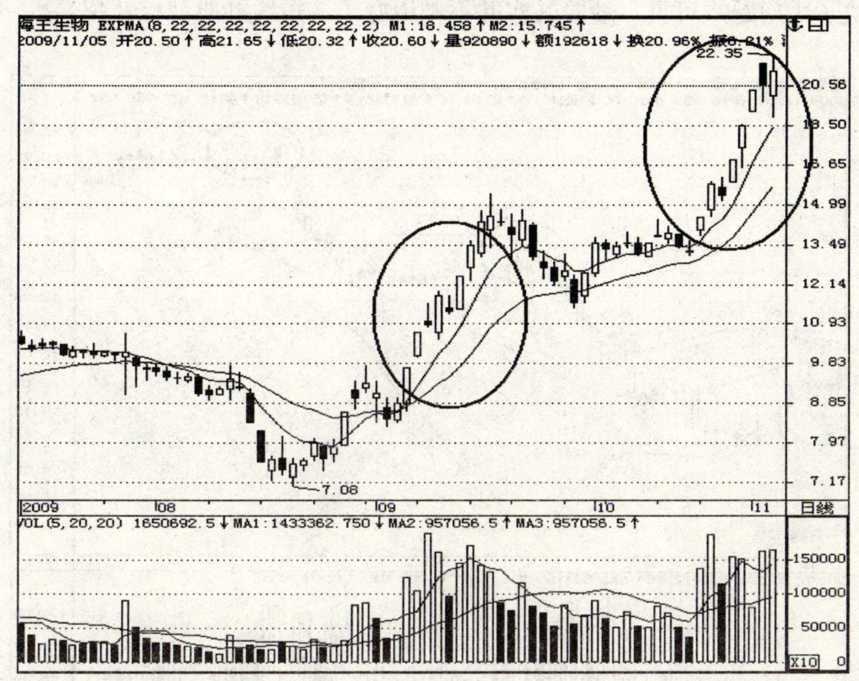

图 5-8

海王生物(000078)：2009 年 9 月及 11 月走势图(图 5–9)

海王生物(000078)2009 年 9 月至 11 月只要股价在日 K 线形态中出现强势上涨的走势，投资者就需要习惯性地使用布林线指标进一步衡量当前的波动性质，只要指标也同步确认股价当前的强势状态，卖点问题就很容易解决了。

在股价两轮上涨行情中，K 线始终位于布林线指标上轨之上，这样一来，如何持股的问题解决了，只要 K 线不回归至布林线通道之内便没必要卖出；同时，卖点问题也解决了，随时留意 K 线与布林线指标的变化，只要 K 线向下跌破布林线指标上轨便进行卖出。

从后期走势来看，强势卖点形成以后，股价均出现了不同程度的下跌，卖点均处于股价的绝对高点区间。虽然只利用三种操作方法，但却为投资者解决了大问题，可见，炒股其实并不难用好了，短线炒股就这几招。

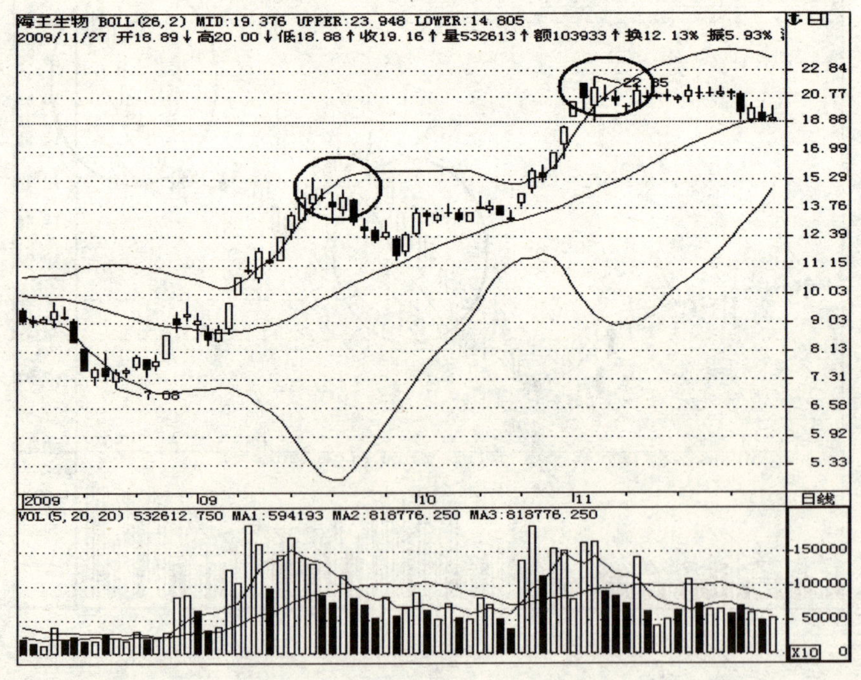

图 5–9

第四节　氯碱化工实战图解

氯碱化工在图中形成了一轮短线快速上涨的走势，由于股价上涨速度较快，因此，要求投资者一定要在短时间内做出正确的判断，这种上涨速度较快的个股最考验投资者的分析能力。

其实无论什么时候，都不要把炒股当做是一件困难的事情，无论股价怎么变化，总会有一些简单的方法解决问题。你认为炒股难，它就难了，你认为它简单，它也就变得简单了。

氯碱化工(600618)：2009年8月至9月走势图(图5-10)

氯碱化工（600618）2009年8月至9月股价经过短线暴跌以后，形成了低点抬高的迹象。投资者始终要记住，股价下跌以后，如果没有收出大实体的阳线，千万不要过早地入场操作，大阳线不出现，意味着多方的力量还不够强大。

低点处经过几天的小幅震荡以后，收出了第一根涨停大阳线，经过几天调整再度收出一根大阳线，这两根大阳线将股价的底部牢牢托起，同一区间连续收出大阳线只能意味着这个区间已被多头完全占领。

同时，这两根大阳线出现时有一个共同的技术特征：成交量均没放大。这意味着这两根大阳线是钻石大阳线，连续出现这样的K线，进一步增加了股价后期上涨的必然。第一根钻石大阳线出现时没有买入不要紧，第二根钻石大阳线出现时就一定要及时地入场进行操作了。

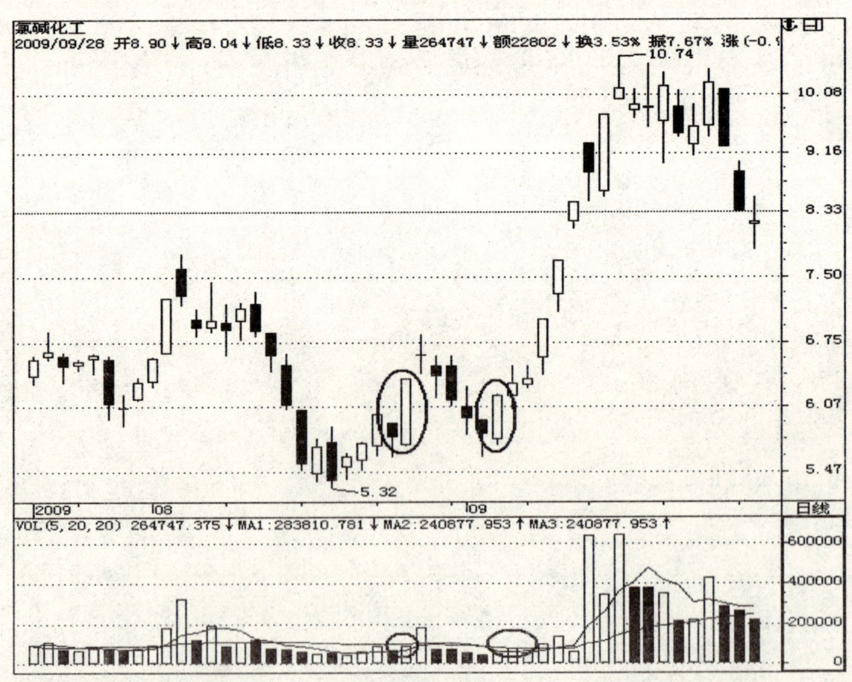

图5-10

氯碱化工(600618)：2009年9月走势图(图5-11)

氯碱化工(600618)2009年9月在连续两根钻石大阳线出现以后，股价便在后期展开了连续涨停的走势，一天一个涨停板，这种赚钱的速度真是让人笑得合不上嘴啊。在上涨的途中，股价留给投资者一次短线介入机会：上涨途中的首根阴线。这个首根阴线有着这样的技术特征：虽然K线形态为阴线，但这一天股价依然保持着上涨的态势，并未形成真正意义上的下跌。股价连续出现三个涨停板，当盘中震荡的时候，必然会有大量的投资者选择卖出，因此，第一次的放量并不见得全是主力资金的减仓，因为主力资金巨大的持仓在卖出的时候抢不过持股数量较少的投资者。

为了能够继续顺利地进行出货，调整结束后股价再度涨停，这样的走势难免会让昨日卖出的投资者深感后悔，一旦上涨又吸引来了买盘，庄家便可以从容地出货。所以，强势上涨途中的首根阴线，无论是否放量，股价后期都将会有惯性上冲的走势出现。首根阴线出现后，第二天盘中股价一旦有起涨动作，投资者便可以入场进行短线操作，切记，操作性质是短线。

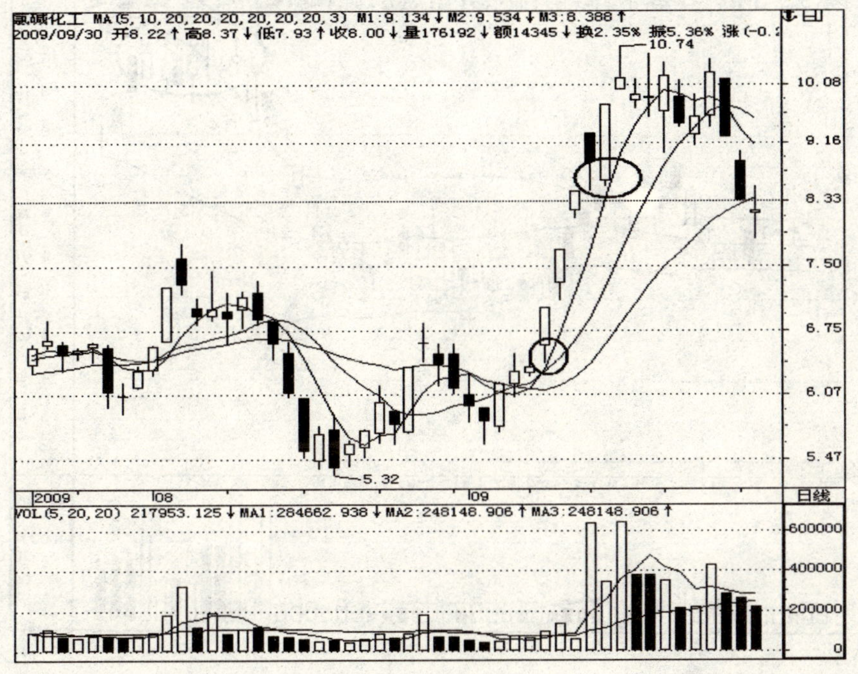

图5-11

氯碱化工(600618)：2009 年 9 月走势图(图 5-12)

氯碱化工(600618)2009 年 9 月股价出现大力度的上涨，自然需要使用布林线指标来提示下一步的卖出操作，这种操作方法希望投资者可以养成习惯。

股价在发力上涨的时候，K 线连续位于布林线上轨之上，包括中途出现的阴线也是如此，这就要求投资者一定要耐心地进行持股，强势卖点不出现，就不要轻易卖出股票。上涨到高位以后，阳线的实体开始减小，上攻的力度明显减弱，此时，K 线也终于回到了布林线通道之内，强势卖点出现时，投资者虽然不必完全清仓，但此时必须要适当减仓，一般情况下，卖出三分之一至二分之一的股票较为合适。强势卖点出现以后，假设股价下跌则及时清仓，而如果股价继续保持上升趋势，则可持有余下的股票，而不可再加仓。毕竟上涨力度减弱时，股价将很容易出现调整或是下跌，上涨末期减轻仓位为宜。

利用钻石大阳线的方法抄底、利用首根阴线的方法于上涨中途进行短线操作以及使用强势卖点的方法在高位出货，简单的三招解决了短线大牛股获利问题。

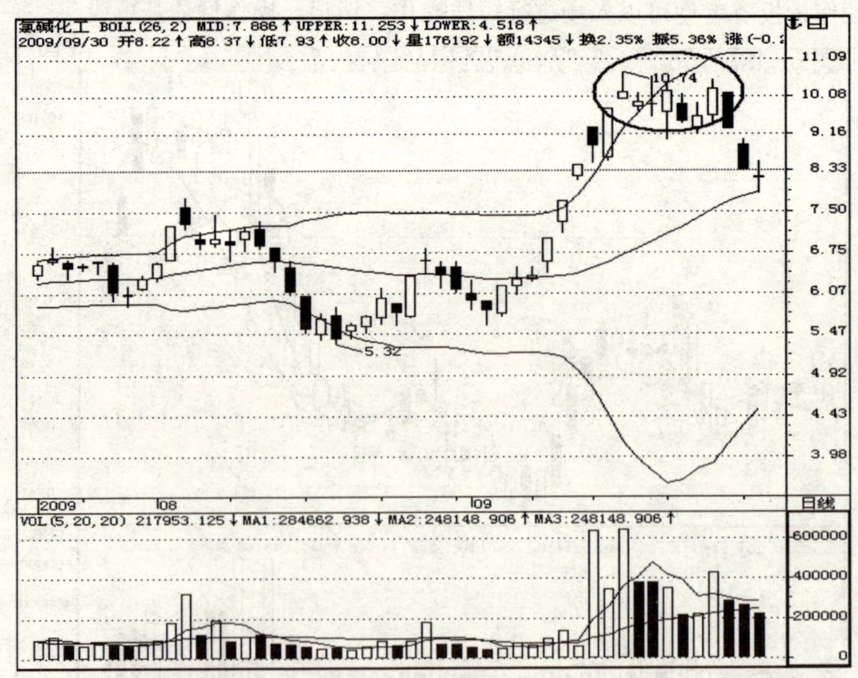

图 5-12

第五节 西南合成实战图解

西南合成在盘中形成了震荡上涨而后转为加速上行的走势，由于股价的波动曲折相对较多，因此，留下的操作机会也比较多。投资者不仅要学习单一上涨形态个股的操作方法，同时对于这种震荡上涨个股的各种操作方法也一定要熟练地掌握。

西南合成(000788)：2009年10月走势图(图5-13)

西南合成(000788)2009年10月股价见底以后形成了连续小幅上涨的走势，股价的上行使得EXPMA指标随之形成金叉。金叉出现不久，股价向下回落，回落期间，成交量保持萎缩，并且低点得到指标慢线的支撑。这种技术形态满足了加油上路的要求。

如果股价没有跌破EXMPA指标慢线，操作就会更为简单，但是在加油上路技术形态出现时，股价却跌破了指标慢线，这该如何操作呢？虽然K线跌破了指标慢线，但却很快又回升上去，因此，加油上路技术要求是被得到满足的。具体操作时不宜在低点处进行买进，而应当等到股价回升并超过指标快线时再考虑买进。

股价回升至指标快线以上时，意味着加油上路形态的明确成立，同时，由于收盘价已位于快线之上，这说明股价又恢复了强势，在这种情况下进行买入实战的效果是最好的。

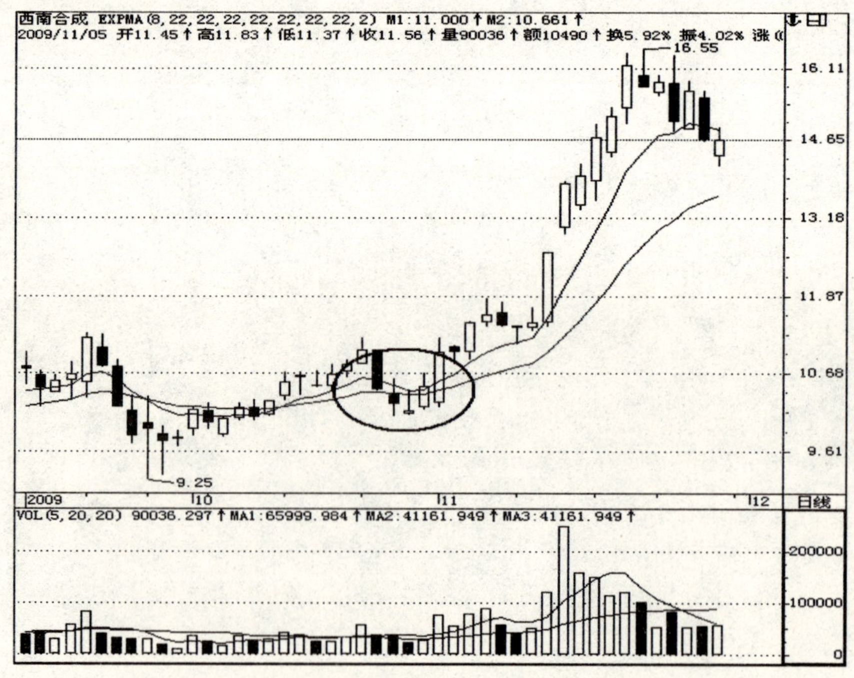

图5-13

西南合成(000788)：2009 年 11 月走势图(图 5-14)

西南合成(000788)2009 年 11 月，加油上路买点出现以后，股价随之突破了调整前的高点，但上涨不久，调整形态再次出现。

股价第二次调整时，成交量依然保持着萎缩的状态，量价配合非常完美，同时，这一次的调整并非以下跌方式出现，而是以标准的横盘形态出现，这说明空方此时已无力再将股价打落下去。

第二次调整的技术走势满足了空中台阶的特征，结合完美的量价形态完全可以判断出股价此时的位置仅是上涨的中途，未来还会有进一步的上涨。加油上路与空中台阶成为了股价暴涨之前投资者最好的二次介入机会。

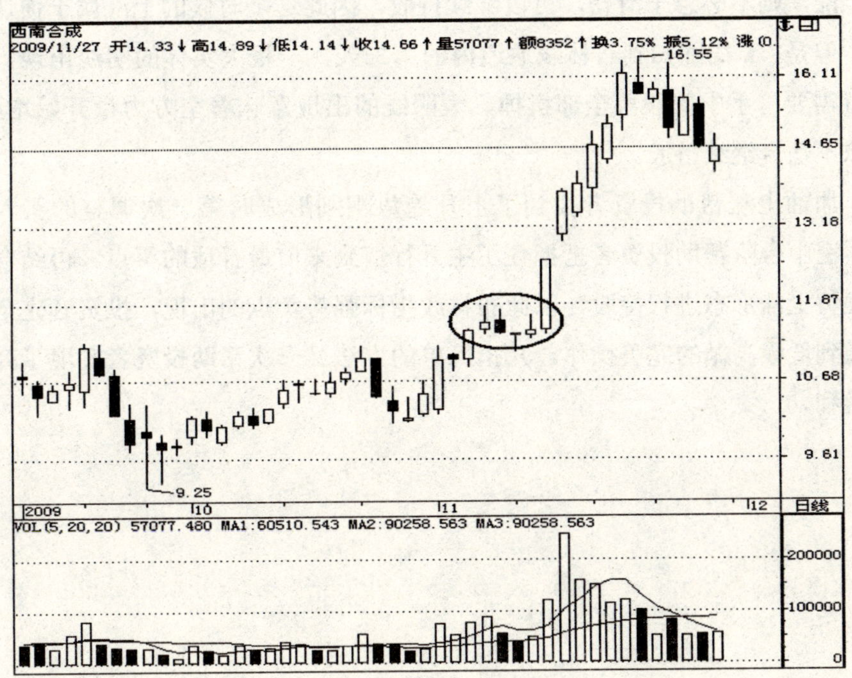

图 5-14

西南合成(000788)：2009年11月走势图(图5-15)

西南合成(000788)2009年11月，随着一根大实体阳线的出现，空中台阶的横盘形态被完全突破，也就是从这一天起，K线开始持续位于布林线指标上轨上方，无须结合布林线指标，仅是天天出现的阳线也要求着投资者一定要耐心地进行持股操作。

股价上涨到高点以后，成交量连续萎缩，这显示资金对涨高的股价的做多态度发生了转变，资金不愿意再积极入场买进股票，上涨的力度必然会发生改变，在K线回归到布林线通道之内时，强势卖点信号出现。

在强势卖点出现的时候，投资者应当先进行减仓操作，如果股价后期继续上涨，则不必急于清仓，可以继续持股，因此这个时候的上涨属于惯性上涨。但是，K线回归到布林线通道内的第二天，一根大实体的阴线出现，此时就需要将手中的股票全部卖掉，大阴线的出现意味着空方力量开始增强，所以不适合继续持股。

加油上涨帮助投资者找到了上升趋势刚刚形成时第一次调整的买入机会，空中台阶帮助投资者把握住了主升行情到来前最合适的买点。再结合股价强势上涨形态进行持股，以此布林线指标强势卖点的出现，投资者完全可以做到低吸高抛的完美操作。几招简单的方法又一次帮助投资者实现了高额的盈利。

西南合成 BOLL(26,2) MID:12.727 UPPER:16.956 LOWER:8.497
2009/11/27 开14.33↓高14.89↓低14.14↓收14.66↑量57077↑额8352↑换3.75% 振5.12% 涨(0.
16.55
9.25
16.11
14.65
13.18
11.87
10.68
9.61
8.65
2009
10
11
12
日线
VOL(5,20,20) 57077.480 MA1:60510.543 MA2:90258.563 MA3:90258.563
200000
100000
0

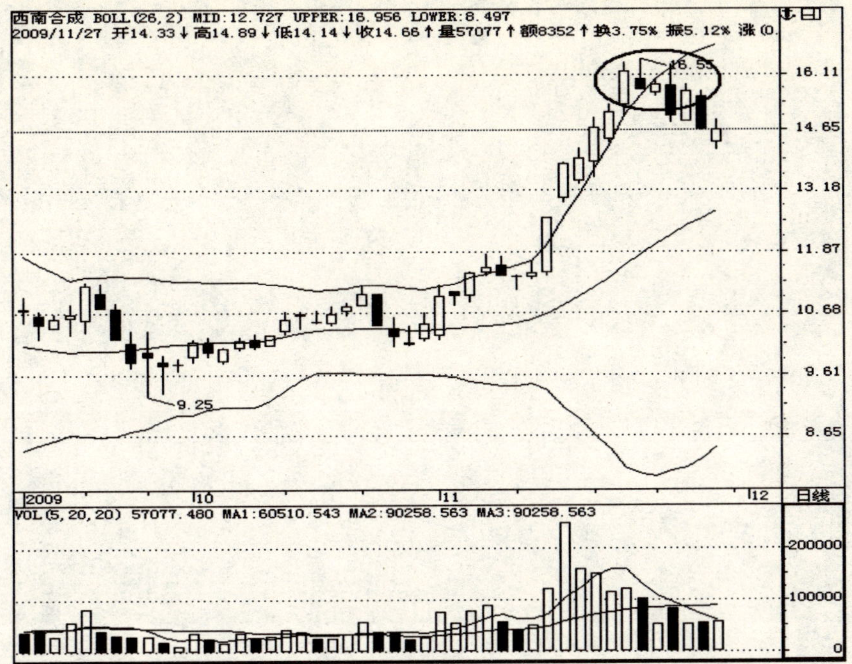

图 5-15